Elemento suspeito

Abordagem policial e discriminação na cidade do Rio de Janeiro

Silvia Ramos e Leonarda Musumeci

com artigos de Paul Amar e Marcelo Paixão

Elemento suspeito

Abordagem policial e discriminação na cidade do Rio de Janeiro

COLEÇÃO SEGURANÇA E CIDADANIA

CIVILIZAÇÃO BRASILEIRA

Rio de Janeiro
2005

cesec
Centro de Estudos de Segurança e Cidadania

CAPA
Evelyn Grumach

PROJETO GRÁFICO
Evelyn Grumach e João de Souza Leite

CIP-BRASIL. CATALOGAÇÃO-NA-FONTE
SINDICATO NACIONAL DOS EDITORES DE LIVROS, RJ

R146e Ramos, Silvia
Elemento suspeito: abordagem policial e discriminação na cidade do Rio de Janeiro / Silvia Ramos, Leonarda Musumeci; com artigos de Paul Amar e Marcelo Paixão. – Rio de Janeiro: Civilização Brasileira, 2005. – (Segurança e cidadania; 2)

Inclui bibliografia
ISBN 85-200-0712-0

1. Policiais – Rio de Janeiro (RJ) – Atitudes. 2. Policiais – Denúncia contra a violência – Rio de Janeiro (RJ). 3. Discriminação racial. 4. Discriminação social. 5. Segurança pública – Rio de Janeiro (RJ). I. Musumeci, Leonarda. II. Título. III. Série.

CDD – 363.20981531
05-1755 CDU – 351.74(815.31)

Direitos desta edição adquiridos pela
EDITORA CIVILIZAÇÃO BRASILEIRA
Um selo da
DISTRIBUIDORA RECORD DE SERVIÇOS DE IMPRENSA S.A.
Rua Argentina 171 – 20921-380 – Rio de Janeiro, RJ – Tel.: 2585-2000

PEDIDOS PELO REEMBOLSO POSTAL
Caixa Postal 23.052 – Rio de Janeiro, RJ – 20922-970

Impresso no Brasil
2005

Sumário

Agradecimentos

Ao tenente-coronel Antonio Carlos Carballo Blanco, que, desde a elaboração do projeto e em vários momentos da pesquisa que deu origem a este livro, nos ajudou a compreender as razões, as rotinas e os problemas da Polícia Militar.

A José Júnior, Anderson Sá, Altair Martins e Ecio de Salles, do AfroReggae, que nos falaram longamente das relações entre a polícia e os jovens de comunidades de favelas do Rio de Janeiro, sugerindo hipóteses de trabalho centrais para a estruturação e o desenvolvimento da pesquisa. Como resultado da aproximação com o AfroReggae, o CESeC participou da elaboração do vídeo clipe *Tô bolado*, sobre violência policial, e desenvolveu com o grupo o Projeto Juventude e Polícia, em batalhões da Polícia Militar de Minas Gerais, entre agosto e novembro de 2004.

A Celso Athaíde, Nega Gizza e outros componentes da Cufa (Central Única de Favelas), com quem conversamos inúmeras vezes sobe polícia, juventude e favelas. A pedido da Cufa, dois artigos foram produzidos para o *site* da entidade sobre temas relacionados à polícia, sendo um deles um resumo do projeto e dos resultados preliminares desta pesquisa.

A Def Yuri e outros *rappers*, cujas conversas e letras de músicas nos ajudaram a elaborar parte importante das representações dos jovens sobre a polícia.

Aos alunos do IFCS, componentes do Conei (Comunidade Negra do IFCS) que fizeram parte do conselho consultivo da pesquisa e participaram dos grupos focais, ajudando-nos a formular as perguntas da pesquisa quantitativa. A Leonardo Bento e Alessandra Costa Mamede um agradecimento especial pela participação direta na aplicação dos questionários do *survey*.

A Doriam Borges e Greice Maria Conceição, estatísticos do CESeC, pela colaboração imprescindível na parte quantitativa do estudo. A Jonas Henrique de Oliveira, que participou, como estagiário, de todo o desenvolvimento do trabalho.

A Regina Novaes (IFCS e Iser) e Marilena Cunha (Iser), que coordenaram os grupos focais e compartilharam conosco reflexões sobre as vivências dos jovens da cidade e sua relação com a polícia.

À Science (Sociedade Científica da Escola Nacional de Ciências Estatísticas) e aos seus coordenadores, Denise Britz do Nascimento Silva e José Matias Lima, pela realização da pesquisa de campo amostral.

Aos 13 oficiais e praças da Polícia Militar do Estado do Rio de Janeiro que se dispuseram a conceder longas entrevistas sobre o trabalho de abordagem policial, e aos cinco comandantes de batalhão que autorizaram esses encontros. Ao tenente-coronel Ubiratan de Oliveira Ângelo, cujas informações, prestadas pessoalmente meses antes do início do projeto, ajudaram a formular o roteiro de entrevistas com policiais. Aos ex-comandantes-gerais da Polícia Militar, Francisco José Braz e Renato Hottz.

À equipe do Nupac (Núcleo de Pesquisas e Análises Criminais), da Secretaria de Segurança Pública do Estado do Rio de Janeiro, que compilou o banco de dados de informações sobre o efetivo da Polícia Militar fluminense.

A Lúcia Xavier (do Criola), Jailson de Souza (do Ceasm/Observatório de Favelas), Ignacio Cano (da UERJ), Sueli Carneiro (do Geledés), Jacques D'Adesky (do Ceas/Ucam), Átila Roque (do Ibase), Ricardo Henriques (do Ipea), Sergio Adorno (do NEV/USP), Ana Tereza Lemos-Nelson (do NIC/UFPe), Ronaldo Sales Júnior (do NIC/UFPe), Gláucio Soares (do Iuperj), Hédio Silva (do Ceert), Carlos Antônio Costa Ribeiro (da UERJ) e Olívia Maria Gomes da Cunha (do IFCS/UFRJ), participantes do Seminário Violência e Racismo, em setembro de 2002, cujos debates ajudaram a formular hipóteses testadas na pesquisa de campo.

Ao professor Candido Mendes, reitor da Ucam, e à professora Maria Isabel Mendes de Almeida, pró-reitora de Pós-Graduação e Pesquisa, pelo suporte contínuo que têm prestado às atividades do Centro de Estudos de Segurança e Cidadania.

Finalmente, à Fundação Ford, que apoiou financeiramente o projeto, e, muito especialmente, a Elizabeth Leeds, cujo estímulo, visão crítica e crença na necessidade e na possibilidade de reformar a polícia no Brasil inspiraram este e vários outros projetos desenvolvidos pelo CESeC.

Prefácio

Luiz Eduardo Soares

A suspeita está para a polícia como o medo está para a população. Nos dois casos, a direção do foco está longe de ser aleatório. A tal ponto se verifica esta justaposição, que não seria exagero sugerir que a suspeita não é mais que o medo fardado, armado, sublimado em linguagem técnica e destilado para servir de combustível à hostilidade profissional dos policiais. Os objetos do medo e da suspeita tendem a se sobrepor, porque os critérios empregados para identificá-los são os mesmos. Encobertos pela máscara das justificativas técnicas ou das alegações digressivas estão os mesmos valores, atavicamente agarrados ao inconsciente coletivo, fundamente enraizados na cultura brasileira.

Ante os questionamentos dos críticos, as resistências das instituições policiais, via de regra, acionam o alarme, exibindo suas armas: muita racionalização, como diriam os psicanalistas; ou intensos esforços de elaboração ideológica, como talvez preferissem dizer os sociólogos. Mas a dissimulação, seja qual for o código conceitual adotado, é impotente e apenas revela, à análise objetiva, sua própria natureza.

Em uma palavra, está aqui desvendada, neste livro precioso, a dimensão recalcada da performance policial típica: a seleção do suspeito orientada pelo preconceito contra o jovem, sobretudo do sexo masculino, pelo estigma aplicado aos pobres, e pelo racismo contra os negros. Não por acaso o censo penitenciário nacional retrata uma distribuição perversa de cor, idade, gênero e classe social. O quadro não é fiel à distribuição da prática de crimes, na sociedade, mas ao filtro que constrói a suposta realidade do universo criminoso, segundo critérios seletivos bastante específicos. A miopia histórica de nossas políticas criminais raramente as autoriza a olhar para cima; habituaram-se a olhar para baixo, para a base da pirâmide social, para as chamadas classes subalternas — eis o legado de nossa tradição oligárquica e autoritária, que conduziu nossas desigualdades ao paroxismo.

As polícias acabaram por se tornar instrumentos da opressão social, apesar das determinações constitucionais democráticas e da boa vontade de tantos profissionais honrados e corajosos, que arriscam sua vida, todos os dias, em troca de salários indecentes e de preconceitos, que generalizam, injustamente, críticas procedentes — sim, os preconceitos têm mão dupla.

Não era preciso que fosse esta a sua história. As polícias não estão fadadas a cumprir esse triste papel. Essa função não lhes é intrínseca. Elas não existem, na democracia, para ser algozes de negros e pobres, ou para servir às elites e proteger as camadas médias, erigindo cercos sanitários em torno das "classes perigosas". Elas podem livrar-se do fardo que as têm condenado ao destino infausto que tem sido o seu, a despeito da paradoxal coincidência de cor e classe, que promovem, entre os algozes e suas vítimas. As polícias podem ser instituições democráticas, que defendem direitos e liberdades, reparando e prevenindo injustiças e violações, em benefício da cidadania e da disseminação dos princípios de eqüidade que a regem. Se podem sê-lo, é nosso dever, como nação, fazê-las assim.

A metamorfose, entretanto, nas polícias, não será mutação adaptativa natural. Exigirá a implantação de complexas políticas reformistas e cobrará sacrifícios políticos, porque lideranças responsáveis terão de aceitar perder votos, no curto prazo, para consagrar a democracia e estendê-la a todos, no longo prazo. Afinal, no Brasil, ou haverá segurança para todos — e respeito —, ou ninguém estará seguro — não obstante os investimentos bilionários em segurança privada, tecnologia, muros, cercas e blindagens. O medo e seus corolários práticos são justificáveis e compreensíveis, mas são perigosos e destrutivos quando se convertem em atitudes mentais, fundando determinadas opções políticas e linhas violentas de ação supostamente defensivas, porque, nesse caso, semeiam o veneno que, mais tarde, colhem.

Até hoje, a sociedade não compreendeu a dinâmica que a mutila e clama por medidas que apenas concorrem para que se realizem as mais nefastas profecias — e o círculo vicioso da violência se reproduz, alimentado por medo, preconceitos, omissão cúmplice das autoridades e pela brutalidade policial. Quando uma autoridade concede, ao policial, liberdade para matar, arbitrariamente, lhe confere também, tacitamente, autoridade para negociar a vida e a liberdade: esta é uma das matrizes mais importantes da corrupção que degrada as polícias e as debilita, fazendo-as, mais que ineficientes, cúmplices do crime que deveriam combater. Quem buscava fortalecer as polícias com políticas que toleram a violência arbitrária, termina por levá-las à impotência e ao descrédito, disseminando pela sociedade a arbitrariedade da violência.

O crédito ou a confiança da população é fundamental para o trabalho de polícia. Quando é alvo de desrespeito ou de hostilidade injustificável - que jamais se devotaria aos cidadãos de primeira classe, moradores das áreas nobres das cidades —, a polícia põe em cheque a legitimidade das instituições democráticas.

Por isso, este livro representa um marco histórico. Ele não trata de temas vinculados exclusivamente às polícias e à performance policial, no Brasil. Ele se refere a questões políticas decisivas para o futuro da democracia e da civilização, no Brasil. Além disso, oferece indicações estratégicas para que ultrapassemos o âmbito estritamente negativo das denúncias sobre maus-tratos e desrespeito aos direitos humanos. As denúncias são importantes e têm seu lugar. Porém, há tempos deixaram de ser suficientes. É necessário apontar caminhos alternativos e soluções construtivas, as quais, entretanto, não podem mais reduzir-se à idéia bem intencionada mas ineficaz de modificar a consciência dos policiais, ministrando-lhes conceitos abstratos. O que se impõe, em caráter emergencial, é mudar os comportamentos dos profissionais de polícia, especialmente nos momentos em que interagem com os cidadãos das áreas mais pobres das cidades. Ao invés de ensinar princípios gerais, é indispensável e inadiável exigir respeito a um código de conduta compatível com as leis e os direitos humanos. Para que isso se efetive, é necessário destacar as cenas chave, em torno das quais vêm à tona as modalidades mais graves de desrespeito aos direitos humanos. Estas cenas são as revistas e os confrontos, nos quais se manifesta o uso da força — com o emprego das armas de fogo.

Este livro tem como objeto as revistas policiais. Nesse sentido, é ferramenta decisiva, que não poderá ser negligenciada por nenhum gestor sério da segurança pública.

Este livro tem como objeto a cultura brasileira, sob um prisma original e particularmente revelador — e será, por isso, obra de referência para os antropólogos.

Ele tem também como objeto a trama simbólica e micropolítica em que se afirma e reproduz a legitimidade do Estado — e não poderá faltar nas bibliotecas dos cientistas políticos.

Revela mecanismos de poder que produzem desigualdades, inibindo diferenças, com os ardis dos estigmas — e, por isso, será leitura obrigatória para todos os estudiosos da sociedade brasileira.

Mas foi escrito para todo o público leitor, porque evitou os jargões pedantes da retórica artificial que ainda agrada alguns segmentos intelectuais inseguros quanto a si mesmos e a seu país. Por isso, será instrumento ético-político de grande importância para os movimentos sociais, comprometidos com o respeito à dignidade humana.

Entretanto, creio que este livro está destinado a ser, acima de tudo, um mapa e uma bússola para os policiais inconformados com a brutalidade, a corrupção, a estreiteza corporativista e a desordem em suas instituições, aqueles homens e mulheres de espírito livre e independente, que estão dispostos a reinventá-las e reinventar-se, enquanto profissionais, visando valorizar seu papel na sociedade e conquistar credibilidade e a merecida admiração.

Introdução

Todo camburão tem um pouco de navio negreiro.

(Marcelo Yuka)

A pesquisa "Abordagem policial, estereótipos raciais e percepções da discriminação na cidade do Rio de Janeiro", cujos resultados ora apresentamos, teve basicamente dois objetivos. Primeiro, conhecer as experiências da população carioca com a polícia, especialmente em contextos de abordagem ou blitz, buscando não só identificar variações dessas experiências em diferentes segmentos sociais, mas também compreender em que medida e de que modo elas afetavam percepções e opiniões sobre o trabalho policial. Segundo, conhecer os mecanismos e critérios de construção da suspeita por parte dos policiais, particularmente dos policiais militares, procurando verificar a possível influência de filtros sociais e raciais na definição dos "elementos suspeitos", ou seja, das pessoas com maior probabilidade de serem abordadas e revistadas pela polícia.

O que motivou o primeiro objetivo foi a indicação de pesquisas anteriores, nacionais e internacionais, de que não há necessariamente uma relação unívoca entre experiências e percepções: tanto as imagens gerais sobre a polícia, as avaliações da sua confiabilidade, seus graus maiores e menores de aprovação social, quanto aquilo que a população supõe que os policiais fazem (quem eles param mais, quem consideram suspeitos, a quem tratam melhor ou pior) podem não derivar, ou não apenas, de situações diretamente vividas, mas também de outras fontes, como experiências narradas por parentes, vizinhos, amigos ou conhecidos, notícias veiculadas pela mídia e assim por diante. Propusemo-nos então a investigar como se configurava essa relação entre percepções e experiências no caso do Rio de Janeiro, considerando diferentes segmentos da população, definidos pelas variáveis gênero, raça ou cor, faixa etária, renda, escolaridade e classe social auto-atribuída.

O segundo objetivo derivou em parte do contato com a literatura norte-americana recente sobre *racial profiling*, que nos motivou a pesquisar, junto aos próprios policiais, que tipos de filtros atuam na definição dos "elementos suspeitos". Um termo comumente utilizado pelos agentes da PM fluminense em comunicações de rádio — *elemento suspeito de cor padrão* — sugeria a presença forte de seletividade racial na atuação cotidiana da polícia, confirmadora de percepções de senso comum, segundo as quais pessoas não-brancas são alvo prioritário da suspeição policial. Por outro lado, o fato de esse mesmo senso comum também sublinhar outros tipos de filtros — como gênero (homens seriam muito mais parados que mulheres), idade (jovens, muito mais que velhos) e classe social (pobres, sobretudo moradores de favelas, muito mais que ricos e moradores do "asfalto") — convidava à comparação e à apreensão de possíveis diferenças entre o caso brasileiro, ou carioca, e a problemática específica abrangida nos EUA sob o termo *racial profiling*. Assim, nosso foco se dirigiu para a influência, isolada ou combinada, de estereótipos raciais e sociais na construção da suspeita policial, tendo sempre como referência básica as abordagens ou blitzes nas ruas do Rio de Janeiro.

Consideramos as abordagens situações privilegiadas para a discussão desses temas por envolverem um contato imediato entre população e polícia fora do contexto da ocorrência criminal, sem informações concretas que fundamentem a suspeita, estando, portanto, mais abertas ao acionamento de estereótipos e preconceitos. Diferentemente da "abordagem" de policiais pelos cidadãos — para pedir informações, solicitar intervenção em conflitos, registrar queixas etc. —, a ocorrência, a freqüência e a qualidade dos contatos em situação de blitz dependem, antes de mais nada, de orientações e filtros da própria polícia. Em tese, qualquer cidadão ou cidadã que circule pelas ruas, a pé ou em qualquer meio de transporte, pode ser abordado(a) e revistado(a) numa ação policial rotineira ou especial de prevenção da criminalidade. Na prática, porém, só alguns serão escolhidos, e sabe-se que essa escolha não é aleatória, mas seletiva, que depende em larga medida de critérios prévios de suspeição, sejam eles aparência física, atitude, local, horário, circunstâncias, ou alguma combinação desses e de outros fatores. A população, por sua vez, tem idéias e expectativas acerca dos critérios acionados pela polícia em tais situações — idéias e expectativas que podem ou não confirmar-se nos encontros diretamente vividos, podem modificar-se ou não a partir das experiências concretas e podem ou não coincidir com o que os cidadãos pensam que a polícia *deveria* fazer. O contexto de abordagem ou blitz fornece, assim, não apenas uma base objetiva para identificar os filtros atuantes no trabalho policial, como também um ângulo privilegiado para se observar o cruzamento entre esses filtros e as percepções da população, entre percepções e experiências, ou, em outras palavras, o jogo de expectativas, imagens e estereótipos que cerca os encontros cotidianos entre os cidadãos e a polícia.

Para atingir esses propósitos, a pesquisa combinou métodos quantitativos e qualitativos. Inicialmente foram feitas entrevistas com militantes do movimento negro e com jovens envolvidos em trabalhos culturais em comunidades, e foram realizados, pela equipe do Iser, quatro grupos focais com jovens de distintos segmentos sociais e diferentes regiões da cidade. Além de um material qualitativo extremamente rico, essa primeira aproximação ao tema forneceu importantes subsídios para a montagem do questionário que seria aplicado no levantamento amostral. A segunda etapa consistiu então num *survey* domiciliar, executado pela Science — Sociedade Científica da Escola Nacional de Ciências Econômicas —, em que se aplicou um questionário com 79 perguntas fechadas e abertas a uma amostra estatisticamente representativa da população carioca na faixa etária entre 15 e 65 anos, visando a conhecer suas experiências e percepções acerca das abordagens policiais na cidade, assim como suas visões gerais sobre polícia, Justiça, segurança pública e discriminação racial e social.

Tanto antes quanto durante o período de preparação e realização do *survey*, foram feitas diversas entrevistas com policiais militares de diferentes batalhões do município — comandantes, oficiais e praças —, com o objetivo de compreender a dinâmica e a lógica das abordagens e blitzes, e de captar opiniões dentro da própria polícia a respeito dos temas focalizados pela pesquisa. Originalmente, estavam previstos também grupos focais de policiais e um levantamento amostral na PM, mas essa etapa do projeto teve de ser abortada em função das inúmeras dificuldades impostas pela cúpula da segurança pública do Rio de Janeiro à realização de pesquisas no interior das polícias fluminenses. As entrevistas que foi possível efetuar, complementadas por estudos prévios de outros autores e pela análise de documentos técnicos relativos às blitzes, acabaram sendo, portanto, a única fonte de dados (qualitativos) sobre os procedimentos, as experiências, as percepções e os critérios de suspeição da polícia.

Solicitamos ainda a dois especialistas a elaboração de artigos que permitissem situar em contextos mais amplos os debates acerca do racismo e dos filtros raciais na ação policial, tendo como pano de fundo: (a) a temática norte-americana do *racial profiling* e (b) a discussão acadêmica sobre padrão de relações raciais no Brasil. Os dois textos — respectivamente de Paul Amar e Marcelo Paixão — foram incorporados como artigos autônomos ao final deste livro.

O primeiro capítulo do livro traça um panorama das definições e normas de policiamento ostensivo existentes na PMERJ, discutindo o propósito e a função das abordagens policiais; as formas de controle e avaliação dessas atividades; as diferenças "culturais" entre batalhões; a relação entre identidade policial, identidade racial e racismo na PM; as visões dos policiais sobre características que definem o "elemento suspeito" e o modo como eles avaliam a reação da população às abordagens que realizam.

No segundo capítulo, o foco são sobretudo os jovens ouvidos em entrevistas e em grupos focais, e o tema são suas experiências com a polícia, suas imagens a respeito do que esta define tipicamente como motivo de suspeição e suas opiniões sobre as abordagens policiais: locais e horários mais críticos, diferenças de tratamento policial de acordo com classe, raça ou regiões da cidade e o que deveria ser feito para mudar os procedimentos hoje empregados pela polícia — alvo de reprovação praticamente unânime entre os jovens de todos os segmentos sociais.

O capítulo seguinte apresenta os resultados mais importantes da pesquisa quantitativa com a população carioca e, no capítulo conclusivo, retomam-se alguns pontos levantados ao longo de todo o trabalho, sobretudo aqueles relativos à eficácia das blitzes, aos filtros operantes em distintas modalidades de abordagem, às percepções populares sobre seletividade da ação policial, às temáticas de raça, juventude, gênero e território, bem como às dificuldades existentes na PMERJ para problematizar e discutir as conseqüências do uso de estereótipos raciais e sociais como instrumento básico da ação de polícia. A partir dessas questões, apontam-se alguns caminhos possíveis para a melhoria da qualidade dos contatos cotidianos entre a PM e os cidadãos.

1. A PM e as abordagens nas ruas da cidade

1.1 POLICIAMENTO OSTENSIVO: NORMAS E AMBIGÜIDADES

> *"Isso aqui é a Bíblia. Não adianta ninguém vir de fora e inventar mágicas. Não precisa criar nada, está tudo aqui, isso é a Bíblia."*
>
> (Coronel PM responsável pelo policiamento da capital, sobre a Diretriz geral de operações, Seção III, que trata de Execução de Policiamento)

Para compreender a lógica e os procedimentos das abordagens policiais é necessário, antes de mais nada, conhecer as modalidades de policiamento ostensivo previstas nas atribuições da Polícia Militar do Rio de Janeiro, que são definidas e reguladas pela Seção III da *Diretriz geral de operações* (DGO), de 1983. A listagem e a descrição mais minuciosas dessas modalidades podem ser consultadas no final do capítulo (anexo I); limitamo-nos aqui a traçar um breve panorama, cujo intuito básico é situar os tipos de ações registrados com maior freqüência na nossa pesquisa de campo.

De acordo com a DGO, a atuação do policiamento ostensivo se divide em três grandes categorias: *ordinário, complementar* e *extraordinário*, cada um deles podendo englobar uma ou mais modalidades de intervenção policial. O primeiro — *policiamento ostensivo ordinário* (POO) — é aquele realizado rotineiramente pelas unidades da PM que têm circunscrição territorial (batalhões e companhias independentes), e pode ser motorizado, a pé, a cavalo, ou fixo em cabines, destacamentos e postos policiais, englobando também a patrulha normal do trânsito urbano (embora, desde 1998, esta tenha passado em grande medida a ser responsabilidade dos municípios).

O *Policiamento Ostensivo Complementar* (POC) envolve operações planejadas com o propósito de dinamizar o policiamento ordinário, seja no aspecto preventivo ou no repressivo. Quanto ao primeiro aspecto, destacam-se as *operações de ação preventiva* (A-Prev), que consistem na intensificação da presença policial em locais, dias ou horários críticos, visando não só a desestimular a prática de delitos, mas também a infundir uma sensação psicológica de segurança na população. Também se incluem na vertente preventiva complementar as operações intensificadas de orientação do trânsito urbano (OpTran 1) em momentos especiais, como festas populares, manifestações de rua etc. Já o aspecto repressivo do POC é contemplado sobretudo pelas *operações de ação repressiva* (A-Rep), que, por sua vez, podem ser de quatro tipos diferentes: *vasculhamento* (A-Rep 1) — ação genérica de revista de pessoas e locais suspeitos, realizada em áreas de grande densidade demográfica onde se supõe que haja focos de atividade criminal (na prática, quase sempre em favelas); *busca e captura* (A-Rep 2) — ação com objetivo de reprimir crimes ou contravenções específicos, mediante a prisão de delinqüentes e a apreensão de materiais utilizados para a prática dos delitos (quase sempre, também, realizada em favelas); *revista* (A-Rep 3) — ação inopinada, em locais estratégicos, de revista de veículos particulares, coletivos e/ou de carga, com a dupla finalidade de apreender armas, drogas e outros materiais associados a crimes ou contravenções, e de reprimir o roubo e o furto de veículos; *cerco* (A-Rep 4) — combinação de operações simultâneas de revista visando a coibir a fuga de criminosos em casos de assalto a banco ou de outros tipos de delitos que envolvam múltiplos autores armados e motorizados.

Finalmente, o *policiamento ostensivo extraordinário* (POE) diz respeito à manutenção da ordem e da segurança em eventos especiais, como jogos esportivos, visita de dignitários, desfiles cívicos ou carnavalescos etc.

Ressalte-se que, além das unidades regulares da PM (batalhões e companhias), podem atuar nas modalidades não-ordinárias de policiamento ostensivo as *unidades operacionais especiais*, grupamentos sem circunscrição territorial, mobilizáveis para intervir em qualquer parte do estado. Por exemplo, o Bope (Batalhão de Operações Especiais); o BPChoq (Batalhão de Polícia de Choque), utilizado sobretudo no controle de eventos de massa e distúrbios de rua; o Regimento de Cavalaria (RCECS) e a Companhia de Policiamento com Cães. Há ainda outras unidades especiais da PMERJ, atuantes, também, em todo o estado, com atribuições específicas de policiamento ostensivo, como o Batalhão de Polícia Rodoviária (BPRv), que patrulha as rodovias estaduais; o Batalhão de Polícia Ferroviária (BPFer) e o Batalhão de Polícia Florestal e do Meio Ambiente (BPFMA).

As experiências de abordagem vividas pelos cidadãos e registradas na nossa pesquisa correspondem a diferentes tipos de estratégia de policiamento, ainda que as mais freqüentes se relacionem às operações de *ação repressiva* 3 (A-Rep 3), as chamadas blitzes de veículos particulares e coletivos. Em nosso *survey*, dos 37,8% de entrevistados já parados alguma vez pela polícia, 48,1% haviam sido abordados, na última vez, em situação de blitz. Somados aos que relataram ter sido parados em carro particular fora da situação de blitz (8,3%), as abordagens em veículos particulares somaram a maioria das experiências (57%). Junto com aquelas ocorridas em táxi (2,3%), em moto — particular ou de serviço — (5,7%), em ônibus ou trem (11,2%), e em van ou kombi (3,5%), as abordagens em veículos automotores totalizaram quase 80% das experiências, contra cerca de 20% de casos em que as pessoas haviam sido paradas enquanto andavam a pé na rua (ver detalhamento dos resultados quantitativos no capítulo 3, adiante).

A abordagem de pedestres pode também corresponder a vários tipos de operação acima descritos. Por exemplo, uma viatura da PM, em policiamento ostensivo ordinário, pode considerar uma pessoa suspeita e pará-la para verificação de documentos e revista corporal. Nas A-Rep's 1 e 2 (vasculhamento; busca e captura em favelas), um indivíduo pode ser parado e revistado quando caminha a pé dentro da comunidade ou nas redondezas. Por sua vez, as abordagens em ônibus ou trem ocorrem seja em operações do tipo A-Rep 3 ou em ações de equipes especializadas do *patrulhamento transportado em ônibus urbanos* (PTOU), um grupamento criado em abril de 2001.

À primeira vista, parece estranho que tenham prevalecido nos resultados da pesquisa experiências mais ligadas ao policiamento ostensivo especial do que ao ordinário e cotidiano. É importante assinalar, contudo, que as chamadas blitzes se tornaram uma estratégia permanente da atuação da PM na cidade do Rio de Janeiro desde o seqüestro do ônibus 174, ocorrido em junho de 2000,[1] e provavelmente as respostas ao nosso *survey* refletem essa mudança na política local de policiamento. Denominada de *operação visibilidade* pelo então comandante-geral da PM, que assumira o posto logo depois da tragédia, a realização rotineira de blitzes nas principais vias da cidade passou a cumprir o papel de aumentar a visibilidade da presença policial e com isso infundir um sentimento de segurança na população. Em outras palavras, as A-Reps 3 trocaram sua função oficial (revista de veículos com o objetivo de "apreender armas, tóxicos e reprimir o furto e o roubo de automóveis") por uma parte das funções que a "Bíblia" do policiamento ostensivo atribui às A-Prevs (presença policial intensificada para aumentar a sensação psicológica de segurança). As conseqüências dessa "troca" ou dessa superposição de papéis entre operações de naturezas distintas merecem um exame mais detalhado.

Nas entrevistas que realizamos com 18 policiais militares de diferentes unidades, em novembro-dezembro de 2002, notava-se, de fato, certa hesitação ou ambigüidade na definição do objetivo principal das abordagens para revista de veículos. Indagados sobre o que é mais importante

[1]Em 12 de junho de 2000, o país assistiu ao vivo, pela televisão, ao seqüestro de um ônibus na zona sul do Rio de Janeiro, praticado por Sandro do Nascimento, sobrevivente da chacina da Candelária. Depois de quatro horas, Sandro se rendeu e desceu do ônibus com uma das reféns, Geisa Gonçalves, de vinte anos, sob a mira do revólver. Um policial do Bope atirou, errando o alvo e provocando a morte de Geisa. Sandro foi estrangulado por policiais dentro da viatura onde seria conduzido preso.

nas A-Reps 3, dois oficiais responsáveis pelo planejamento dos batalhões (majores P3) ressaltaram a sensação de segurança e um terceiro enfatizou a eficácia repressiva:

> Mais importante é que a polícia esteja presente nas ruas, abordando, revistando, que ela esteja incomodando. Se no final do mês nós tivermos 2 mil, 3 mil veículos parados e revistados e não foi detectada nenhuma ocorrência, zero ocorrência, esse zero de ocorrência para gente é tão importante quanto se tivesse ocorrido cinco. Porque o mais importante não é o flagrante efetuado, o mais importante é a sensação de segurança que todas as operações estarão repassando ao público de maneira geral. (Major de BPM do Centro)

> Eu acredito, aliás, eu tenho certeza, que o grande mote da A-Rep 3 seja a sensação de segurança que proporciona na pessoa, a visualização da polícia na rua. A polícia revistando veículos, entrando em coletivos. (Major de BPM do subúrbio)

> O importante para mim é que parem um veículo só, mas que seja um veículo que o policial tenha uma certa suspeição sobre ele. Por exemplo, ônibus: que ônibus vai parar ali? Vai se parar qualquer ônibus? Claro que não. O policial verifica a linha do ônibus e verifica, mais ou menos, para onde ele se destina, e normalmente ele verifica a empresa que tem uma freqüência de assaltos também grande. Então, aquele veículo é importante ser parado. O táxi, ao passar pela seleção, ele verifica as pessoas que estão no interior do táxi. Então, é uma suspeição, diria uma fundada suspeita. (Major de BPM do Centro)

A ambigüidade também aparece quando se questionam as conseqüências da banalização das blitzes. Buscando o efeito visibilidade, essa banalização não só reduziria a eficácia das operações (por eliminar o efeito surpresa e, portanto, diminuir muito as chances de apreender armas, drogas ou veículos roubados), como comprometeria a segurança dos policiais, expondo-os a longos períodos de permanência nas ruas, em locais fixos e conhecidos. Além disso, segundo alguns entrevistados, as A-Reps 3, quando muito prolongadas, são atividades cansativas e entediantes, que produzem relaxamento da atenção, aumentam os riscos e tornam-se ainda menos capazes de gerar resultados concretos:

> Em si, a operação A-Rep 3 é muito estática, é duas, três horas. Então, às vezes, até o próprio policial sente o cansaço da operação. Fica ali duas, três horas, em pé, no mesmo local. Isso leva, às vezes também ao baixo índice de ocorrência, o resultado não é tão satisfatório assim, causa um relaxamento também no policial. Deixa um carro passar, vira para o lado... Isso compromete a segurança do policial também. Eu achava que a operação A-Rep 3 deveria ser mais dinâmica, menos tempo naquele local, dali já partia para outro local, até mesmo para agitar um pouco a adrenalina do policial, porque ele fica muito parado, muito estático, deveria haver uma dinâmica maior. (Subtenente 9º BPM)

A fronteira dúbia entre função visibilidade, por um lado, e revista para apreender drogas, armas e veículos roubados, por outro, talvez ajude a entender o vácuo que existe entre o planejamento e a avaliação dessas operações por parte da PM fluminense. Em todas as unidades visitadas, constatamos que as operações de abordagem policial passam por sistemático e rigoroso planejamento, com antecedência de uma a duas semanas, obedecendo a complexos cálculos que combinam operações determinadas pelo Comando de Policiamento da Capital (CPC) e operações planejadas pela seção P3 do batalhão ou companhia. Trata-se de uma equação delicada entre demandas de operações e recursos existentes (tipo e quantidade de viaturas e de homens disponíveis). Em todos os casos, a seção P3 da unidade produz "ordens de operação", documentos escritos, numerados, datados e assinados, contendo o planejamento semanal. As ordens estabelecem não só locais precisos e horários, como tipos de operação e, em alguns casos, o efetivo a ser empregado. De acordo com oficiais (majores) ouvidos pela pesquisa, os locais, horários e a duração das operações são definidos segundo uma estratégia de ocupação de vias com maior incidência de crimes, situadas no interior da AISP (Área Integrada de Segurança Pública, que corresponde à circunscrição do batalhão).[2]

Além de planejadas, as A-Reps 3 devem ser monitoradas pelo preenchimento, durante a operação, de um minucioso "cadastro de veículos parados", denominação usada em alguns BPMs, ou "ficha de controle de veículos parados", em outros. Nesse cadastro, um dos policiais da blitz deve anotar horário, local, nome do(a) motorista, marca, placa e natureza do veículo parado (carro particular, van, kombi, táxi, moto ou coletivo). Espantosamente, porém, a ficha não reserva nenhum espaço para anotações relativas ao resultado das abordagens, o que impossibilita qualquer avaliação posterior da eficácia ou do custo-benefício da operação.

Os BPMs têm procedimentos diferentes em relação a essas fichas de controle. Alguns as enviam semanalmente ao Centro de Policiamento da Capital, onde ficam arquivadas por um tempo que os oficiais dos batalhões disseram desconhecer. Em outros casos, elas são arquivadas no próprio batalhão, que realiza a contagem numérica e envia semanalmente as totalizações ao CPC. Dada a ausência de informações sobre resultados, essa contabilidade se resume no entanto ao número e aos tipos de veículos que sofreram abordagem. Sabe-se, por exemplo, que, num BPM do Centro, foram abordados em uma semana 534 veículos, sendo 103 ônibus, 87 táxis, 61 vans, 168 carros particulares e 115 motos. E que, em outro batalhão da mesma área, foram parados em uma semana 1.525 veículos: 171 ônibus, 261 táxis, 224 motos, 207 kombis, 236 vans, 284 veículos particulares e 142 de carga. Porém, por mais impressionantes que sejam tais números, eles deixam sem resposta duas perguntas fundamentais: qual o impacto disso tudo na segurança da população carioca? Os custos e riscos das operações são compensatórios, ou esses recursos poderiam ser mais bem empregados em outras modalidades de intervenção policial?

[2]Questionados sobre a origem dos dados que orientam o planejamento, os oficiais mencionaram tanto as estatísticas das delegacias policiais como as estatísticas do próprio batalhão, mas não houve evidências de uso de técnicas ou procedimentos de acompanhamento de manchas criminais através de monitoramento diário, semanal ou mensal de indicadores de criminalidade (dias, horários, locais e modalidades de delitos). Aparentemente, o planejamento é feito menos com base em dados do que na experiência e na "intuição".

Não só inexistem indicadores para avaliação das blitzes, como às vezes nem sequer é feita a contabilidade dos veículos parados, por falta de papel para reproduzir as fichas, segundo relatou o major P3, de um batalhão da Zona Sul. Além disso, as ocorrências criminais — quando existem — são obrigatoriamente anotadas num outro instrumento, o TRO (talão de registro de ocorrência), sem nenhum vínculo documental com as fichas ou cadastros das abordagens (por exemplo, um código de registro comum, que permitisse cruzar dados das duas fontes) — tendo-se aí outro claro sinal de que a produção de documentos não se destina a avaliar eficácia ou custo-benefício das operações.

A surpresa dos pesquisadores em face desse contraste — planejamento minucioso *versus* total ausência de avaliação de resultados — não encontrou, porém, nenhuma ressonância entre os oficiais responsáveis. Surpreendeu-os, isto sim, a nossa preocupação com o tema, que para eles não parecia ter grande importância. Importante, segundo afirmavam, é a "estatística do batalhão", vale dizer, a quantidade de armas e drogas apreendidas no total, independentemente do tipo de operação, do número de pessoas presas e da "presença da polícia na área". Nossas dúvidas permaneceram, assim, em aberto: para que a PM dispõe de tantas modalidades diferentes de policiamento, se elas não são avaliadas pelos seus méritos próprios? Por que a ênfase numa certa estratégia — entre muitas possíveis — se não se conhecem seus resultados? Que critérios norteiam cada novo planejamento de locais e horários para as A-Reps 3, se não se sabe quais foram os erros e acertos dos planejamentos anteriores?

Como já sugerimos, a despreocupação com resultados concretos — pelo menos no caso das blitzes — parece relacionar-se ao "desvio de função" que elas sofreram ao transformar-se em política rotineira, destinada a marcar a presença policial nas ruas da cidade, deixando total ou parcialmente de lado seus propósitos oficiais: a apreensão de armas, drogas e veículos roubados/furtados. Almejando sobretudo a visibilidade da polícia nas ruas e um suposto aumento da sensação de segurança, essa estratégia tornaria negligenciáveis não só os efeitos objetivos, mas também as conseqüências negativas das operações, como retenções no trânsito, ampliação do risco para os próprios policiais e multiplicação de oportunidades para a prática do suborno e da extorsão.[3] Outra hipótese, contudo, seria de que a PM utiliza precariamente as ferramentas de planejamento, monitoramento e avaliação em *todas* as suas atividades; portanto, de que as A-Reps 3 não constituem uma exceção, e sim a regra. Mesmo sem pesquisar a fundo os demais tipos de policiamento ostensivo realizados pela PMERJ — como, por exemplo, as operações de repressão ao tráfico de drogas em favelas —, fica a forte impressão, comprovável no caso das blitzes, de que a escolha de estratégias não assenta em critérios racionais e objetivos, capazes de atestar se esse enorme montante de recursos públicos, esforços, homens e equipamentos empregado está tendo de fato alguma destinação eficaz.

1.2. "CULTURAS" POLICIAIS E GEOGRAFIA SOCIAL

Além dos diferentes tipos de policiamento ostensivo, é fundamental considerar a natureza e a qualidade dos contatos entre polícia e população, que varia muito não só entre distintas situações de abordagem (em carro ou a pé, por exemplo), como entre as áreas da cidade onde essas abordagens se realizam.

Jacqueline Muniz (1999), a partir de trabalho de campo realizado no 19º BPM (Copacabana e Leme), em 1994, durante a implantação de um programa-piloto de policiamento comunitário, assinala a existência de uma "cultura" policial de rua (*cop culture*). Essa cultura do policial que está na linha de frente do trabalho de polícia manteria relativa autonomia em relação às normas institucionais e seria alimentada por mecanismos próprios da atividade policial, essencialmente discricionária em sua prática cotidiana, havendo um "significativo espaço de manobra decisória dos agentes de ponta, invariavelmente profissionais que ocupam os escalões inferiores da corporação" (p.61).

[3]Nos dias 15, 16 e 17 de abril de 2001, o jornal *O Globo* publicou extensas reportagens sobre as blitzes cariocas. O título da matéria principal era "Insegurança nas blitz — Policiais militares usam batida para a prática de irregularidades e até de extorsão." Durante duas semanas, dois repórteres do jornal (Antônio Werneck e Dimmi Amora) acompanharam dez blitzes da Polícia Militar em diversos pontos da cidade. Segundo o jornal, "nenhuma delas seguiu o padrão ideal determinado pelo comando da corporação e tampouco teve qualquer resultado prático, como veículos apreendidos ou pessoas detidas" (*O Globo*, dia 15/04/2001, p. 14).

Para entender as práticas de polícia e as experiências de abordagem vividas por cidadãos nas ruas do Rio, parece importante, contudo, ir além da formulação genérica sobre a existência de uma cultura policial de rua e reconhecer importantes marcas diferenciadoras da atividade policial segundo os contextos socioeconômicos, culturais e criminais demarcados pelos batalhões. Os próprios policiais entrevistados foram unânimes em identificar distintas "culturas" de polícia predominantes em batalhões de diferentes áreas da cidade:

> A forma de atuação do policial é totalmente diferente. O nosso policial aqui é verdadeiramente combatente. Nossa atuação, muitas vezes, até prescinde de técnica policial e passa para técnica de guerrilha mesmo. Então a diferenciação que eu faço em relação a outros batalhões: 9° Batalhão, 6°, 22°, 3° e 16°, nós costumamos chamar isso aqui de Polígono do Inferno.[4] Às vezes é técnica de sobrevivência na selva, de conduta de patrulha, essas técnicas a gente não aprende na academia, a gente vai aprendendo com o trato policial diário. Existe uma diferença muito grande do policial do interior, onde até a criminalidade é diferente, problema envolvendo briga de vizinho, homicídio contra a mulher por causa de honra... (Oficial de BPM de subúrbio)

> O trato em si vai depender muito das características da área. A abordagem tem alguns princípios que são básicos, mas é claro que, trabalhando no centro da cidade, nós não vamos proceder a uma abordagem portando fuzil. (Oficial de BPM do Centro)

> O que o policial menos gosta é ouvir aquele bordão: "você sabe com quem está falando?". É o que ele mais ouve na Zona Sul. (Oficial de BPM da Zona Sul)

[4]Alguns desses batalhões circunscrevem áreas onde estão situadas favelas (ou conjunto de favelas) famosas por histórias de confronto entre policiais e facções criminosas ou de fatos traumáticos da história da cidade, como Vigário Geral e Parada de Lucas (antiga área do 9° BPM, atual 16°); Complexo do Alemão (16°); Complexo da Maré (22°); Jacarezinho (3°); Pedreira, Juramento e Chapadão (9°).

Um monte de flanelinha, menores de rua, população de rua, carentes, alcoólatras — no centro da cidade só tem isso: população de rua, criança largada, abandonada. (Oficial de BPM do Centro)

O policial se amolda à cultura do batalhão. (Oficial de BPM do subúrbio)

GRANDES REGIÕES E ÁREAS INTEGRADAS DE SEGURANÇA PÚBLICA (BATALHÕES)
Município do Rio de Janeiro — 2003

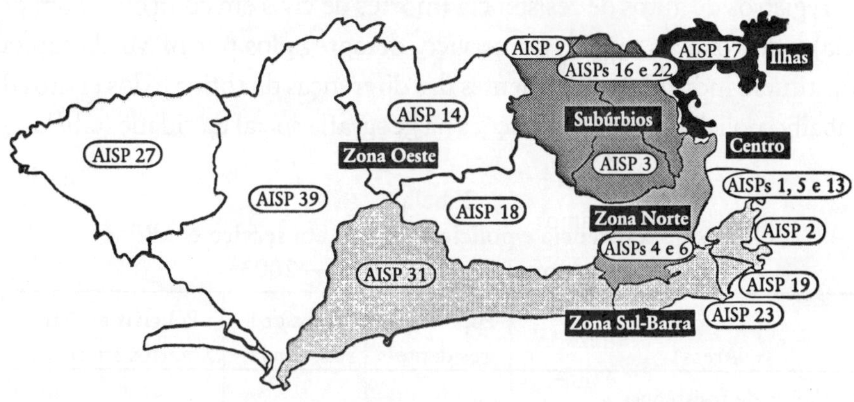

Fonte: Nupesp/Secretaria de Segurança Pública do Estado do Rio de Janeiro
Elaboração: CESeC/Ucam

Algumas áreas da cidade se estruturaram em torno de uma prática de polícia muito particular. Respondendo à pergunta sobre o maior medo de um policial numa abordagem, quase todos os entrevistados mencionaram "o confronto". Indagados se já haviam vivido pessoalmente ou presenciado um confronto com criminosos em situação de abordagem, os policiais dos batalhões do subúrbio foram os únicos a responder positivamente.

Eu, em março, [es]tive entre os quatro da minha guarnição. Uma granada no morro da Pedreira. Um dos soldados, que já voltou para a ativa, perdeu um dos testículos, o outro teve fratura nas duas pernas, uma das quais exposta, eu fiquei com dois fragmentos da granada aqui no final da coxa e outro soldado foi atingido na panturrilha. É comum. Foi à luz do dia, dez e pouco da manhã, batemos de frente com cerca de vinte marginais, todos armados de fuzis e pistolas. Ah, o barulho é ensurdecedor. Eu tive até abertura do tímpano, depois se reconstituiu. O barulho é ensurdecedor e o drama que é vivido ali na hora... (Praça de BPM do subúrbio)

Recentemente, um policial perdeu o braço e um foi morto. Vinte marginais são mortos em média, por mês, aqui na área do batalhão, em confronto direto com policiais. (Oficial de BPM do subúrbio)

Os registros de autos de resistência (mortes de civis em confronto com polícia) e de policiais mortos em serviço, desagregados por BPMs da capital, constituem indicadores eloqüentes das diferenças da rotina e dos efeitos do trabalho policial segundo variações na geografia social da cidade (tabela 1).[5]

Tabela 1
Autos de resistência e policiais mortos em serviço em BPMs da capital Rio de Janeiro — 2003

Áreas*	População residente	Autos de resistência	Policiais militares mortos em serviço
Autos de resistência			
Subúrbios	2.086.582	501	23
Zona Oeste	2.280.831	124	8
Zona Norte	625.207	61	2
Centro	221.572	55	0
Ilhas	168.765	37	0
Zona Sul/Barra da Tijuca	435.368	20	1
Município do Rio de Janeiro	5.818.325	798	34

*Subúrbios: circunscrições do 3º, 9º, 16º e 22º BPM; Zona Oeste: 14º, 18º, 27º e 39º; Zona Norte: 4º e 6º; Centro: 1º, 5º e 13º; Ilha do Governador: 17º; Zona Sul: 2º, 19º, 23º e 31º (Ver mapa acima).

Fontes: Diário Oficial do Estado do Rio de Janeiro, com base em dados da Polícia Civil, e Censo Demográfico 2000, IBGE. Elaboração: CESeC/Ucam.

[5]Deve-se levar em conta, porém, que as mortes provocadas em confronto nem sempre são de autoria de policiais lotados no batalhão da área, sendo algumas vezes resultantes de ações de batalhões ou guarnições especiais, como o Bope e outros.

Lívio Sansone (2002), a partir de cinqüenta entrevistas com oficiais e praças da PM do Rio de Janeiro, feitas em 2000 e 2001, também concluiu pela existência de diferenças importantes entre batalhões da "Zona Norte" e da "Zona Sul". Além disso, identificou uma divisão no oficialato, entre "tolerantes" e "repressores". Os primeiros seriam oficiais mais moços e mais bem preparados, que prefeririam trabalhar na Zona Sul, enquanto os "repressores" prefeririam "a Zona Norte, onde a presença da mídia, das organizações não-governamentais e dos grupos de direitos humanos é muito menor" (p. 526).

Nossas entrevistas, contudo, indicaram articulações mais complexas e contraditórias na relação entre "cultura" ou "ideologia" e trabalho policial em diferentes áreas da cidade. Todos os oficiais entrevistados (e algumas praças) já haviam servido em diversos batalhões e teceram considerações comuns acerca das características do trabalho em zonas ricas e em áreas de subúrbio ou da Baixada Fluminense. Aliás, a capacidade de se adaptar a diferentes contextos de trabalho parece ser uma fonte de orgulho do policial militar, que freqüentemente se recusa a admitir a preferência por determinada área ou por certo tipo de trabalho.

O estudo de Cecilia Minayo *et al.* (1999), analisando um grupo focal com policiais civis, identificou em torno dessa temática "um discurso cheio de ambigüidades" (p. 178). Por um lado, os policiais manifestavam profunda hostilidade em relação aos jovens da Zona Sul ("se você pega um garoto desses e leva para a delegacia, o pai chega lá com dois, três advogados", p. 174). Mas, por outro, vendo na violência o resultado de determinantes sociais, como pobreza e desestruturação familiar, atribuíam aos jovens pobres das favelas uma "índole" para o crime, o que os tornaria inimigos "naturais" da polícia. Como veremos mais adiante, essa oscilação é percebida também pelos próprios jovens ouvidos na nossa pesquisa, que, mesmo enfatizando a existência de um problema geral na relação entre juventude e polícia, apontaram variações dos objetivos e da qualidade das abordagens policiais conforme a área da cidade — o que foi resumido com a sugestiva expressão "geografia da dura" (ver capítulo 2).

Cabe considerar ainda as características diferenciais da atuação da polícia dentro e fora das comunidades de favela, independentemente da área do batalhão. O tema é delicado e, assim como o do racismo, que focalizaremos mais à frente, suscita reações defensivas ou evasivas por parte dos policiais. Mais de um entrevistado negou existir tratamento pouco cuidadoso nas favelas ou hostilidade da população às "entradas" da polícia nos morros.

> Por incrível que pareça, lhe digo isso pela experiência e pela vivência. O que eu percebo, embora predomine na favela a falta de cultura e a falta de instrução, a gente não percebe a falta da educação, coisa que a gente já percebe no asfalto. A receptividade para o favelado ali, com relação à polícia, é muito maior e muito mais bem aceita do que no asfalto, entre aspas, entre as pessoas mais bem-educadas e mais evoluídas socialmente, coisa que não acontece no morro, na favela. A polícia, quando entra na favela, geralmente é hostilizada só pelos próprios traficantes ou parentes. Aí, sim, por essas pessoas a polícia é hostilizada. Agora, a grande maioria das pessoas de bem nos recebem, nos acolhem. (Praça de BPM de subúrbio)

> Nunca pensei por aí, não [que o policial trata pior a população de favelas do que a população de uma área rica]. E olha que eu já trabalhei em tanto lugar... Mas talvez pelo receio... porque o policial, quando está há muito tempo trabalhando em comunidades carentes, ele vai relaxando muito na sua segurança. (Oficial de BPM do Centro)

Entretanto, a menção à favela como uma "área perigosa" ou "de risco" apareceu numerosas vezes durante as entrevistas, bem como a idéia de que o trabalho de polícia nessas áreas se caracteriza pelo "combate" aos traficantes de drogas. Um entrevistado definiu em poucas e cruas palavras a premissa que nortearia a atuação da PM em favelas:

> A diferença é que no morro todos são suspeitos. Até uma menina de 12 anos é suspeita, pois nós vimos uma portando um fuzil, mesmo sabendo que tem gente boa lá. (Praça de BPM da Zona Sul)

O que nos remete a um outro aspecto fundamental das relações entre policiais e cidadãos, examinado aqui do ângulo dos primeiros: que critérios, junto com ou além do território de atuação, orientam a suspeita policial? Em outras palavras, quem é suspeito para a polícia e por quê?

1.3 "DETECTOR DE BANDIDO" OU "UMA ESTRELA PARA FAREJAR": A CONSTRUÇÃO DA SUSPEITA

As entrevistas revelaram que, para um policial, talvez não haja pergunta mais difícil de responder do que esta: "O que leva um policial a considerar uma pessoa suspeita?". Algumas falas ilustram bem a dificuldade:

> Vai depender muito da área. São tantos fatores, que não vale a pena enumerar, porque um fator entra dentro do outro... Só vou lhe dar um exemplo. Aquela operação daquele rapaz que foi baleado, do Rappa, ele foi abordado numa operação. Mas quantos veículos com as características do carro dele passam no local de operação, ali, próximo daquela área do morro? [mencionando o fato de policiais terem atirado e ferido o baterista do Rappa, Paulo Negueba, próximo da favela de Vigário Geral, onde o músico morava]. (Oficial de BPM do subúrbio)

> Olha só: a abordagem é uma situação muito discutível porque a abordagem é uma coisa subjetiva. Às vezes uma coisa pode ser suspeita para mim, mas pode não ser suspeita para outra pessoa, vai depender do ponto de vista. Por exemplo, quando se faz uma abordagem dentro de um ônibus, quais são os elementos que vão levar a pessoa a ser abordada? A pessoa que está olhando para fora do ônibus, está de cabeça baixa, fingindo que está dormindo. Na rua, uma camisa grande pode estar escondendo arma, é uma coisa que já vai chamando a atenção. Aquele policial que está trabalhando no morro há muito tempo, ele tem mais condições de visualizar aquilo. (Oficial de BPM do Centro)

> Porque nós não temos um detector de bandido, seria muito bom. A gente entrava num ônibus ou parava um veículo: "olha, o bandido é aquele lá". Não tem como, bandido não tem cara. Vide essa menina de São Paulo, cometeu aquele crime bárbaro, menina de classe média alta, extremamente bonita. (Oficial de BPM do subúrbio)
>
> Não está escrito na testa. (Vários)
>
> O policial não tem bola de cristal. (Vários)
>
> Tem policial que tem estrela para farejar. (Praça de BPM do Centro)

No lugar de possíveis explicações sobre a dificuldade de articular respostas, a pergunta sobre critérios de suspeição freqüentemente gera reações defensivas. Uma saída clássica (possivelmente aprendida nos cursos de formação da polícia) é a resposta pela negação: "para a PM não existe pessoa suspeita, apenas situação suspeita". Em outros casos, ilustrados pelas citações abaixo, a definição, além de defensiva, é tautológica: suspeita é a pessoa obviamente suspeita:

> O suspeito é o biótipo que todos nós fazemos a avaliação. Avaliação que a senhora faz, todo mundo faz. É aquele biótipo quando a senhora está entrando na sua rua, a senhora observa. Não adianta, não vamos aqui forçar a barra e não vamos... todos nós somos parte da sociedade. É esse biótipo que a senhora está pensando, não adianta... (Oficial de BPM do Centro)
>
> Discriminação é crime. Na visão do policial não há discriminação. O policial está na rua para preservar a ordem. Pior é deixar passar bandido... (Praça de BPM do Centro)

É digno de nota que, sendo a suspeita parte intrínseca do trabalho de polícia, o discurso sobre ela se encontre tão pouco articulado, mesmo entre oficiais de uma geração mais jovem. Segundo Muniz (1999), "do ponto de vista pragmático da cultura policial das ruas, suspeitar consiste em 'uma atitude saudável' de todo policial" (p. 16). A autora observa também que toda suspeita se estrutura a partir do senso comum:

> Na prática, isso se traduz no fato de que aqueles atores ou grupos que se encontram mal posicionados no mercado da cidadania fazem parte do que se costuma chamar de "propriedade" da polícia. (...) A contabilidade da vigilância do espaço público ainda dedica uma atenção especial às "classes de risco", que incluem, evidentemente, os pobres, os jovens negros, os excêntricos e as minorias sexuais. (pp.17 e 45).

De fato, a metáfora do espelho ("a polícia como espelho da sociedade") é acionada no plano discursivo toda vez que o policial reconhece que as definições de "elemento suspeito" tendem a coincidir com estereótipos negativos relacionados à idade, gênero, classe social, raça/cor e local de moradia, sendo a idéia do espelho particularmente cara a um pensamento progressista dentro da polícia, como assinalam Lemgruber, Musumeci e Cano (2003: 50-71).

Muniz chama a atenção para o fato de que

> consiste em uma espécie de lugar-comum acadêmico demonstrar que as categorias policiais acionadas para identificar atores em "atividade suspeita" ou com "comportamentos duvidosos e ameaçadores" refletem, em boa medida, as estruturas de poder e as desigualdades sociais existentes na sociedade mais ampla (p. 17).

Mas, para além da reiteração desse lugar-comum, consideramos importante dissecar as variáveis que intervêm na construção da suspeita policial e compará-las às observações colhidas em entrevistas e grupos focais com jovens, assim como na pesquisa quantitativa junto à população carioca, buscando pontos de contato entre o que polícia define como "elemento suspeito" e o que os cidadãos julgam ser os critérios de suspeição da polícia.

1.3.1 Idade

A referência à faixa etária — isolada ou combinada a outras variáveis — foi unânime entre os policiais entrevistados. Sem exceção, todos admitiram que jovens do sexo masculino, especialmente em grupo, chamam a atenção do policial:

> Depende do local onde está sendo realizada a abordagem. Por exemplo, se eu estou fazendo uma abordagem dentro de uma comunidade carente, eu já posso com tranqüilidade começar a partir dos oito anos. Porque, a partir dos oito anos, eles estão sendo utilizados... O jornal está trazendo hoje: menor com 13 anos foi abordado no centro da cidade por um policial militar, estava com um revólver calibre 38. (Oficial de BPM de subúrbio)

> Geralmente do sexo masculino, pessoas próximas ao local que existe comércio de drogas. Por exemplo, 3:00 da madrugada, próximo ao morro do Juramento, parado ou transitando com volume, com uma bolsa, é um suspeito em potencial para a gente. Se for carro, principalmente se tiverem mais de três num carro. Se tiver um, relativamente é menos suspeito. Carro novo. Carro novo chama bastante atenção. Ou táxi. Idade jovial, faixa dos vinte, 25. (Praça de BPM de subúrbio)

> Os jovens principalmente, por serem jovens, imaturos, eu diria que eles tentam pelo comportamento, não seja desprestigiar, mas eles... isso se dá muito pela noite, pelas madrugadas, por falta de uma educação... ele trata o policial como ele trata normalmente a mãe e o pai, com extrema falta de respeito. Então, acontece justamente isso, o policial, por sua vez, também, talvez não tem muito trato nessa questão, questiona aquele comportamento, e ele, o jovem, não está acostumado a ser questionado, aí há aquele choque. O policial tem que usar a força, a farda, e aí sim... ele sai dali completamente revoltado. Aquele cara sai reclamando e essa é a grande situação. (Oficial de BPM do Centro)

1.3.2 Gênero: o milagre da difusão de uma regra

No esquadrinhamento dos traços que conformam candidatos à suspeita, verificou-se uma notável convergência entre os policiais entrevistados, entre os jovens participantes dos grupos focais e entre as pessoas ouvidas na pesquisa quantitativa em torno do baixo índice de abordagem de mulheres e da baixíssima freqüência de revistas em caso de abordagem.

> A gente está até tentando colocar isso como mentalidade de trabalho, a revista aos pertences da mulher. Não a revista à mulher em si, porque o nosso Código de Processo Penal diz que a revista na mulher será feita preferencialmente por uma outra mulher, para evitar constrangimentos. Agora, nada impede que o policial faça a revista dos pertences, se ele tiver uma fundada suspeita, mas ele não faz. (Oficial de BPM de subúrbio)

> Porque a busca pessoal só pode ser realizada por outra mulher, senão vai causar constrangimento. Agora, só a bolsa, eu posso ver. "A senhora pode abrir a bolsa, por gentileza?" "Não? Estou amparado pela lei, pelo Código de Processo Penal. Então vou lhe prender por desobediência". (Oficial de BPM do Centro)

> Existe o artigo 249 do Código de Processo Penal, que diz que a revista em mulher, quando fundamentada, pode ser adotada. Por exemplo, de madrugada numa favela, em que não haja uma mulher policial ali comigo e haja uma fundada suspeita, eu posso. Mas na prática não tem ocorrido não, porque, em geral, as jovens hoje em dia têm andado com camisetas e *shorts* minúsculos, então não tem uma arma ali dentro, nem uma quantidade grande de drogas. Já no homem é diferente, ele consegue botar dentro da calça, aquele bermudão que eles usam, por dentro da sunga, bota uma arma, bota grande quantidade de entorpecente. (Praça de BPM de subúrbio)

> Veículo com mulheres, principalmente jovens, elas acham engraçado: "ah, meu Deus, estou tomando uma dura". "Bom dia, senhorita, queira desembarcar, desligar o veículo, apresentar sua identidade, CNH..." "O que é CNH?" "Carteira Nacional de Habilitação." "O carro é do meu pai." A gente revista o carro, pede desculpa, ela vai embora, satisfeita, sem problema nenhum. (Oficial de BPM do subúrbio)

Assim, nas experiências de abordagens, uma "regra de ouro" parece ser cumprida sistematicamente, sem necessidade de controle externo, cursos de capacitação ou "sensibilização de gênero". A difusão e a universalidade da norma segundo a qual "um policial não pode revistar uma mulher" surpreende num contexto em que os rompimentos de regras e adaptações ao contexto são consideradas justificáveis pela "guerra contra o tráfico e o crime". Se surpreende, esse fato pode também ser uma pista importante para a geração de outras regras de respeito universal. Pelo material colhido nas entrevistas, a existência de artigo específico sobre o tema no Código de Processo Penal parece ser um elemento importante, mas, ao que tudo indica, não esgota a explicação do fenômeno. Trata-se de assunto que mereceria ser estudado mais detalhadamente por outras pesquisas, inclusive em perspectiva internacional, pois talvez ajude a entender o fato de, praticamente no mundo inteiro, as mulheres serem minoria entre a "clientela" do sistema de segurança e justiça e, conseqüentemente, representarem quase sempre uma parcela muito pequena da população carcerária.[6]

A partir de grupos focais realizados no Rio de Janeiro, Minayo *et al.* (1999) encontraram, porém, evidências de que jovens do sexo feminino são usualmente desrespeitadas por policiais (pp. 171-72). Mas como, nesse caso, os depoimentos colhidos eram todos de jovens infratoras, a divergência em relação aos resultados da nossa pesquisa pode indicar que as mulheres são tratadas diferencialmente em situações ordinárias de policiamento ostensivo e em contextos específicos de relação com a polícia, sobretudo quando já estejam marcadas pelos estigmas de pertencimento ao mundo do desvio ou do crime. Um outro estudo recente sobre a população carcerária femini-

[6]Algumas considerações a esse respeito se encontram em Soares (2002) e em Musumeci, Soares e Borges (2004).

na do estado reforça, aliás, as observações de Minayo, ao revelar altos índices de violência e desrespeito sofridos pelas presas não só no interior do sistema penitenciário, como nas diversas unidades policiais (delegacias e batalhões) por onde elas haviam passado em sua trajetória até a prisão (Soares, 2002). Embora graves e dramáticas, essas experiências não refletiriam, contudo, o traço genérico da cultura policial, de considerar as mulheres *a priori* menos perigosas, logo menos merecedoras de suspeição.

1.3.3 Aparência, olhar e situação

Entre os detalhes que levariam um policial a considerar uma pessoa suspeita surgiram indícios de que idade, gênero, cor, classe social e geografia se combinam ainda a outras variáveis — como vestuário, comportamento, situação etc. —, gerando apreensões mais sutis, incorporadas à experiência policial e nem sempre fáceis de descrever.

> Vestimenta é importante, tatuagem, não. Por exemplo, tem feito um calor muito grande esses dias. Por que motivo uma pessoa está dentro de uma loja com casaco? Por que a pessoa está com casaco dentro do ônibus? Só se estiver com uma febre altíssima, tendo calafrios, do contrário, não... (Oficial de BPM de subúrbio)

> Vamos colocar mais aí apresentação pessoal, maneira como a pessoa está vestida, se condiz com o veículo que está dirigindo, a idade da pessoa que está dirigindo se condiz com aquele veículo. Três garotos, uma apresentação humilde, dentro de um veículo Astra 2002: não é um veículo suspeito? Vamos parar, vamos revistar. Um táxi com um casal atrás, um casal que não esteja abraçado, sei lá, alguma coisa nesse sentido, ou com quatro pessoas dentro indo em direção próximo ao morro, ou saindo do morro... (Oficial de BPM da Zona Sul)

> Às vezes, o que chama atenção é o olhar da pessoa, o semblante. (...) Eu, por exemplo, viso muito os olhos da pessoa. Já desenvolvi isso em mim mesmo. Se pudesse fazer uma faculdade de psicologia, até fazia, porque eu gosto da área. Às vezes, no semblante da pessoa, na reação que ela tem

na musculatura do rosto ou no olhar, a gente sente que a pessoa está preocupada com aquele tipo de trabalho que a polícia está fazendo. Até mesmo nos Estados Unidos os policiais são treinados para ver quando a pessoa está falando a verdade num depoimento através do movimento dos olhos. (Praça de BPM do Centro)

Deixamos propositalmente para uma seção à parte a consideração da "raça" ou "cor" como elemento estruturante da suspeita, pois é nesse aspecto que se localizam as maiores dificuldades, resistências e hesitações do discurso policial, quando se trata de tematizar filtros e critérios de escolha utilizados nas abordagens. E é também aí que constatamos a maior divergência entre, de um lado, opiniões dos policiais entrevistados e, de outro, experiências e percepções da população registradas nas pesquisas quantitativa e qualitativa.

1.4 A "CÚTIS" DOS PMS E A "COR" DOS SUSPEITOS

Qualquer aproximação ao espinhoso tema do racismo policial esbarra de saída num paradoxo: a PM, que segundo a opinião popular age de forma discriminatória contra os negros, é uma instituição com forte presença de negros em seus quadros, não só nos escalões inferiores (praças) como no oficialato e até em altos postos de comando. Mas, como veremos, em vez de isso abrir uma porta ao debate franco sobre os temas da raça e do racismo, serve freqüentemente de pretexto para contorná-lo:

> Eu acho que tem muito uma coisa de misticismo, de que a polícia só revista preto. Essa mentalidade já acabou há muito tempo. Até porque a maioria dos nossos policiais também são mestiços, são negros. Nosso comandante-geral é negro, então não vejo por que haver uma discriminação por parte da tropa com relação a negro, no ônibus, no veículo ou numa moto. (Oficial de BPM de subúrbio)

Apesar de problemas metodológicos e conceituais que dificultam a comparação do perfil racial da PMERJ com o da população estadual, uma olhada nos números disponíveis indica, com efeito, que a PM é mais parda, um pouco mais preta e bem menos branca que o conjunto da população fluminense, considerando-se para esta última os dados do Censo 2000 (55,4% de brancos, 33,9% de pardos e 10,7% de pretos).

É importante observar, entretanto, certos aspectos do sistema classificatório utilizado pela polícia, talvez mais significativos do que a precária comparação que é possível fazer entre os números. Como se observa na tabela 2, a PM adota uma classificação não para "cor" ou "raça", mas para "cor da pele" (ou "cútis"), em registros que incluem adicionalmente cor dos olhos, tipo e cor do cabelo, altura e peso do(a) policial. A "cútis", por sua vez, é classificada segundo uma gradação que vai de branca a escura, com três categorias intermediárias: parda clara, morena e parda escura. Outro detalhe surpreendente é a enorme quantidade de registros (cerca de 40%) nos quais não há nenhuma informação sobre cor da pele. Além disso, a PM não adota a técnica de autoclassificação utilizada pelo Censo, ficando a definição da cor da cútis e das outras características corporais a cargo do responsável pelo preenchimento do formulário.[7] Há informações de que o sistema de classificação de cor adotado pela PM data de mais de cinqüenta anos, quando os debates sobre raça/cor no Brasil tinham outros contornos. É razoável imaginar que esses critérios tenham mudado nas últimas décadas e que a ausência de dados se deva à falta de novas orientações para o preenchimento ou a oscilações nas políticas internas da corporação. De qualquer modo, quando se focaliza apenas a "cor da cútis" atribuída aos oficiais, nota-se uma parcela de brancos (58,8%) superior à do conjunto da população do estado (55,4%) — o que sugere que o componente "situacional" pode ter peso não desprezível na classificação, já que a tendência a tornar alguém mais branco quanto mais alta a sua posição hierárquica é facilmente potencializada numa situação em que um policial subalterno registra a cor de um oficial.[8]

[7]Em entrevista com um tenente-coronel da PM, em junho de 2004, obtivemos uma informação ligeiramente diferente: a fonte primária de identificação na PM, uma "ficha individual de identificação", seria preenchida e atualizada diretamente pelo(a) policial, mas, mesmo assim, alguns campos (como cor da cútis) seriam reclassificados quando da digitação no banco de dados.

[8]Sobre a tendência à superposição de hierarquias raciais e sociais no Brasil, ver o artigo de Marcelo Paxão ao final deste livro.

Tabela 2
Distribuição do efetivo total e do efetivo de oficiais da PMERJ segundo "cor da cútis" — c. 2002

Cor da cútis	Efetivo total da PM			Oficiais PM		
	Número	Partici-pação no total (%)	Partici-pação no total de registros com in-forma-ção de cor (%)	Número	Partici-pação no total (%)	Partici-pação no total de registros com in-forma-ção de cor (%)
Branca	9.184	24,4	39,2	866	34,1	58,8
Parda clara	4.931	13,1	21,0	212	8,3	14,4
Morena	5.824	15,5	24,9	276	10,9	18,8
Parda escura	2.099	5,6	9,0	58	2,3	3,9
Escura	1.388	3,7	5,9	60	2,4	4,1
Total de registros com cor	23.426	62,2	100,0	1.472	58,0	100,0
Total de registros sem cor	14.214	37,8		1.068	42,0	
Total Geral	37.640	100,0		2.540	100,0	

Fonte: Informações do banco de dados da PMERJ, fornecidas em 2002. Elaboração: CESeC/Ucam.

Sansone (2002) identifica na PM do Rio de Janeiro uma capacidade de atração de afro-descendentes análoga àquela exercida por outros "empregos de farda" (forças armadas e bombeiros). Juntamente com as carreiras do funcionalismo público civil e das empresas estatais, mais que as do setor privado, as carreiras nas "forças" ofereceriam maiores possibilidades de ascensão ao topo da hierarquia por meio de sistemas que combinam mérito e tempo de serviço. De acordo com as entrevistas realizadas pelo autor, o emprego seguro e a possibilidade de desenvolver estudos paralelos seriam outras razões que contariam positivamente na atração de afro-descendentes para a PM. Em todo o Brasil, com efeito, constata-se uma participação significativa de negros em altas patentes policiais militares;[9] no Rio de Janeiro, em particular, a PM se orgulha de ter sido comandada por dois coronéis negros em três diferentes gestões.[10] O já citado trabalho de Lívio Sansone estima que mais de 50% dos alunos da Academia de Polícia fluminense, que se preparavam em 2000 para ser oficiais, eram pretos e que, considerando-se os mecanismos automáticos de ascensão na carreira, em dez anos os pretos tornar-se-iam maioria entre os capitães, enquanto os brancos passariam a representar uma parcela dos coronéis muito inferior aos 70% registrados naquele ano (p. 522).[11]

Retomando o paradoxo apontado mais acima, a presença de policiais negros em toda a hierarquia — ainda que sua participação maciça se encontre entre as praças — não produz na corporação uma capacidade especial de articular temas raciais. Pelo contrário, como observa Ramos (2002), "policiais experientes são tomados de profundo constrangimento ao serem convidados a discutir a existência de filtros e parâmetros raciais na relação polícia e população e dentro da polícia" (p. 7). A autora sublinha que "a admissão do racismo na prática policial é de tal forma problemática que chega a ser menos penoso, para alguns oficiais superiores, reconhecer e enfrentar outros temas tabus, como a homofobia e a misoginia" (p. 8).

Ao procurar discutir com praças e oficiais entrevistados a temática "raça ou cor" nas práticas de abordagem, nossa pesquisa encontrou o mesmo desconforto, mas nem sempre traduzido em evitação pura e simples do

[9]Estimativas feitas por Musumeci, Soares e Borges (2004), com base no Censo Demográfico de 2000, mostraram que as polícias militares são o único segmento do Sistema de Justiça Criminal brasileiro em que há sobre-representação de pretos e pardos nos escalões hierárquicos superiores — em franco contraste com as demais polícias (civis e federal) e em contraste ainda maior com a cúpula do sistema judiciário, na qual é ínfima a representação de afro-descendentes, mesmo quando se considera, como referência comparativa, apenas a população brasileira de alto nível educacional (16 anos ou mais de estudo, correspondentes ao bacharelado em direito).

[10]Carlos Magno Nazareth Cerqueira foi comandante-geral da PM por oito anos, durante os dois governos de Leonel Brizola e o coronel Francisco José Braz comandou a corporação no governo-tampão de Benedita da Silva (abril a dezembro de 2002).

[11]Diferentemente, porém, dessa estimativa de 70%, no banco de dados da PMERJ com o qual trabalhamos, relativo a 2002, apenas 59,8% dos coronéis tinham a "cútis" classificada como branca.

assunto, podendo às vezes manifestar-se como dúvida, perplexidade, ou até como reconhecimento, ainda que constrangido e hesitante, da existência de um "problema racial" na relação entre polícia e população.

> Veja bem, tudo isso é muito conceitual. Em primeiro lugar, a nossa população é basicamente mestiça. Por exemplo, eu me definiria como negro, como pardo ou como moreno? Vai muito do que as pessoas conceituam como negro ou branco. Por outro lado a gente já observa o seguinte, isso já é um dado estatístico, as nossas penitenciárias são predominantemente constituídas de negros. Se isso tem alguma coisa de cultural, não sei. Mas, com certeza, 90% da massa carcerária é constituída de negros. (Oficial de BPM de subúrbio)

> Até mesmo quando eu paro, antes de ele falar, eu já friso que não é porque ele é negro que estou parando, não. Até como início de abordagem, quando eu peço desculpas pelo incômodo, eu faço questão de falar que não é por causa da cor da pele, que é negro, que foi parado. Ele sai supersatisfeito. Agora, se ele já tinha uma visão negativa, então sai chateado... (Praça de BPM de subúrbio)

> Falam assim: "O senhor me abordou porque sou preto. Branquinho, lourinho o senhor não aborda!". Isso já foi mais comum, hoje em dia não vejo tanto. (Praça de BPM de subúrbio)

> Certa feita eu parei um veículo de uma senhora negra, um carro bonito, na época, um Monza Tubarão, com dois rapazes também negros. Aí nós mandamos que o veículo dela parasse, vi ela gesticulando... eu me aproximei: "Boa noite, madame, o que está havendo?". E ela: "Preto não pode ter carro bonito?". Eu: "Muito pelo contrário, pode e deve, por favor queira desembarcar do veículo, sua documentação". Aí revistamos e no final ela viu que se excedeu, pediu desculpas, nós também pedimos desculpas pelo incômodo, enfim... depois que a abordagem passa, que a pessoa compreende o sentido de estar sendo abordada, ela passa a compreender e até elogia. (Oficial de BPM de subúrbio)

> Se o suspeito é branco, ele vai ser revistado, se ele é negro vai ser revistado. É muito comum as pessoas: "Só está revistando porque é preto". Mas aí quando revista o branco: "Pô vai me revistar? Tem tanto negão no ônibus". (Oficial de BPM da Zona Sul)

Em alguns casos, chegou a haver clara admissão de que a "cor", como parte dos atributos genéricos de "apresentação pessoal", pode ser uma variável significativa para a decisão de abordagem:

> Cor, sem preconceitos. A cor é fundamental, também. Não digo nem a cor, digo, apresentação pessoal. A cor, num primeiro momento, pode ser importante para a abordagem, num primeiro momento, na primeira observação, mas o mais importante é a apresentação pessoal. (Major de BPM da Zona Sul)

Uma hipótese é que a intensificação dos debates sobre cor e raça na sociedade, em especial as discussões que passaram a acompanhar as políticas afirmativas de cotas raciais nas universidades e em órgãos públicos, possam estar contribuindo para reações menos defensivas e um pouco mais francas dos policiais militares diante dos temas da raça e do racismo na prática de polícia. Sansone (2002) sugere que, de um modo geral, falar de racismo dentro da PM vem se tornando menos tabu e atribui essa mudança ao aumento da escolaridade mínima (segundo grau completo) exigida das gerações mais novas para o ingresso na corporação. Mas assinala também que "na Polícia Militar, predominantemente preta e parda, do Rio de Janeiro ainda não há espaço para o desenvolvimento de qualquer espécie ostensiva de formação de identidade negra" (2002: 531).

Com efeito, não foi possível perceber em nossa pesquisa sequer uma remota conexão entre "cor" ou "raça" dos policiais entrevistados e suas opiniões (ou negações) sobre os temas raciais levantados ou sobre outros assuntos, como favelas e juventude. O que as entrevistas reforçaram foi a hipótese de que a identidade racial na PM é subalterna à identidade policial, ou seja, de que a diferença entre "brancos" e "negros" se dissolve em dicotomias identitárias mais importantes e totalizantes: "policiais" *versus* "bandidos", "militares" *versus* "civis", ou mesmo "policiais" *versus* "não-policiais".[12] Talvez a melhor síntese desse fenômeno seja a frase ouvida em um dos grupos focais com adolescentes, quando discutiam a possível influência da raça do policial no tratamento dado aos jovens negros. Segundo os adolescentes, não existe influência alguma, já que "PM não tem cor, tem farda!"

1.5 UMA "PSICOLOGIA DO ENCONTRO"?

Ao perguntarmos a policiais de distintas patentes e de vários batalhões quais eram as reações da população às abordagens, encontramos tamanha convergência das respostas que nos pareceu estar ouvindo, não o fruto de experiências pessoais, e sim mais um bordão institucional, aprendido e repetido nos cursos de formação.

> A pessoa pára numa operação A-Rep 3, mas ela não quer a polícia para si, ela quer para os outros. Então, se ela vê uma ou duas pessoas sendo abordadas, com a mão no muro, ela acha muito bom, mas se mais na frente ela for parada, com certeza, ela vai execrar aquela atuação policial. (Major de BPM do subúrbio)

> Todo mundo da população gosta de ver uma abordagem, mas não gosta de ser abordado. (Major de BPM do Centro)

> A maioria das pessoas quer a polícia para os outros, não para si. Então, se o veículo que está na minha frente for abordado, parabéns para a polícia, mas se imediatamente após aquele veículo o meu também for: "Pô, que palhaçada, sou trabalhador, tira a mão de mim". Mas daí até a gente detectar que é uma pessoa de bem, trabalhadora... (Major de BPM da Zona Sul)

[12] Ver discussão sobre a formação da identidade profissional de policiais civis em *Missão investigar*, de Minayo *et al.* (2003).

Entretanto, a idéia de que a maior parte das pessoas só quer "polícia para os outros" e não gosta de ser parada nem revistada converge significativamente com resultados da nossa pesquisa quantitativa: quase 72% dos cariocas entrevistados apoiaram a continuidade das blitzes na cidade e mais de 60% disseram que elas servem para prevenir o crime ou para aumentar a sensação de segurança da população. Quando se indagou, porém, às pessoas já paradas alguma vez pela polícia se ressaltariam algum aspecto positivo nessa(s) experiência(s) diretas, a esmagadora maioria (88%) respondeu que *não*.

Vale notar que os poucos registros de boas lembranças mencionavam educação, gentileza ou profissionalismo dos policiais, sentimento pessoal de segurança e obtenção de auxílio, conselho ou orientação — o que também converge com a opinião de alguns policiais de que as abordagens nem sempre são mal recebidas, podendo se constituir, ao contrário, em ocasiões de contato positivo entre a polícia e os cidadãos.

> Porque ao término da abordagem verificou-se a documentação, revistou-se o interior do veículo, então está tudo certo, não tem problema. Então, "obrigado, bom dia, boa tarde, boa viagem". A pessoa: "Tudo bem, obrigado a vocês porque isso é preciso até para nossa própria segurança". Então, para nós, após a abordagem, eles também retornam agradecimento. Mas pode ser que depois, fora dali, com amigos, não com policiais, tenham esse tipo de comentário negativo. (Praça de BPM de subúrbio)

> Alguns reclamam, mas no fundo eles compreendem. 20% reclamam, 80% são ordeiros. (Praça de BPM do Centro)

Perguntamos também aos nossos entrevistados: "De que um policial mais gosta numa A-Rep?". Afora a gratidão das pessoas abordadas, prevaleceu nas respostas o cumprimento das funções específicas desse tipo de operação: apreensões de armas, drogas e veículos roubados/furtados.

> O pessoal adora receber um muito obrigado, parabéns. Isso é o que ele mais gosta, principalmente se for de uma jovem bonita. (Oficial de BPM Centro)

> Que ele encontre realmente aquilo que ele está procurando. Tóxico, ele vai ficar contente. (Oficial de BMP do Centro)
>
> Para mim, eu penso o seguinte: o que dá mais satisfação é parar um veículo numa operação e verificar que aquele veículo é roubado. Às vezes o veículo acabou de ser roubado. Às vezes a gente chega com o veículo na delegacia e o proprietário nem compareceu lá para dar queixa, está se deslocando. É espetacular. A pessoa chega: "Porra, meu carro está aqui? Caramba, me roubaram ali, agora". Aí a gente fecha o ciclo: da ostensividade da polícia com a prevenção que a gente tem que fazer, aí é sensacional, é muito bom. (Oficial de BPM de subúrbio)
>
> Da gratidão de quem a gente ajuda. A gratidão é muito representativa, ela sensibiliza muito. E aquele momento ali, que a gente se sente útil, chegou ali e resolveu. A gente percebe aquele agradecimento profundo no cidadão, naquela pessoa ali que somos nós daqui a pouco. (Praça de BPM de subúrbio)
>
> Bom, vou falar de mim. O que eu mais gosto é de dar um flagrante. Assim como um profissional médico tem prazer de sanar uma enfermidade do paciente, a polícia tem aquele prazer de dar flagrante, ou um flagrante de drogas, armas, ou de um carro roubado. Aquilo satisfaz o ego profissional. Cada profissional, quando desenvolve o seu papel, ele se sente bem. Leva para a delegacia, é lavrado o registro e o seu serviço na rua, a A-Rep 3, é um serviço que surtiu efeito. (Praça de BPM do Centro)

Por uma estratégia política e metodológica, resolvemos não fazer nenhuma pergunta direta aos policiais sobre o tema da corrupção nas abordagens, apesar de esse tema ter aparecido com muita freqüência tanto nos grupos focais com jovens quanto nas respostas à pesquisa quantitativa. Preferimos preservar um mínimo de aliança entrevistador-entrevistado, levando em conta que, no diálogo com a polícia, o pesquisador (e possivelmente qualquer "paisano") tende a ser visto como intruso que está ali para investigar erros e criticar a corporação. Tínhamos uma remota esperança de que o assunto surgisse espontaneamente na fala dos policiais, mas isso só aconteceu em uma das entrevistas e assim mesmo de forma indireta: "o cara prefere dar R$ 10,00 para o policial do que pagar o IPVA" (oficial de BPM de subúrbio).

1.6 CONCLUSÕES

As abordagens policiais nas ruas da cidade configuram situações peculiares de encontro entre polícia e população, em princípio não relacionadas ao contexto criminal (diferentemente, por exemplo, do registro de uma ocorrência na delegacia, do pedido de intervenção da polícia num conflito em curso, ou da experiência de ser detido sob alguma acusação específica). Noutras palavras, constituem momentos em que as pessoas têm contato direto com a polícia na qualidade de cidadãos comuns — nem delinqüentes, nem vítimas —, e situações que, ao menos em tese, podem ocorrer cotidianamente a todo(a) e qualquer cidadão(ã). Por essas características, as experiências de abordagem são uma fonte potencialmente muito importante de geração de imagens e opiniões — positivas ou negativas — sobre as forças de segurança.

As entrevistas com policiais e os documentos da Polícia Militar analisados parecem indicar, contudo, que a instituição dá pouca ou nenhuma atenção a este aspecto crucial das abordagens, privilegiando a idéia da busca do bandido, das armas e das drogas, enfatizando a linguagem das operações e os componentes militares do encontro. Por outro lado, a despeito de prevalecer o discurso da "guerra" contra o crime, observa-se que as práticas de planejamento e monitoramento, pelo menos no caso das blitzes, não coincidem com os objetivos de redução da criminalidade, nem sequer geram informações imprescindíveis para se avaliar resultados. Ao que tudo indica, o principal objetivo das operações é a visibilidade da presença da polícia nas principais vias públicas e o aumento da sensação de segurança que isso proporcionaria. Mas esse descompasso entre as normas gerais de policiamento, os efeitos de fato visados e o discurso "bélico" prevalecente na corporação tem uma série de conseqüências — aparentemente negligenciadas pela PM — que vão desde o possível desperdício de volumosos recursos até o aumento da corrupção policial, passando pela perda de uma grande oportunidade de melhorar a imagem social da polícia, na medida em que se releguem a segundo plano os aspectos de profissionalismo, qualidade e eqüidade do tratamento dispensado nas abordagens.

A idéia de que a abordagem pode ser uma experiência pedagógica para cidadãos e policiais, e útil, também, para a criação de laços de confiança da população com a polícia, parece ter sido a chave da iniciativa da Coordenadoria de Segurança e Justiça do Rio de Janeiro, em 2002, quando lançou a Cartilha da revista pessoal, para ser distribuída pelos próprios policiais nas situações de abordagem e para ser difundida em associações civis e na mídia (ver anexo 2 a este capítulo). O breve período em que a experiência foi desenvolvida não permitiu que se avaliassem seus impactos, mas, dado o grande número cotidiano de blitzes e a centralidade que elas adquiriram no policiamento ostensivo do Rio de Janeiro, não é descabido supor que o efeito de iniciativas como essa poderia ser bastante expressivo e melhorar a qualidade dos encontros, tanto para os profissionais da segurança quanto para os cidadãos comuns. A cartilha adotada em 2002, além de tudo, era suficientemente coloquial e provocativa para suscitar debates sobre assuntos controvertidos ou "reprimidos", como direitos do(a) abordado(a), critérios de suspeição policial e estereótipos de cor, aparência, idade ou classe social.

Outro aspecto que chama a atenção na pesquisa junto à PM é a pobreza do discurso sobre a suspeita. Não só não conseguimos localizar um único documento que definisse parâmetros para a constituição da "fundada suspeita" (expressão usada reiteradamente por policiais, mas sem qualquer sentido preciso), como encontramos nas falas de oficiais, antigos ou jovens, de alta ou baixa patente, uma articulação tão precária a respeito desse tema quanto a observada na "cultura policial de rua" expressa pelas praças de polícia. É surpreendente, para não dizer espantoso, que a instituição não elabore de modo explícito o que seus próprios agentes definem como uma das principais ferramentas do trabalho policial (a suspeita); que não focalize detidamente esse conceito nos cursos de formação, nas documentações e nos processos de qualificação, nem o defina de modo claro e objetivo, deixando-o à mercê do senso comum, da "intuição", da cultura informal e dos preconceitos correntes.

A esse vácuo conceitual, reforçado pela lógica uniformizadora do militarismo, certamente se vincula a enorme dificuldade de tematizar as questões da raça e do racismo, seja dentro da PM, seja nos seus contatos com os cidadãos. Se tem fundamento a hipótese de que o "tabu da cor" vem sendo substituído, nos últimos anos, por uma lenta abertura à "problematização" das relações raciais, o tema poderia ser pensado como um potencial gerador de solidariedade entre polícia e população. Experiências passadas, ainda que pontuais e assistemáticas, indicaram que existe aí um vasto campo de debates a ser explorado e que "raça" ou "cor" pode ser uma metáfora para direitos e democratização da polícia.[13] É certo, pelo menos, que muitos jovens gostariam de ver policiais discutindo critérios de suspeição e influência de estereótipos raciais no cotidiano das abordagens. Além disso, uma abertura maior ao debate sobre filtros intervenientes na prática de polícia permitiria ampliar a colaboração entre policiais e pesquisadores, facilitando a realização de estudos quantitativos e qualitativos capazes de fornecer à própria PM subsídios para enfrentar o racismo institucional — à semelhança, por exemplo, dos estudos sobre *racial profiling* feitos a partir dos anos 1990 nos Estados Unidos (ver artigo de Paul Amar, ao final do livro). A recomendação, no nosso caso, é especialmente adequada quando se observa que, com freqüência, a identidade corporativa dos PMs se define por uma polarização excludente, na qual entrevistadores ou pesquisadores são *a priori* classificados na categoria de intrusos, quando não de potenciais "inimigos".

[13]Por exemplo, as aulas sobre história do negro no Brasil ministradas por professores do movimento negro durante a gestão do coronel Cerqueira e a criação do Centro de Referência contra a Discriminação Racial, em 1999.

Anexos

A.1 MODALIDADES E NORMAS DO POLICIAMENTO OSTENSIVO

- **Policiamento ostensivo ordinário (POO):** Feito essencialmente pelas unidades operacionais com circunscrição territorializada — BPMs (batalhões) e CIPMs (companhias independentes) —, inclui as seguintes modalidades:

1. Radiopatrulha (RP)	Forma básica de policiamento ostensivo, em torno da qual todas as demais gravitam. É executada dentro de setores de patrulhamento e controlada pelos centros de operações dos comandos de policiamento ou, eventualmente, pelos das unidades operacionais. A guarnição é composta, em geral, por dois policiais, às vezes por três, armados individualmente de revólver e bastão. O equipamento obrigatório da viatura inclui, entre outras coisas, caixa de primeiros socorros, algemas, guia e mapa de ruas do setor, legislação, talonários de ocorrências e de notificações de trânsito e, para uso excepcional, uma metralhadora e bombas de gás lacrimogêneo. Todas as decisões e intervenções, nesse tipo de policiamento, devem ser previamente comunicadas e autorizadas pelo centro de operações.
2. Patrulha tática móvel (Patamo) e Patrulhamento motorizado especial (Pamesp)	Formas complementares de policiamento ostensivo motorizado. A primeira é feita por grupos das unidades operacionais especiais, treinados para ações de apoio ao patrulhamento rotineiro, realizando-se den-

	tro dos mesmos setores de patrulhamento, em áreas de forte incidência criminal e contravencional. A segunda atende a necessidades temporárias, em dias, épocas ou horários críticos, que afetem a rede escolar, bancária e outros segmentos de atividades merecedores de atenção especial.
3. Radiopatrulha rodoviária (RP Rv)	Patrulhamento ostensivo motorizado, destinado especificamente ao controle do trânsito nas estradas e rodovias estaduais (ou em outras, mediante convênio), completando o policiamento ostensivo das unidades operacionais das respectivas áreas.
4. Policiamento ostensivo normal a pé (PON)	Realizado em duplas ou em grupos maiores de policiais, destina-se a cobrir locais ou itinerários predefinidos em subsetores urbanos específicos, onde não seja adequado ou suficiente o patrulhamento motorizado (por exemplo, feiras livres, praias, terminais de transporte e postos fixos de policiamento em locais sensíveis).
5. Policiamento ostensivo normal a cavalo (PON Mont), em bicicleta ou motocicleta	Modalidades alternativas de policiamento rotineiro, desenvolvidas por algumas unidades da PM em setores urbanos com características que dificultem o acesso de outras formas de patrulha móvel.
6. Policiamento ostensivo de trânsito (PO Tran/1º escalão)	Patrulha, orientação e disciplinamento rotineiro do trânsito nas vias urbanas, realizado pelas unidades operacionais em suas respectivas áreas de atuação.*

7. Cabines	Pontos-base assentados em vários locais estratégicos da cidade, que funcionam como suporte tático às modalidades de patrulha móvel.
8. Destacamentos de policiamento ostensivo (DPOs) e postos policiais comunitários (PPCs)	Pequenas unidades operacionais formadas por frações de tropa dos batalhões e localizadas em áreas muito distantes destes, ou no interior de comunidades pouco acessíveis ao policiamento motorizado (favelas, conjuntos habitacionais e outras regiões de grande concentração demográfica). Funcionam como extensão das respectivas unidades operacionais; seu efetivo é um destacamento comandado por sargento ou oficial subalterno e dispõe, sempre que possível, de viatura, rádio e telefone próprios. O pessoal alocado em um PPC deve, quando possível, conhecer e cadastrar a população da área atendida.
9. Policiamento de guarda	Segurança externa de estabelecimentos penais e órgãos públicos estaduais (Palácio de Governo, Assembléia Legislativa etc.).

*No início de 1998, com a entrada em vigor do novo Código de Trânsito Brasileiro, o policiamento cotidiano do trânsito tornou-se responsabilidade da administração municipal, mas, a partir de convênio entre o governo do estado e a prefeitura da capital, firmado no final daquele ano, a PM voltou a atuar nessa modalidade de policiamento, juntamente com a Guarda Municipal do Rio de Janeiro e a Secretaria de Trânsito do Município.

- **Policiamento Ostensivo Complementar (POC):** Engloba as *operações policiais militares*, ações planejadas, de finalidade preventiva ou repressiva, realizadas pelos batalhões, companhias independentes ou unidades especiais, envolvendo equipes com missões predefinidas (seleção, triagem, revista, fiscalização, cerco, perseguição, apoio de fogo, interceptação, custódia, socorro etc.). Divide-se em:

1. Presença (A-Prev)	Ação intensificada de policiamento preventivo ordinário — a pé, a cavalo ou motorizado — em locais, horários ou dias críticos (eventos de massa, proximidade de datas expressivas, dias e horários de grande movimento comercial etc.). Seu objetivo é desestimular, pela presença policial, a prática de delitos e infundir sensação de segurança na população.
2. Vasculhamento (A-Rep 1)	Também conhecida como "arrastão", consiste em ação de finalidade repressiva genérica, empregada quando se constata forte elevação da criminalidade em certa área. É realizada, normalmente, em regiões de grande concentração populacional. Visa à revista de pessoas e locais suspeitos, para reprimir todos os tipos de crimes e contravenções existentes na área.
3. Busca e captura (A-Rep 2)	Ação de finalidade repressiva voltada para um tipo específico de delito, visando à detenção de delinqüentes e à apreensão de materiais relacionados ao tipo de delito em questão. Deve ser precedida de levantamento minucioso do local e das características e modos de atuação dos criminosos procurados. Em situações especiais, pode utilizar cães, cavalos, lanchas e/ou helicópteros.
4. Revista (A-Rep 3)	Ação repressiva inopinada, em locais estratégicos, consistindo na revista de veículos particulares, coletivos e/ou de carga, com a finalidade de apreender armas, drogas e outros materiais associados a crimes

	e contravenções. Os critérios de seleção dos veículos para revista são previamente estabelecidos de acordo com o objetivo específico de cada operação.
5. Cerco (A-Rep 4)	Desenvolvimento simultâneo de várias ações repressivas de revista, coordenadas por um posto de comando ou pelo Copom, visando a coibir a fuga de criminosos por vias de entrada e saída da área em questão. Pode envolver apenas uma unidade operacional (cerco restrito) ou mais de uma (cerco amplo). É empregada quando ocorrem assaltos a banco ou outro tipo de investida criminal que envolva grupos motorizados.
6. Trânsito/orientação (Op Tran 1)	Ação especial destinada a ordenar o fluxo de veículos por ocasião de grandes eventos (festas, competições esportivas etc.) e noutras circunstâncias em que o movimento de veículos exceda a capacidade do policiamento de trânsito regular (fins de semana prolongados, por exemplo). Pode ser apoiada pelo emprego de helicópteros.
7. Trânsito/fiscalização (Op Tran 2)	Ação geral ou seletiva de interceptação de veículos, com a finalidade de fazer cumprir as normas de trânsito, coibir tipos freqüentes de infração, incrementar a educação no trânsito e verificar as condições de segurança dos veículos, especialmente coletivos e de carga.
8. Trânsito/repressão (Op Tran 3)	Ação repressiva contra práticas perigosas e delituosas por parte de condutores, como excesso de velocidade, embriaguez ao volante, "pegas" etc., visando à prisão em flagrante dos infratores. No caso de "pegas", deve ser precedida de minucioso levantamento e planejamento, e envolve a utilização de equipes de cerco nos pontos de fuga previamente identificados.

- Policiamento Ostensivo Extraordinário (POE)

Segurança de dignitários e policiamento de eventos programados (competições esportivas, desfiles cívicos e carnavalescos etc.). Também pode ser desenvolvido em situações emergenciais, como rebeliões em presídios ou catástrofes, inundações etc. — nestes últimos casos em coordenação com a Defesa Civil. Dependendo do total de efetivo necessário, pode-se mobilizar para essas tarefas o chamado "batalhão burocrático", isto é, os policiais alocados em atividades-meio da corporação.

- Serviços especiais: Modalidades especializadas de policiamento, a cargo das UOpEs (unidades operacionais especiais), que não possuem circunscrições territorializadas, atuando em qualquer parte do estado do Rio de Janeiro:

1. Policiamento rodoviário	Patrulha das rodovias estaduais, realizada pelo Batalhão de Polícia Rodoviária (BPRv), criado em 1968.
2. Policiamento ferroviário	Patrulha de ferrovias e trens, realizada pelo Batalhão de Polícia Ferroviária (BPFer), criado em 1996.
3. Policiamento de florestas e mananciais	Patrulha de preservação do meio ambiente, realizada pelo Batalhão de Polícia Florestal e do Meio Ambiente (BPFMA), criado em 1987.
4. Policiamento de choque	Patrulha extraordinária de eventos de massa e controle de distúrbios, realizada pelo Batalhão de Polícia de Choque (BPChoq), criado em 1968.

5. Operações especiais	Atividades excepcionais a cargo do Batalhão de Operações Especiais (Bope), força-tarefa aquartelada, especializada em ocorrências potencialmente violentas ou de alto risco. As operações especiais costumam empregar múltiplas viaturas, cada qual abrigando, em média, quatro policiais munidos de armas pesadas, como fuzis e metralhadoras. O Bope existe, com esta denominação, desde 1991.
6. Policiamento montado especial	Emprego excepcional do policiamento a cavalo para controle de distúrbios civis e patrulha de eventos de massa. O Regimento de Cavalaria Enir Cony dos Santos (RCECS), criado em 1969 e situado na Zona Oeste do Município do Rio de Janeiro, é ao mesmo tempo uma unidade operacional especial, que presta apoio às demais UOps do estado, e uma OPM com circunscrição territorial, que desenvolve atividades rotineiras e complementares de policiamento ostensivo na sua respectiva área de atuação (bairros de Campo Grande, Guaratiba e adjacências).
7. Policiamento com cães	Emprego de cães na busca de drogas e de pessoas, no controle de distúrbios e no policiamento preventivo em áreas comerciais, escolares e residenciais de qualquer parte do estado, a cargo da Companhia de Policiamento com Cães (Cia. Pol. Cães), criada em 1995.
8. Policiamento ostensivo de trânsito (PO Tran/ 2º escalão)	Patrulha de apoio ou emergencial, realizada pela Companhia Especial de Policiamento de Trânsito (CEPTran), para fazer face a situações excepcionais em qualquer parte do território do

	estado. A CEPTran existe, com esta denominação, desde 1992.
9. Apoio paramédico	Resgate e salvamento de policiais feridos em serviço, a cargo do Grupamento Paramédicos em Apoio Operacional (GPAO), unidade móvel criada em 1991 e composta de policiais com formação paramédica, que, em casos emergenciais, também atendem à população civil.

A.2 MANUAL DE SOBREVIVÊNCIA

Cartilha da Revista Pessoal*

Seus direitos e deveres durante uma busca pessoal

- A missão da Polícia é servir e proteger o cidadão.
- Ao ser abordado, não reaja à ação policial nem se sinta ameaçado, constrangido ou ofendido.
- A revista deve ser feita em locais visíveis, iluminados e que não ponham em situação de risco o revistado ou o policial.
- Cada ação produz uma reação igual em sentido contrário.
- O policial deve tratar quem estiver sendo revistado com educação e respeito, cumprimentando-o e informando o objetivo da ação.

Perguntas e respostas

- O *que é revista pessoal?* Ação policial para procurar drogas, armas, documentos falsos etc. que possam estar em poder do revistado.

*Documento elaborado pela Coordenadoria de Segurança e Justiça do governo Benedita da Silva e distribuído por policiais militares durante as blitzes, até dezembro de 2002.

- *Por que você?* A abordagem não se dá por causa da sua cor, sexo, traje ou condição social. Alguma coisa na sua atitude despertou a atenção policial.

- *Quem faz a revista pessoal?* Policial devidamente identificado. Ao fazer a abordagem o policial deverá identificar-se pelo nome, cargo, posto ou graduação e indicar o órgão onde está lotado.

- *Para que serve?* Prevenir ou reprimir crime, investigar e coletar provas. É uma ação pela segurança de todos, apesar do possível transtorno que possa causar.

- *Onde acontecem as revistas?* Locais e horários de maior incidência de determinados delitos; locais apontados pelo sistema de inteligência policial; pontos estratégicos para o fechamento de áreas geográficas de interesse; locais identificados pela redução da sensação de segurança; locais onde esteja ocorrendo delito.

Como devem agir os policiais?

- O policial usará critérios técnicos para a seleção e revista, jamais submetendo o cidadão a situação vexatória e humilhante.

- A algema serve para preservar a vida e a integridade física do detido e do próprio policial.

- Deve evitar apontar armas sem necessidade contra qualquer pessoa ou em direção a qualquer lugar que possa trazer riscos e ameaças à comunidade. Isso evitará pânico e possíveis acidentes.

- Nos casos de prisão (flagrante ou mandado de prisão) a imobilização só será usada quando absolutamente necessário, de forma seletiva e proporcional ao nível de resistência da pessoa a ser conduzida.

- Uso da força deve ser proporcional à reação do revistado e só deverá acontecer para inibir a correspondente ameaça.

- A arma de fogo só deverá ser usada em caso de grave ameaça ou risco da própria vida do policial ou de outro cidadão.

Como o cidadão deve proceder?

- Evite atitudes bruscas que possam fazer o policial se sentir ameaçado.

- Se estiver no interior de veículos, acenda a luz interna e mantenha as mãos em local visível.

- Responda educadamente o que lhe for perguntado e siga as orientações policiais.

- Em caso de dúvida, solicite informações ao próprio policial ou a quem estiver no comando da ação.

- Preste atenção ao nome do policial que o aborda e ao número da viatura empregada na ação e, se preciso, anote.

- O policial é um cidadão igual a você. Trate-o com respeito e consideração.

Agente da lei não pode exigir, solicitar ou receber qualquer tipo de gratificação por serviços prestados. Isto é crime. A penalidade é a mesma para quem dá e para quem recebe a gratificação.

A.3 GLOSSÁRIO DE TERMOS RELACIONADOS À POLÍCIA MILITAR DO RIO DE JANEIRO

AISP	Área integrada de segurança pública
A-Prev	Operação de ação presença
A-Rep	Operação de ação repressiva (vasculhamento; busca e captura; revista e cerco)
Bope	Batalhão de Operações Especiais
BPM	Batalhão de Polícia Militar
Coronel	Oficial superior. O termo pode designar a patente máxima na PM (coronel *full*) e também, por abreviação, a patente imediatamente inferior (tenente-coronel).
CPC	Comando de Policiamento da Capital
Getam	Grupamento Especial Tático Móvel
Major	Oficial superior (imediatamente abaixo de tenente-coronel e acima de capitão)
Op	Operação
P3 / PM3 / 3ª Seção	Seção de Planejamento / Seção correspondente no Estado-Maior Geral
Sargento	Segunda maior graduação de praça, acima de cabo e abaixo de subtenente
Subtenente	Primeira maior graduação de praça, acima de sargento.
QG	Quartel-general
UOp	Unidade operacional (batalhão, companhia, companhia independente ou Unidade operacional especial)

2. Os jovens e a polícia

Era só mais uma dura / Resquício de ditadura / Mostrando a mentalidade / De quem se sente autoridade / Neste tribunal de rua

MARCELO YUCA E O RAPPA

Vários estudos com jovens apontam a existência de uma importante tensão na relação entre juventude — especificamente a do Rio de Janeiro — e polícia. A pesquisa "Jovens do Rio", com oitocentos indivíduos entre 15 e 24 anos, realizada na cidade em 2001, observou que as violências que os jovens do sexo masculino mais temem são bala perdida (31,1%), assalto (31,6%) e violência policial (16,8%) (Novaes e Mello, 2002). Outra pesquisa, também no Rio de Janeiro, coordenada por Minayo *et al.* (1999), ouviu 1.220 jovens de 14 a 20 anos e concluiu que existe:

> a) alto grau de medo e desconfiança dos jovens em relação à polícia, independentemente de classe social e de local de moradia; b) alto grau de desrespeito, grosseria, humilhação, ameaças de morte e prática de morte injustificada dos policiais em relação aos jovens; c) experiências de extorsão de dinheiro e objetos; d) experiência de flagrante forjado; d) avaliação pelos jovens de que policiais freqüentemente usam álcool e drogas.

Nessa mesma pesquisa, em uma escala de zero a dez, a polícia recebeu nota 3 dos jovens de classes média e alta, e nota 3,5 dos jovens das camadas populares, sendo a segunda instituição mais mal avaliada, abaixo apenas dos partidos políticos.

Nosso levantamento quantitativo junto à população carioca, realizado em 2003, mostrou que, de todos os grupos considerados, o segmento jovem é aquele que expressa as piores avaliações da polícia: mais da metade dos entrevistados com idade inferior a trinta anos disse ter pouca ou nenhuma confiança na instituição; entre os adolescentes (15 a 19 anos), a média das notas dadas à PM foi mais baixa e o número de notas zero foi muito mais alto do que em outros segmentos etários; nessa e em outras faixas da juventude, registraram-se as maiores freqüências de avaliações negativas da PM quanto a respeito ao cidadão, violência, corrupção e racismo, assim como as menores percentagens de avaliações positivas sobre a utilidade ou eficácia das abordagens policiais (ver capítulo 3, adiante).

Para compreender melhor as tensas relações entre polícia e juventude, e para estruturar o questionário da pesquisa quantitativa, realizamos entrevistas com lideranças culturais de projetos em favelas do Rio de Janeiro e grupos focais com adolescentes e universitários, além de examinarmos parte da produção cultural jovem que tem por tema a polícia, em artigos e letras de músicas, especialmente do universo artístico do *hip-hop*. Esse material qualitativo é o que analisaremos no presente capítulo.

Foram realizados dois grupos focais com adolescentes — da Zona Oeste em um, da Zona Sul em outro — e dois com estudantes universitários. Ambos os grupos de adolescentes eram compostos de estudantes dos ensinos fundamental e médio, havendo uma predominância de jovens pobres e negros no grupo focal da Zona Oeste e de adolescentes brancos e de classe média (estudantes de colégios progressistas) no da Zona Sul. Por sua vez, um dos grupos de universitários continha exclusivamente jovens negros e o outro, apelidado de multirracial, continha universitários negros e brancos. No total dos quatro grupos, participaram 24 rapazes e 28 moças.[14]

[14]A equipe do Iser, responsável pela formação e coordenação dos grupos, produziu um relatório minucioso não só dos resultados, como dos critérios de montagem e recrutamento dos participantes. Para os interessados em consultá-lo, esse relatório está disponível no *website* do CESeC, na página relativa ao projeto "Abordagem policial, estereótipos raciais e percepções da discriminação na cidade do Rio de Janeiro."

Pedimos que os jovens comentassem e discutissem suas experiências com a polícia, descrevessem o que seria, para um policial, uma figura tipicamente suspeita e indicassem quais as características que levam a polícia a abordar alguém. Também pedimos que identificassem os locais e os horários mais críticos e as diferenças de tratamento policial de acordo com as áreas da cidade. Finalmente, pedimos que eles dessem sugestões sobre o que deve ser feito para mudar as políticas de segurança e os hábitos da polícia.

2.1 FREIO DE CAMBURÃO: IDADE, GÊNERO, COR E CLASSE[15]

> *Acho que tem dois perfis que chamam mais a atenção da polícia: o perfil do jovem pobre, que é associado ao pivete, ao que vai roubar, associado ao traficante. E tem o perfil associado ao usuário de droga, que é o maconheiro, o doidão, o hippie, o punk, o clubber, com vários piercings. E tem o playboy também. Hoje em dia não tem mais determinado tipo, porque a juventude toda tá misturada nisso.*
>
> (Adolescente da Zona Sul)

Para os participantes dos grupos focais, ser jovem é um fator-chave na experiência de ser considerado suspeito pela polícia. Independentemente de serem mais novos (15 a 18 anos) ou mais velhos (19 a 27 anos); de morarem em bairros da periferia (Zona Oeste) ou em bairros de classe média (Zona Sul); de cursarem o ensino fundamental, o médio ou a universidade; em escolas públicas ou privadas; de serem brancos, negros ou pardos; de serem rapazes ou moças, os 42 participantes dos grupos focais, sem exceção, tinham intensas experiências e opiniões em torno da temática do comportamento da polícia. As histórias e as percepções

[15]A expressão "freio de camburão", para se referir a alguém sistematicamente parado pela polícia, foi usada por Def Yuri, *rapper* e colunista do *site* Viva Favela, no artigo "O intrépido, o intimidante e o profissional", de 23/1/2003 (www.vivafavela.com.br).

foram expostas em animadas dinâmicas de grupo, nas quais os jovens revelaram aguda capacidade de identificar, descrever, hierarquizar e desenhar as características que compõem a figura de um "suspeito" diante da polícia.[16]

Nas experiências relatadas pelos participantes dos grupos focais, "juventude" se combina com características que afetam a probabilidade e a qualidade de uma abordagem policial. Uma delas é o gênero, pois o fato de ser mulher constitui um atenuante. Em todos os grupos focais foi identificado um tratamento diferenciado da polícia em relação às jovens. A diferença mais importante é a revista corporal.

> Meninas eles têm medo de revistar... não vão passar a mão em menina. (Adolescente da Zona Oeste)

> (...) eles passam do limite, mas não revistam, não. Eu posso até denunciar eles, eles não podem revistar. (Adolescente da Zona Oeste).

> Com as meninas, eles ficam cantando. A gente está na rua, eles ficam olhando, piscando o olho, fazendo cara de safado. Com os homens, eles já param mesmo, e já vão batendo. (Adolescente da Zona Oeste)

Alguns jovens associam o fato de serem menos parados ao fato de estarem acompanhados por mulheres, sejam namoradas, amigas ou irmãs, especialmente quando são abordados em seus carros. De fato, a pesquisa quantitativa mostrou que a variável gênero é a mais importante quando correlacionada à experiência de ser ou não parado(a) pela polícia em qualquer modalidade de abordagem, mas sobretudo nas abordagens a pé, na rua, em que quase invariavelmente ocorre revista corporal (ver capítulo 3).

A idade (ter menos de 18 anos, ou mais) foi outro fator identificado como capaz de alterar a relação com a polícia. As experiências dos jovens de 14 a 18 anos moradores da Zona Oeste indicam que freqüentemente

[16]Nos quatro grupos foi utilizada uma dinâmica de produção coletiva de desenho de duas figuras consideradas suspeitas pela polícia. Todos os desenhos resultantes (oito) estampam imagens de jovens. Ver alguns deles na seção 2.7, adiante.

os policiais, logo no início da abordagem, perguntam "você é de menor?", o que talvez indique preocupação em não desrespeitar o Estatuto da Criança e do Adolescente. A pergunta seguinte: "menor, mora onde?" parece ser uma forma de localizar espacial e socialmente o jovem em questão,[17] e que também pode servir para saber se a abordagem está acontecendo perto ou longe da família. Para os moradores das áreas mais pobres e socialmente consideradas violentas, "ser de menor" não os isenta da suspeita de praticar delitos (tráfico, uso de drogas, roubos, pichação), mas pode indicar aos policiais a necessidade de seguir (ou contornar) certas exigências da lei. Nesse sentido, do ponto de vista dos adolescentes, dizer "sou de menor" aciona uma estratégia que pode evitar maior violência.

Com os jovens da Zona Sul, os policiais também teriam a preocupação de distinguir quem é "menor". Os relatos descrevem situações em que, ao serem abordados e solicitados a mostrar documentos, tanto quanto os jovens da Zona Oeste, os da Zona Sul constrangem os policiais dizendo: "mas eu sou menor...".

Uma terceira característica apontada como atenuante de risco de abordagem ou capaz de mudar a qualidade do tratamento da polícia é ser identificado como estudante. Para os adolescentes da Zona Oeste, estar de uniforme, indo ou voltando da escola, diminui as chances de ser considerado suspeito. Universitários negros relataram casos em que a sua identificação como estudantes alterou o curso do tratamento recebido:

> E ela [a delegada]: "Ah, seu filho estuda na UFRJ?". Aí o negócio mudou e eu virei gente de bem. A gente começou a conversar e mudou significativamente o tratamento com a gente. A delegada não autuou meu irmão, meu irmão não foi para o Padre Severino, ela só repreendeu verbalmente meu irmão, e os policiais ainda apertaram a minha mão no final. (Universitário negro, cujo irmão foi detido por pichação)

[17]Como veremos, a pergunta "mora onde?" é a mais freqüente da experiência dos jovens de todos os grupos nas abordagens policiais, independentemente de idade e classe social. A localização territorial do suspeito parece indicar que a geografia da cidade e o deslocamento em seus espaços é um ponto-chave entre os mecanismos que orientam a construção da suspeita.

2.2 GEOGRAFIA DA *DURA*: RELAÇÃO ENTRE LOCAL E TIPO SUSPEITO

Em muitas abordagens a primeira coisa que eles perguntam é: onde você mora? O que você está fazendo aqui?

(Universitário do grupo multirracial)

Não existe lugar neutro.

(Jovem do grupo de universitários negros)

Estudiosos têm sublinhado freqüentemente que o trânsito em espaços diferenciados da cidade é uma característica da juventude. "Em uma ordem urbana marcada pela segregação, cada vez mais [os jovens] estão buscando novos contatos, novos espaços, novas redes" (Souza e Silva & Fontes, 2001). Almeida e Tracy (2003) denominam "nomadismos metropolitanos" o deslocamento frenético dos jovens na noite carioca, a circulação incansável entre diferentes espaços de encontro e lazer, demarcando a existência de uma "geografia da *night*".

Seguindo essa pista e também indicações obtidas nas entrevistas preliminares,[18] perguntamos aos participantes dos grupos focais "o que é mais suspeito: uma pessoa pobre andando na Zona Sul ou uma pessoa rica andando perto de uma favela?". Em todos os grupos, concluiu-se que *ambos* são suspeitos, embora por diferentes motivos: um jovem negro e pobre andando a pé em um bairro de classe média é visto pela polícia como provável assaltante ou traficante, tornando-se candidato a uma abordagem violenta, enquanto um jovem branco com aparência de classe média, em um carro, dentro ou próximo de uma favela, é visto como possível usuário adquirindo drogas e torna-se candidato à extorsão.

[18]Em entrevistas com lideranças do AfroReggae (grupo que se caracteriza pelo trânsito tanto em ambientes sofisticados da cidade como nas favelas), fomos alertados para o fato de que não só o jovem negro levanta suspeitas quando transita por bairros ricos, mas o jovem de classe média também é considerado suspeito quando circula dentro ou próximo de uma favela, determinando uma espécie de código geográfico de classe e cor na cidade.

Também perguntamos quais os locais e horários em que um jovem, sobretudo um jovem negro, é particularmente suspeito. As respostas foram:

- Nos ônibus (todos os grupos).
- Nas agências bancárias (grupo de universitários negros).
- Nos *shoppings* (grupos de adolescente das Zonas Oeste e Sul).
- Nos supermercados, principalmente se estiverem com mochila (grupo de adolescente da Zona Oeste).

O grupo de adolescentes da Zona Sul e o multirracial de universitários também selecionaram lugares da noite considerados suspeitos, quando os jovens em geral teriam grandes chances de ser abordados pela polícia:

- Na Lapa, no escadão ("uma escada onde a galera fuma e cheira"). (Adolescentes da Zona Sul)
- No Garage (Praça da Bandeira). (Adolescentes da Zona Sul)
- Na rua Júlio Otoni ou nos Prazeres ("onde a galera compra"). (Adolescente da Zona Sul)
- Na saída do Emoções (Rocinha), em dia de baile ("com certeza vai ter umas 15 paradas"). (Universitários do grupo multirracial)
- Na saída de bailes *funk*. (Adolescentes da Zona Sul)

Outra situação específica foi enfaticamente comentada pelo grupo de adolescentes da Zona Oeste e pelos universitários negros: a volta da praia.

E a volta da praia também é sempre muito ruim. Aí independe de você estar de carro ou de ônibus. Se bem que estar em ônibus é pior, porque, se o cara achar que você é suspeito, ele vai mandar você descer mesmo. O primeiro critério para ser suspeito é ser negro. (Universitário negro)

2.3 "ELEMENTO SUSPEITO DE COR PADRÃO"[19]

Agora vou ter que levar uma dura / como sempre acontece / tapa no saco / me chamam de preto abusado / documento na mão / vinte minutos depois eu tô liberado / é complicado ser revistado / por um mulato fardado / que acha que o preto favelado / é o retrato-falado...

MV Bill e Charlie Brown, *Cidadão comum refém*

(...) porque cordão de ouro dá pra esconder, quando você vê o policial, bota pra dentro da blusa, mas a cor da pele... você não tem como esconder a cor da pele.

(Adolescente da Zona Oeste)

A relação entre ser suspeito e ser negro ocupou boa parte dos debates nos grupos focais.

(...) dependendo do jeito que ele está vestido. Se ele está vestido como eu estou vestido [com uniforme escolar]... por exemplo, eu sou negro, eu estou lá no bairro de classe média, estou passando e eles não vão suspeitar nada de mim. Posso ser o filho da empregada, posso ser alguma coisa de alguém. Agora, se eu estiver todo esculachado... aí eles chamam a segurança. (Adolescente da Zona Oeste)

[19]A expressão seria usada, segundo relatos de oficiais à equipe de pesquisadores, por policiais, em transmissões de rádio da Polícia Militar do Rio, como jargão para se referir a um suspeito preto ou pardo.

> Os negros são mais parados nos carros. (Universitário do grupo multirracial)
>
> Os negros são mais parados nos ônibus. (Universitário do grupo multirracial)
>
> Se for carro novo, então, não tenha dúvida, negro de carro novo não combina, a não ser que seja motorista. (Universitário negro)

A cor foi uma característica que apareceu em quase todos os desenhos produzidos, e as experiências de abordagens policiais associadas ao fato de o jovem ser negro foram abundantes.

> Aí entraram dois policiais. Um ficou com um revólver na mão, na porta, o outro entrou e foi caminhando dentro do ônibus. Eu estava num dos últimos bancos, sem ser na cozinha. Aí o cara: "Deixa eu ver a sua bolsa". Revistou. Levanta, abre os braços, as pernas, pegou o boné. O cara queria porque queria encontrar alguma coisa. Isso dava até para sentir... Agora, eu queria só fazer um comentário. Eu não sou negro, sou mulato, mas acho que posso ser encaixado no grupo que talvez sofra alguns preconceitos em alguns momentos. O cara [o policial] só revistou a mim e a outro cara que era negro. Acho que não foi coincidência. Eu não quero ser chato, porque eu acho chato ficar falando negro, negro, negro, porque nem sempre é verdade. Mas naquele dia não foi coincidência. (Adolescente que se autodefiniu como "pardo", participante do grupo de adolescentes da Zona Sul)
>
> Eu disse: não é possível, eu estou com alguma roupa errada, estou com alguma coisa errada... a cor não dá para tirar. Aí o policial me falou: "Você já foi abordado lá atrás?". Eu disse: "Fui". Ele completou: "Não tem problema, eu vou te abordar de novo". (Universitário negro)

Diversas vezes a cor foi identificada como a característica "irredutível" ("que não dá para tirar") e por isso diferenciada de vestimenta, corte de cabelo, objetos, ou mesmo atitude. Outras vezes o tratamento verbal dispensado pela polícia aos jovens negros ("*vai saindo, negão*"; "*encosta, negão*") foi visto como óbvio indicador da existência de racismo na prática policial.

Como veremos, no *ranking* de classificação de características que levam uma pessoa a ser suspeita para a polícia, "ser negro" aparece no topo da hierarquia das condições consideradas mais suspeitas nos dois grupos de universitários, tanto de negros como no multirracial. Em um dos grupos de adolescentes aparece "cor da pele" como característica que ocupa o terceiro lugar em ordem de importância para ser parado (adolescentes da Zona Oeste), e no grupo de adolescentes da Zona Sul o tema racial surge como interdito ("não coloca ele negro não, tu é racista?"). Neste grupo, outras características relacionadas à aparência e à atitude, principalmente à rebeldia, entraram no lugar da cor, que não deveria ser destacada, provavelmente como regra de etiqueta, para não "ofender" um adolescente negro presente no grupo. Vale notar que os jovens parecem extremamente sensíveis ao ideário politicamente correto quando apontam os preconceitos dos policiais e mostram grande preocupação de não reproduzi-los, temendo ser percebidos como racistas;[20] ou então, quando condenam explicitamente o racismo, identificam na polícia mecanismos de discriminação presentes na sociedade e assumem uma postura de militância anti-racista.

Confirmando o observado nos grupos focais, resultados recentes de pesquisas sugerem que as gerações mais jovens são sensivelmente mais atentas à temática racial, sendo esta uma marca do Brasil urbano contemporâneo. A esse propósito, Venturi (2003), comentando os resultados da pesquisa "Discriminação racial e preconceito de cor no Brasil", afirma:

[20]É importante observar, contudo, que a evitação da referência direta à raça ou cor dos indivíduos nos contatos interpessoais faz parte das "regras de etiqueta" características do sistema tradicional de relações raciais no Brasil, que também inclui o "preconceito de ter preconceito", ou seja, a negação do racismo no plano individual, embora sua existência na sociedade possa ser admitida (ver, sobre isso, o artigo de Marcelo Paixão no final do livro).

É exatamente nesse contingente (que hoje tem entre 16 a 24 anos) que o preconceito de cor é menor, quando analisamos suas manifestações de acordo com a faixa etária. Isso pode ser expressão de uma mudança efetiva de atitude entre os mais jovens, que seria fruto de uma combinação importante: a intervenção do movimento negro, que, junto com o movimento de mulheres, conseguiu em [1995] a revisão das diretrizes educacionais do MEC, que passaram a explicitar que os livros didáticos não poderiam trazer conteúdos preconceituosos, submetendo-os, desde então, ao crivo de analistas comprometidos.

2.4 "POLÍCIA NÃO TEM COR, TEM FARDA"

Quando indagados se havia diferenças entre policiais negros e brancos, ou se os policiais negros eram mais, ou menos, racistas que os policiais brancos, prevaleceu a opinião de que a cor do policial não influi no tratamento dispensado numa abordagem. Para os policiais, segundo esses jovens, mais importante que a cor ou raça é a cultura da corporação, que opera como identificador mais forte (e que tem componentes racistas).

> Acho que não tem diferença nenhuma [entre um policial branco e um policial negro]. A dupla que me abordou era um branco e um negro. Eles agiram exatamente da mesma forma. Policial é a farda. A cor dos caras é a farda. Se tem preconceito, está na farda. (Adolescente da Zona Sul)

> Ela [a tia, que é policial civil] jamais vai concordar com isso [de que há racismo na polícia]: para ela, eu é que estou errado, eu que uso bermuda, cabelo grande, cordão, não é pelo fato de ser negro. Estou andando no lugar errado, na hora errada, com pessoas erradas, vestindo a roupa errada. Sou eu, a culpa é minha. (Universitário negro)

Como já vimos no capítulo anterior, a forte presença de negros (pretos e pardos) na Polícia Militar do Rio de Janeiro, especialmente entre as praças, mas também no alto oficialato, não impede uma reiterada denegação da temática do racismo na ação de polícia em geral e nas abordagens em particular. As entrevistas que realizamos com policiais revelaram uma extrema dificuldade de romper barreiras defensivas nessa área: mesmo que se possam identificar alguns tênues sinais de mudança, ainda imperam o constrangimento diante do assunto e o bloqueio do debate sobre questões raciais dentro da PM ou na sua relação com a população. Nesse sentido, a fala de um oficial transcrita abaixo é típica e faz eco ao depoimento do jovem negro cuja tia, policial civil, acha que é dele a culpa por ser freqüentemente abordado. Indagado sobre como devem se comportar os jovens sistematicamente parados pela polícia, o oficial da PM respondeu:

> Procurem melhorar sua apresentação pessoal e melhorar a sua dicção. Arrancar o boné da cabeça, pentear o cabelo, vestir uma roupinha melhor e saber falar. Se ele tiver essa boa educação, não vai ser parado. Ele tem que ser menos marginal, ter menos o biótipo do marginal, ter mais o biótipo de cidadão.

Quando jovens do grupo de universitários negros discutiram a existência ou não de um racismo maior por parte de policiais negros, um dos participantes ponderou:

> Não é regra geral que todos os policiais negros são dessa forma. Mas existe uma grande quantidade de policiais negros que são mais truculentos no sentido de reafirmar a posição deles. É um cara totalmente massacrado pelo sistema, e quando ele tem um "poderzinho", ele quer potencializar aquilo ali, que é o único meio dele se sentir gente nessa sociedade que oprime o negro ao máximo.

2.5 A POLÍCIA DA CLASSE MÉDIA E A POLÍCIA DOS POBRES (CORRUPÇÃO E VIOLÊNCIA)

> Sempre foi assim / Covardia até o fim / A porrada que bate na cara / não dói no *playboy*. / Por que só dói em mim?
>
> MV Bill, *Cidadão comum refém*

> Encosta, encosta! Mão na cabeça! Levanta a blusa! Você mora aqui? Mora onde? O que está fazendo aqui? Se tem alguma "parada", diz logo! Se eu achar vai ser pior! (Universitário do grupo multirracial)

Essa é a descrição de uma cena típica de abordagem experimentada por diversos jovens participantes dos grupos focais. As possíveis razões para uma abordagem e suas características, contudo, foram diferenciadas em dois grandes grupos: as abordagens predominantemente sofridas por jovens de classe média, na Zona Sul, que teriam como objetivo principal encontrar drogas e extorquir o dinheiro do usuário, e aquelas que ocorrem mais freqüentemente com jovens pobres, em bairros de periferia ou nas favelas, onde o abordado é suspeito de ser traficante ou assaltante e é percebido pelo policial como potencialmente perigoso, podendo chegar a ser vítima de "esculacho", isto é, de violência física e humilhações. Vale observar que, como num jogo de espelhos, os jovens (da Zona Sul e da Oeste) não só reconhecem as características marcantes das abordagens que eles mesmos sofrem, mas também percebem ou supõem diferenças nas características das abordagens que ocorrem no "outro território" ou na "outra classe social".

> Do que que o policial vai atrás? É de alguém que tenha droga e tenha dinheiro. Pivete eles param pra enfiar porrada. (Adolescente da Zona Sul)

> Com o menino da classe média eles não podem fazer nada. Aí vão pedir "uma idéia", como eles falam. É a propina. (Adolescente da Zona Oeste)

> Eu acho que os policiais, normalmente eles têm uma conduta com quem eles vêem que tem dinheiro. Ipanema, Leblon, por mais que eles queiram, eles nunca vão bater. Eles vão deixar você com medo, mas nunca vão ter uma conduta tipo dar um tapa. Porque eles sabem que se você não tiver dinheiro você vai chamar os pais. (Adolescente da Zona Sul)

> Eu acho que a abordagem na classe alta e na classe média é diferente pelo que eles podem conseguir. Na classe baixa eles podem conseguir se colocar superior. Podem conseguir alimentar o ego deles. E pode dar uma porrada porque o cara não vai fazer nada mesmo. Na classe média não. O pai pode ser advogado, o pai pode ser juiz. (Adolescente da Zona Sul)

Os acontecimentos que fogem a essas regras imaginárias são explicados através dos mesmos mecanismos especulares (que, por sua vez, asseguram as regras):

> Então, nesse caso que te botaram na parede, você não é da classe baixa, mas você estava num local da classe baixa. (Adolescente da Zona Sul, interpretando a razão de um jovem ter sofrido uma abordagem "traumatizante", ocorrida próximo a uma favela de Santa Teresa)

> De modo geral, nos grupos focais de adolescentes da Zona Oeste e de universitários negros (vários deles moradores de favelas), foram freqüentes os relatos de violência policial, enquanto nos grupos da Zona Sul e de universitários multirracial abundaram os relatos de extorsão, tentativas de extorsão, chantagem e ameaças não cumpridas (como levar para a delegacia os jovens flagrados com pequenas quantidades de drogas).

Também surgiu nos grupos a percepção de que os próprios policiais atuantes na Zona Sul ou em favelas, em bairros ricos ou pobres, teriam características diferentes:

> Não vai botar um [policial] matador no posto de Copacabana. Só vai botar um matador para trabalhar no Complexo do Alemão. (Jovem do grupo multirracial de universitários)

> Existe diferença de abordagem dependendo do lugar. Em determinados lugares a polícia vai te botar de determinada forma. A maneira como um carro circula na rua no centro da cidade e como circula dentro da favela, eles com o pé na porta, os canos [das armas] para fora, já é totalmente diferente. (Jovem do grupo de universitários negros)

As avaliações dos contatos com a polícia valem-se ainda de uma memória familiar ou social, composta de experiências vividas por parentes e outras pessoas conhecidas. Essa memória traça igualmente uma nítida divisão de classe, reforçando a idéia de que pessoas da Zona Sul e de classe média, mesmo que sujeitas à coação e à extorsão, têm mais chance de se saírem bem nas abordagens policiais.

> [...] Aí o policial pegou o braço do meu pai: "Vamos para a delegacia". Quando o cara pegou no braço, meu pai pensou: "Tem que engrossar porque senão o cara vai fazer comigo o que quiser na delegacia". E falou assim: "O senhor está me prendendo?". Deu outro grito em cima do cara. Aí o cara soltou o braço: "Não, não. Não é nada disso". A gente ainda tem uma força em cima deles. (Adolescente da Zona Sul)

> Uma certeza que eu tenho é que você não vai para a delegacia se você tiver dinheiro e souber rolar um papo. Porque eu acho que os caras [a polícia] não vão querer ficar escrevendo relatório por causa de um maconheiro. Eles querem dinheiro. Já ouvi falar de várias histórias que não tinham o dinheiro, mesmo assim foram liberados. Porque eu acho que o interesse mesmo não é prender ninguém, é achacar e tirar dinheiro. (Adolescente da Zona Sul)

A *força* representada pela posse de algum parente rico ou "poderoso" também pode, eventualmente, ser mobilizada por jovens pobres da

Zona Oeste para alterar o curso da abordagem policial, como exemplifica o relato abaixo:

> Meu irmão e outro menino, que é filho de um cara que foi diretor do Desipe, estavam andando de bicicleta por aqui mesmo e veio um camburão de polícia. Pararam eles e começaram a xingar: "Seu viadinho, o que vocês estão fazendo aqui?" Meu irmão respondeu que eles iam comprar uma coisa para minha mãe. Aí eles falaram 'não quero saber' e botaram eles dentro da caçamba. Aí meu irmão falou: "Fala do seu pai". Aí o garoto falou o nome do pai dele. Quando ele disse o nome, o policial perguntou onde o pai trabalhava. Quando o menino respondeu que o pai dele era diretor do Desipe, logo o policial pediu desculpas e tirou eles da caçamba. Por ele ser diretor do Desipe, mesmo que o garoto tivesse com um pó, uma maconha ali, eles não iam levar. (Adolescente da Zona Oeste)

2.6 APARÊNCIA E ATITUDE: O *RANKING* DO "TIPO IDEAL" DE SUSPEITO

Buscando identificar percepções dos jovens sobre os mecanismos de construção da suspeita, pedimos a eles que desenhassem o típico candidato a ser parado pela polícia. Surgiram características associadas a aparência e atitude combinadas a idade, gênero, cor e classe, que compunham um "tipo ideal" de pessoa escolhida para ser abordada (ver desenhos e descrições no próximo item). As características mais marcantes dos desenhos foram selecionadas (roupas, bonés, cordões, tipos de cabelo, tatuagens, brincos, junto com cor, gênero e idade) e foram comparadas, uma a uma, até que o grupo formasse um *ranking* de características suspeitas (segundo a percepção dos jovens sobre a ação policial). Os resultados, consideradas as dez características mais citadas em cada grupo, foram os seguintes:

Ranking das características que formam um tipo suspeito

Adolescentes Zona Oeste	Adolescentes Zona Sul	Universitários multirracial	Universitários negros
1º Roupa de marca	Olhos vermelhos	Ser negro	Ser negro
2º Tênis de marca	Atitude (gestos)	Jeito de andar	Adolescente homem
3º Cor da pele	Ar desleixado	Roupa	Cabeça raspada
4º Camisa largona	Brinco e *piercing*	Corte de cabelo	Cordão de ouro
5º Cordão de ouro	Cabelo grande	Ser homem jovem	Cigarro
6º Cigarro	Sandália aberta	Local de moradia	Boné
7º Boné	Barba ou bigode	Cordão de ouro	Cabelo grande
8º Bermuda caída	Colar pensamento	Boné	Bermuda
9º Modo de falar	Bebendo cerveja	Relógio	Pacote na mão
10º Olhos vermelhos	Fumando cigarro	Tênis	Óculos escuros

Além de idade, gênero, cor e classe social, enfatizaram-se, portanto, elementos relativos à aparência e, secundariamente, à atitude, para explicar as razões de abordagens freqüentes. Chama atenção o número de vezes em que vestimenta, adereços e outros signos da adesão a "estilos" comuns entre os jovens da cidade são listados como elementos que comporiam um tipo suspeito para a polícia. As marcas mais citadas foram bermuda Cyclone[21] e tênis Nike, Reebok ou Mizuno. Ainda que as marcas tenham sido mais ressaltadas pelos adolescentes da Zona Oeste, elas voltaram a aparecer entre os universitários do grupo multirracial e entre os universitários negros. Adereços do Flamengo, como camisa, boné ou correntinha, também foram citados entre os mais suspeitos

[21]Tanto nas entrevistas com os jovens de favelas como nas entrevistas com policiais surgiu a informação (tida quase sempre como "folclórica") de que as roupas da marca Cyclone seriam as preferidas pelos moradores das áreas dominadas pela facção Comando Vermelho, e as roupas da marca TCK, preferidas nas áreas dominadas pela facção Terceiro Comando.

("flamenguista não tem dinheiro"). Bermuda caída, camisa largona e boné apareceram em todos os grupos. Uma referência recorrente, não só nos *rankings*, mas nos desenhos, foram cordões e relógios de ouro. De acordo com os participantes dos grupos, esses adereços, assim como roupa de marca e tipo de cabelo, aumentam as chances de um jovem ser parado, sobretudo se ele parecer pobre e principalmente se for negro. O tipo de cabelo também foi mencionado em todos os grupos. Cabeça raspada e cabelo grande ("rasta", ou "*black*" para os universitários negros) seriam, ambos, alvo de suspeição.

As *atitudes* mais citadas foram cigarro na boca, bebida na mão, pacote na mão, olhos vermelhos (ou óculos escuros) e, principalmente, o modo de falar ("tá ligado?"; "qual é?") e de andar. Ainda que os jovens identifiquem comportamentos que podem ser considerados suspeitos, os gestos aparecem compondo uma "figura" suspeita, entre elementos combinatórios de idade, gênero, cor, classe e aparência. É interessante observar que a impressão dos jovens não coincide com o lema da polícia, insistentemente reiterado nas entrevistas: "Para o policial, não existe pessoa suspeita, existe atitude suspeita". Como se verá no capítulo 3, da mesma forma que os jovens ouvidos em grupos focais, a maioria da população da cidade acredita que a primeira coisa que faz com que a polícia considere uma pessoa suspeita é a aparência — incluindo cor da pele (40%) e modo de vestir (25%). Apenas 36% consideram que é a atitude.

Curiosamente, brincos e tatuagens, embora tenham aparecido em vários desenhos, não foram considerados importantes quando comparados hierarquicamente às outras características selecionadas: "Brinco já passou, foi meio incorporado. Tatuagem também". Ou então: "Não, eu não acho que o brinco importe, até pela própria cabeça deles, pelo contrário, tem aquela coisa... digamos assim, porque tem aquela coisa do feminino associada ao brinco". No caso da tatuagem, o grau de suspeição poderia variar conforme a área da cidade: "Tatuagem no Centro e na Zona Sul parece que não conta tanto como na Baixada".

2.7 OS SUSPEITOS-PADRÃO

Reproduzimos abaixo seis dos oito suspeitos "típicos" desenhados coletivamente pelos grupos, juntamente com a descrição verbal de cada um dos personagens retratados, feita pelos próprios jovens. A nosso ver, são imagens e descrições que falam por si, dispensando comentários adicionais.

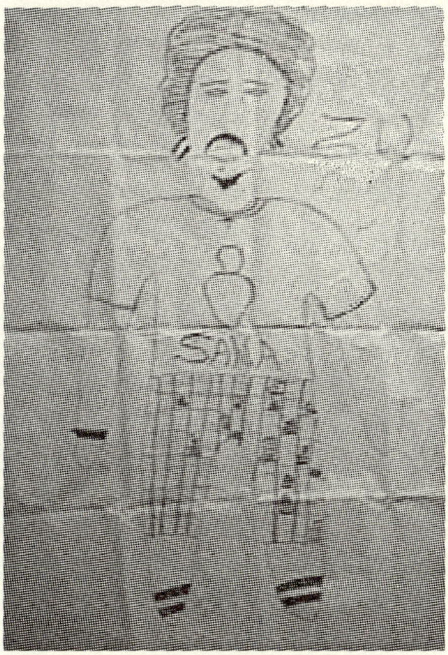

Zil

(Grupo focal de adolescentes da Zona Sul).

"Esse é o Zil. Ele está andando na Lapa, às 2:00h da manhã, chapado, perto do escadão, na sexta-feira. Esse é o cara que vai ser parado pela polícia, com certeza. Não tem nenhuma possibilidade dele não ser parado. Ele quer confrontar todo mundo, quer a discórdia, quer mostrar que é do contra, mas quer também se incluir em um grupo, só que ele usa as paradas da modinha, da situação, tipo ir para o Sana.[22] Para a polícia, ele pede para tomar flagrante. O Zil é negro, tem brinco, tem cabelo rasta"

[22]Cidade no interior do Estado do Rio de Janeiro, conhecida por reunir jovens, hippies e tribos alternativas.

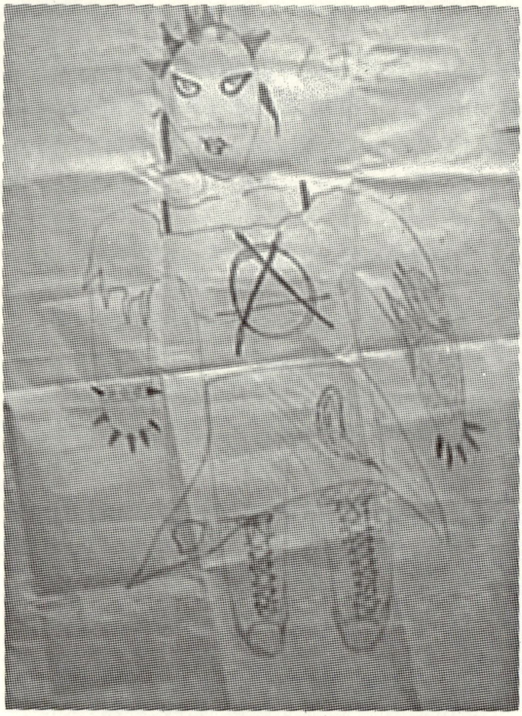

Liz

(Grupo focal de adolescentes da Zona Sul)

A Liz [anagrama de Zil] tem *piercing*, um olhar que assusta, é toda tatuada e vai ser parada pela polícia na sexta-feira, na Garagem da rua Ceará, às 2:00 da manhã. A Liz é um tipo mais *punk*, mas não é totalmente *punk*, ela é também meio anarquista. A polícia, provavelmente, vai se aproximar dela pela atitude, pela questão do comportamento. A polícia vai querer provocar alguma reação nela. Depois de provocada uma reação nela, eles vão ter razão para revistá-la. Ela tem aquele "A" de anarquista na camisa, usa aquelas botas até aqui e tem *piercing* em todo o corpo.

Silva
(Grupo focal de universitários negros)

O Silva é candidato ao Senado pelo Rio de Janeiro (o grupo colou na página do desenho um adesivo de propaganda eleitoral do candidato ao Senado pelo PT, Edson Santos, que estava sendo usado por um dos participantes e desenhou em cima do adesivo). É esse o cara que vai ser parado: tira o paletó e a gravata, assim, coloca um cabelo meio rasta, coloca óculos escuros. Esse é o cara que vai ser parado, o Silva.

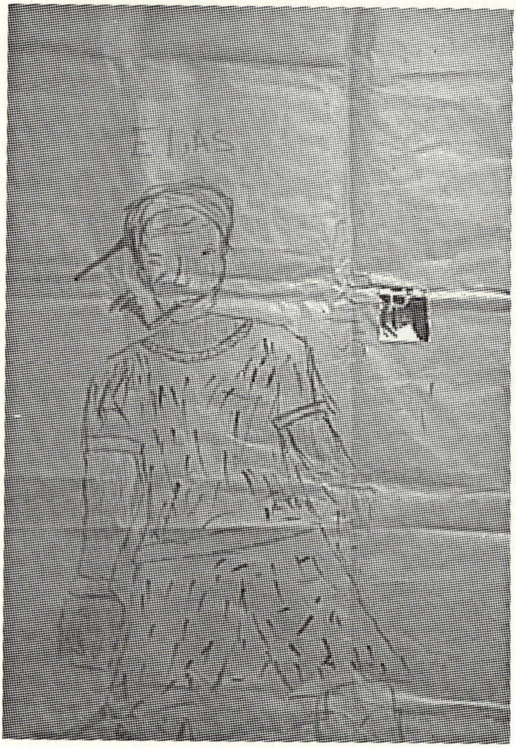

Elias

(Grupo focal de universitários negros)

O Elias é negro, usa boné, está com cigarro na boca, tem uma cicatriz no rosto, usa bermuda e tem um pacote na mão, isso é sintomático. O Elias pode estar na rua ou dentro de um ônibus onde tem policial. Vai ser parado. Tem roupas escuras, um boné na cabeça, uma cicatriz no rosto porque se machucou na obra, tem um cigarro na boca, está de bermuda e de camiseta. Cor? Pô, é negro.

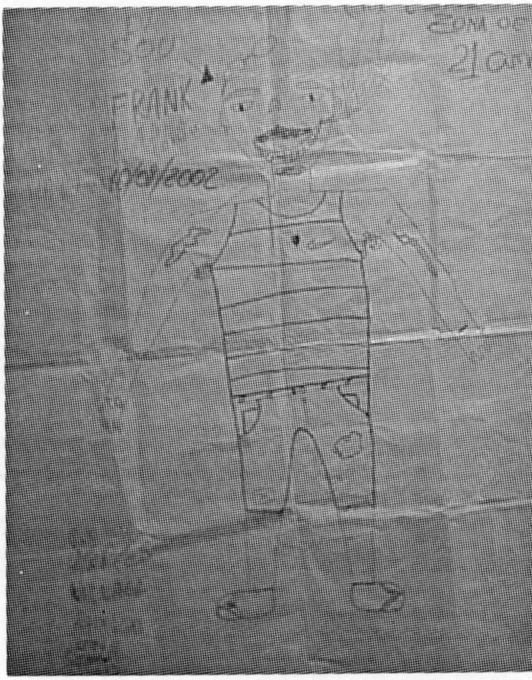

Frank Laden

(Grupo focal de adolescentes da Zona Oeste)

Esse é o Frank Laden Correa, ele tem 21 anos, usa roupa Cyclone, tênis Nike, é negro, tem cabelo pintado de amarelo, descolorido. Usa boné, um cordãozinho do time, tem uma camisa do Flamengo. Mesmo sendo trabalhador, ele vai ser parado.

Geraldino e Tiago

(Grupo focal de universitários multirracial)

Esse é o Geraldino. É negro, usa camisa do Flamengo, calça comprida, cabelo curto. Será revistado em ônibus de qualquer linha.

O Tiago é branco, tem olho azul, várias tatuagens, bermuda, camiseta, brinco, cordão, cabelo arrepiado e vai ser parado no ônibus 108 da linha São João-Caxias. Se não tiver negros no ônibus.

2.8 IDÉIAS PARA MUDAR A POLÍCIA

Por que eles agem pela cidade como se fossem uma gangue / Impondo a nós, civis, a lei do sangue. / Ódio, racismo, violência sem igual, / Inocentes indo pra vala sem motivo é normal. / E o pior é que você sabe quem são. / Bandidos fudidos que não vão para a prisão.

Def Yuri, *Foda-se a polícia*

Surpreendeu a quantidade e a qualidade das idéias surgidas nos grupos focais quando os participantes foram convidados a imaginar que seriam governadores ou secretários de Segurança e que teriam poder para implantar políticas capazes de mudar a polícia e a qualidade das abordagens. As mudanças, segundo alguns jovens, "teriam que ser radicais".

Entre as opiniões mais recorrentes, foi defendida a proposta de educar a polícia: "uma faculdade para os policiais, um treinamento mais rigoroso, mas não na base da porrada". Para alguns jovens negros, os cursos deveriam ser pontuais, como os de "cidadania" e sobre a "questão racial". Para outro participante, "a curto prazo, pouca coisa se pode fazer mas, a longo prazo, reestruturar o sistema de educação do próprio policial, até porque eles passam por um adestramento, não é nem um treinamento".

Segundo um dos jovens do grupo da Zona Oeste, o mais importante é educar para melhorar a abordagem: "Mais emergencial é mostrar para os policiais que, mesmo sendo um indivíduo suspeito, o policial não viu ele fazendo nada, não tem prova de nada, e então ele tem que ser abordado de uma forma com a qual ele não seja agredido, constrangido".

Outra idéia comum a vários grupos foi melhorar a remuneração da polícia. Em geral, os participantes relacionam diretamente os baixos salários à corrupção policial. Mas a idéia — como em todos os debates sobre esse tema — foi relativizada por alguns: "A questão não é nem só o salário da polícia, porque o policial pode ganhar 3 mil reais, mas se oferecerem para ele 50 mil, ele vai pegar do mesmo jeito. Aí, eu acho que não é grana, não".

Surgiram propostas de aumento do controle interno: "transformar internamente a polícia através de seleção, exoneração e punições". Outra solução animadamente defendida no grupo de universitários negros foi "exonerar todos os policiais que estivessem muito tempo como policiais, sem exceção. Daria uma aposentadoria compulsória. E aí, eu investiria nessa nova geração, recrutada num processo de seleção muito mais complexo do que esse".

Em dois grupos foi defendida a contratação de mulheres policiais: "Eu contrataria só mulheres. Era o único jeito, porque eu acho que a mulher está mais livre dessa questão da força, do poder com outro homem, eu acho que o PM quando coloca aquela farda, ele sabe que outro homem tem também o poder igual a ele". Interessante observar que, na pesquisa amostral, 74% dos entrevistados, representando estatisticamente toda a população carioca de 15 a 65 anos de idade, afirmaram que uma maior presença de mulheres no policiamento ostensivo tornaria a PM do Rio de Janeiro menos violenta (ver capítulo 3).

No grupo de adolescentes da Zona Oeste foram feitas propostas de aumento do controle interno e externo, incluindo a adoção de recursos tecnológicos de controle: "Câmeras, microfones nas fardas. Isso seria bom. A parte da tecnologia mexendo... a gente já tem mais essa tecnologia voltada nos carros, computadores, carro roubado, eles vêem quem está por perto, via satélite." Além disso, controle externo: "Um conceito, tipo esse negócio de ônibus que hoje em dia tem, com sugestões, críticas. Em cada carro, número do telefone. Aí, você não gostou daquele policial, daquele veículo, naquele local, você ligava para esse conselho de ética." Jovens do grupo multirracial de universitários sugeriram ainda "parcerias com empresas".

Em todos os grupos surgiu a idéia de investir em uma polícia comunitária. Em dois deles os jovens se revelaram relativamente bem informados, tinham ouvido falar da experiência do GPAE (nas favelas de Cantagalo e Pavão/Pavãozinho) e defenderam a reativação dos postos de policiamento comunitário. Ou a ocupação social: "E fazer ocupação social. Tem que fazer a partir da expulsão dos traficantes de lá de dentro."

2.9 CONCLUSÕES

Quando a polícia invade a favela espalha terror e medo /
É gente da gente que não nos entende... /
Chega a maldita polícia / e o medo é geral /
Armado ou fardado, carteira assinada /
com ódio na cara pronto para o mal...
Na favela tá imperando o genocídio /
Noventa por cento da população não anda de arma na mão /
Não confia na proteção / Medo de camburão.

MV Bill, *Cidadão comum refém*

Os participantes dos grupos, assim como as lideranças entrevistadas, mostraram ter farta experiência com a polícia, intimidade com o tema, opiniões definidas e fortes. Também revelaram possuir um imaginário fértil sobre "o que vai na cabeça de um policial". Os sentimentos predominantes sobre a polícia, ainda que freqüentemente contraditórios, são de desconfiança, medo, indignação e revolta, trazidos à baila, nas dinâmicas de grupo, pelo compartilhamento de histórias que envolvem contextos de humilhação, violência ou extorsão. Mas, apesar de tudo, não predominou um sentimento de desesperança ou ceticismo. Muitos jovens sentem que podem se sair bem de um encontro policial e muitos acham possível mudar a polícia. Cabe lembrar, porém, que, sendo todos estudantes, esses jovens dos grupos focais não são necessariamente representativos dos jovens pobres, moradores de favelas e periferias que, na maioria das vezes, quando chegam às faixas etárias superiores (depois do ensino fundamental), se encontram fora da escola.

Verificou-se, como em pesquisas internacionais, que as opiniões sobre a polícia nem sempre derivam diretamente de experiências pessoais.[23] No caso dos jovens que ouvimos, a percepção generalizada de que a polícia é

[23]Ver discussão sobre pesquisas que tratam do assunto em Davis (2000).

violenta, racista e desonesta não resulta do somatório de experiências vividas, mas da experiência de alguns compartilhada por todos.

O caso típico é o de jovens do sexo feminino que, em todos os grupos, narraram nunca terem sido tratadas com violência ou mesmo revistadas pela polícia. O mesmo ocorre com os jovens menores de 18 anos, que afirmam estar de certa forma protegidos pela legislação, mas têm sentimentos de desconfiança e medo tão intensos quanto os mais velhos. Em outras palavras, o fato de não ter tido experiências pessoais traumáticas não modifica percepções e sentimentos de ansiedade ou revolta. Além disso, surgiram em todos os grupos algumas histórias de experiências positivas com a polícia, mas, aparentemente, tais experiências influem muito pouco na percepção compartilhada pelos jovens, ou influem bem menos que as experiências negativas.

Resta indagar se os sentimentos predominantes entre os jovens refletem uma condição passageira (nesse caso, os jovens de hoje, quando adultos, passariam a odiar e temer menos a polícia), ou indicam uma tendência mais permanente das novas gerações. Se a última hipótese for verdadeira — como parece ser, pelo que se apurou na pesquisa amostral (ver capítulo 3) e por outras evidências de deterioração profunda das bases de confiança de ambos os lados —, as perspectivas para os próximos anos são ainda mais sombrias e projetam um cenário ainda mais grave que o atual para as relações entre polícia e sociedade no Rio de Janeiro.

3. Experiências de abordagem e percepções sobre polícia, justiça e discriminação na cidade do Rio de Janeiro: resultados do levantamento quantitativo

INTRODUÇÃO

Este capítulo apresenta os principais resultados da pesquisa quantitativa realizada na cidade do Rio de Janeiro em junho-julho de 2003, objetivando conhecer as experiências da população carioca com a polícia, especialmente em situações de abordagem, e captar suas percepções sobre as próprias abordagens, sobre instituições policiais, segurança pública, preconceito racial e social, justiça e cidadania.

O trabalho de campo foi realizado pela Science — Sociedade Científica da Escola Nacional de Ciências Estatísticas —, sob a coordenação de Denise Britz do Nascimento Silva e José Matias Lima, e consistiu na aplicação de um questionário elaborado pelo CESeC a uma amostra aleatória de 2.250 pessoas, representativa dos moradores do município com idades entre 15 e 65 anos. Coube ainda à Science a definição do plano amostral e da metodologia do levantamento de campo, bem como a montagem do banco de dados a partir do qual geramos os gráficos e tabelas analisados a seguir.

Embora exponha apenas os resultados mais significativos, o capítulo tem aproximadamente a mesma estrutura do questionário (ver anexo 2), dividindo-se em seis partes, correspondentes aos blocos temáticos de perguntas feitas à população: (1) experiências pessoais de abordagem policial (ter sido ou não abordado/a e detalhamento da última abordagem); (2) opiniões sobre blitzes e abordagens na cidade (independentemente da experiência); (3) outras experiências com a polícia; (4) impressões e avaliações gerais sobre a polícia; (5) percepções sobre preconceito e discriminação; (6) opiniões sobre segurança, justiça e cidadania.

Não reproduziremos aqui detalhes técnicos do *survey*. Os interessados em conhecê-los podem consultar, no *website* do CESeC, o relatório metodológico elaborado pela Science, que trata do desenho amostral, da coleta dos dados, dos métodos de estimação, das estimativas de precisão e da organização das informações. Cabe apenas destacar que, dependendo do grau de desagregação das respostas, ou do número de variáveis utilizadas nos cruzamentos, a representatividade estatística dos resultados oscila bastante, sobretudo em virtude do fato de boa parte das perguntas aplicar-se apenas à parcela de pessoas que declararam já ter sido abordadas alguma vez pela polícia (cerca de 38% do total). Assim, alguns dos percentuais mostrados a seguir são de fato representativos das experiências, opiniões e percepções da população carioca de 15 a 65 anos; outros, indicam tendências importantes, mas não fornecem estimativas precisas para o universo considerado.

É importante sublinhar ainda que nem a exposição, essencialmente descritiva, feita neste capítulo, nem as conclusões gerais apresentadas no capítulo final esgotam as possibilidades de utilização do material quantitativo que a pesquisa levantou. Por esse motivo, decidimos divulgar também, pela internet, o banco de dados completo, para que outros pesquisadores interessados no tema possam fazer uso dele e explorá-lo em novas direções.

3.1 EXPERIÊNCIAS DE ABORDAGEM

3.1.1 *Quem já foi parado(a)/abordado(a) pela polícia*

De todos os entrevistados, numa amostra estatística da população carioca com idades entre 15 e 65 anos, 37,8% disseram já ter sido parados alguma vez pela polícia. A mera incidência de abordagens varia significativamente por gênero e por idade, mas não por raça ou cor, nem por renda ou escolaridade. Como se verá adiante, o peso destas últimas variáveis só aparece quando se diferenciam os tipos de abordagens e os tipos de tratamento que a polícia dispensa aos cidadãos.

> P 2. Você já foi, alguma vez, parado(a)/abordado(a) pela polícia em ônibus, blitz de trânsito, a pé, ou de outra forma?

- *Gênero*. Há uma importante variação de gênero nessa experiência: os homens, que representam 46,8% da população carioca, são 73,8% dos abordados, enquanto as mulheres, 53,2% da população, representam somente 26,2% das pessoas abordadas.

- *Idade*. Há também alguma relação entre idade e incidência da abordagem. Os jovens entre 15 a 24 anos representam 25,7% da população e são 49,1% dos abordados. Inversamente, indivíduos entre 50 a 65 anos representam 20,4% da amostra e são 14,3% dos abordados.

Para conhecer melhor a experiência de ser parado(a) pela polícia no Rio de Janeiro, solicitou-se aos entrevistados que fornecessem detalhes sobre a *última* abordagem sofrida. Os dados a seguir referem-se, portanto, a essa última abordagem, e os percentuais dos gráficos e tabelas, salvo especificação em contrário, referem-se apenas à parcela da amostra que disse ter sido abordada pelo menos uma vez.

3.1.2 *Tipos de abordagem*

> P 4. Qual foi o tipo de abordagem, na última vez em que foi parado(a) abordado(a) pela polícia?

Entre o total de pessoas abordadas, verificou-se a seguinte distribuição:

Tabela 1
Distribuição das pessoas abordadas pela polícia, segundo tipo de abordagem na última experiência

Tipo	%
Carro particular em blitz	48,1
A pé na rua	19,5
Ônibus ou trem	11,2
Carro particular sem blitz	8,3
Van ou Kombi	3,5
Moto em blitz	3,0
Moto sem blitz	2,7
Táxi em blitz	2,1
Bicicleta	1,3
Táxi sem blitz	0,2
Outras	0,2
Total	100,0

De forma mais agregada, observa-se a predominância de abordagem em automóvel particular, com ou sem blitz, seguida da abordagem a pé, na rua:

Gráfico 1
Distribuição das pessoas abordadas pela polícia, por tipo de abordagem na última experiência

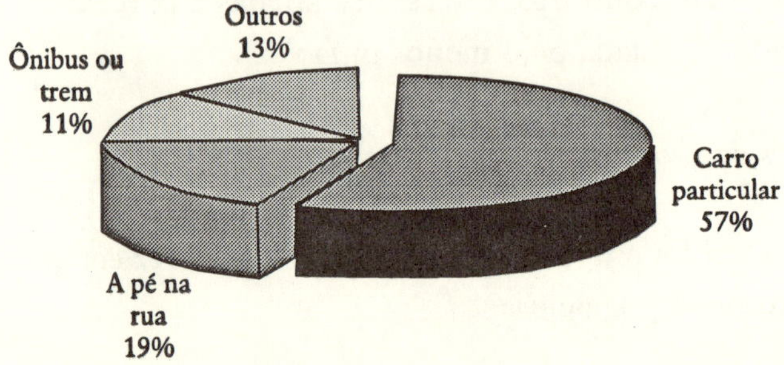

O perfil dos indivíduos varia significativamente por gênero, raça ou cor e classe social conforme o tipo de abordagem. Nas abordagens a pé, na rua, são mais parados, proporcionalmente, os homens, os jovens, os negros e as pessoas de menor renda e escolaridade. Em contraste, nas abordagens em veículos particulares, a diferença de gênero é menor, a média de idade é mais alta, a cor embranquece e as faixas de renda e de escolaridade tendem a ser comparativamente elevadas. Detalhemos alguns desses resultados:

- *Raça ou cor.* Os autodeclarados "pretos" (11% da população carioca total) são 21% dos parados a pé e 15% dos parados em ônibus ou trem. Já os autoclassificados como "brancos", 58,6% da população carioca, são 45% dos abordados a pé na rua e 48% dos parados em ônibus ou trem. Quanto à abordagem em automóvel particular, é difícil detectar a presença ou não de viés racial, pois, se qualquer pessoa pode estar virtualmente sujeita a ser parada a pé, na rua, ou em veículos de transporte coletivo, a abordagem em carro particular só pode incidir sobre a parcela da população carioca que possui, dirige ou utiliza esse meio de transporte — parcela cuja dimensão e cuja distribuição racial são desconhecidas. Assim, embora os pretos e pardos apareçam sub-representados nesse tipo de abordagem, considerando-se suas participações na população total (gráfico 2), é possível que estejam sobre-representados, caso tenham um peso muito menor que o dos brancos no conjunto dos cariocas que se locomovem em veículos particulares.

Gráfico 2
Distribuição por raça ou cor da população carioca e das pessoas abordadas pela polícia, segundo tipo de abordagem na última experiência

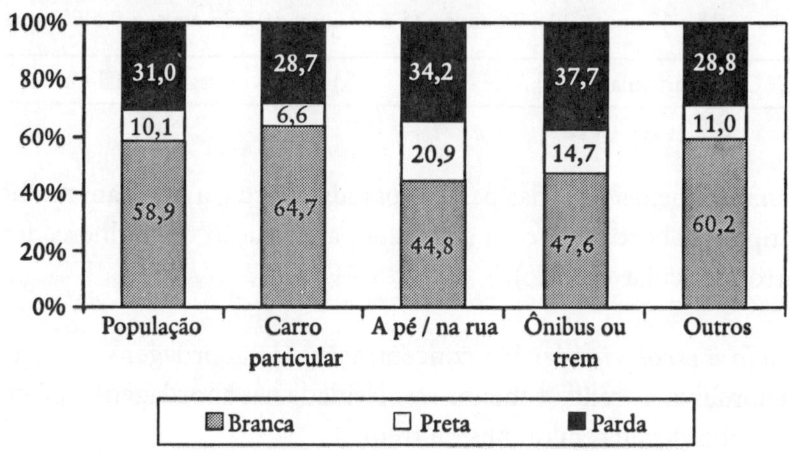

- *Idade.* As pessoas com 25 anos ou mais de idade são abordadas majoritariamente em veículos particulares, enquanto os jovens até 24 anos são mais parados a pé na rua, em transporte coletivo ou em outras situações. Se na faixa 15-19 isso se explica pela grande parcela sem habilitação para dirigir, o mesmo não vale para a faixa 20-24, em que a maioria dos entrevistados também relatou uma última experiência distinta da abordagem em carro particular. Embora possam ser indicativos de maior exposição dos jovens, pelo simples fato de serem jovens, à suspeita policial, resultados mais precisos dependeriam de saber como se distribui por faixas etárias a parcela dos cariocas que utiliza aquele meio de locomoção.

Gráfico 3
Distribuição por modalidade de abordagem na última experiência, segundo faixa etária das pessoas abordadas pela polícia

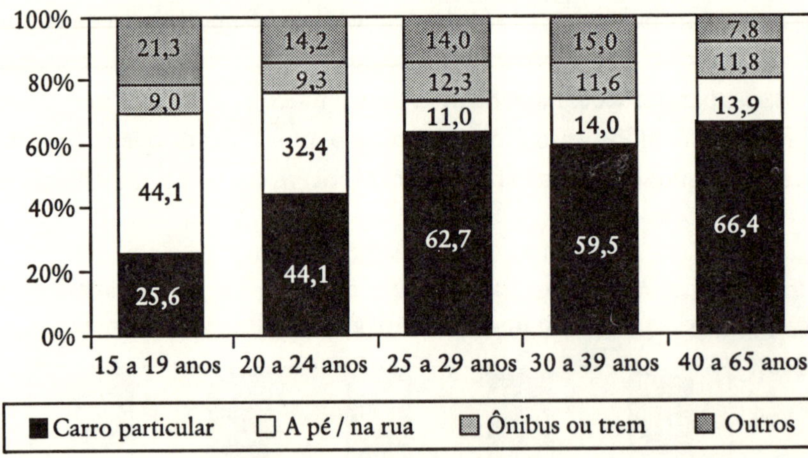

- *Gênero.* Apenas 11% das pessoas paradas na rua, a pé, eram mulheres. O tipo de abordagem com mais alta participação de mulheres foi em carro particular (30,8%).

- *Renda e escolaridade:* Há concentrações de abordagens entre os de menor faixa de renda e menor escolaridade nas abordagens a pé na rua e nas abordagens em ônibus ou trem.

Gráfico 4
Distribuição por modalidade de abordagem na última experiência, segundo escolaridade das pessoas abordadas pela polícia

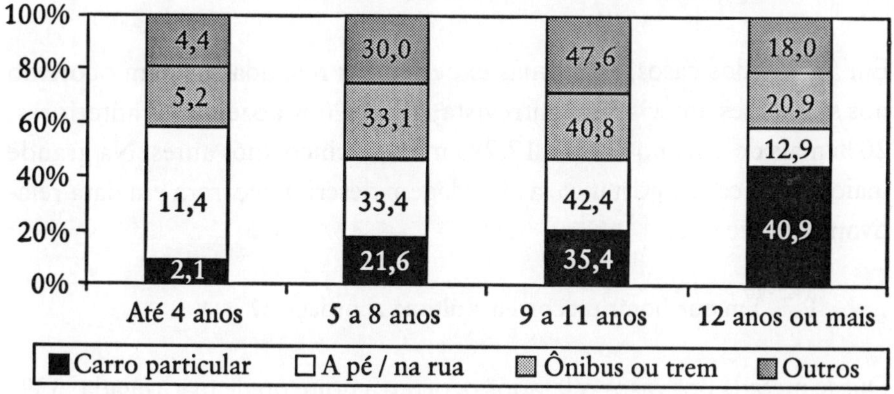

Gráfico 5
Distribuição por modalidade de abordagem na última experiência, segundo faixa de renda das pessoas abordadas pela polícia

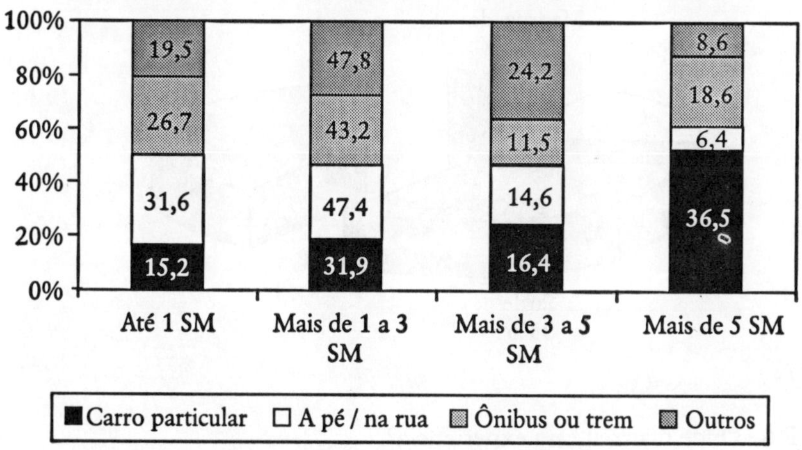

3.1.3 Tempo, horário e local

P 5. Quando ocorreu essa última experiência?

Em 55,8% dos casos, as últimas experiências relatadas haviam ocorrido nos seis meses anteriores à entrevista; 12,1% nos doze meses anteriores; 20% mais de um ano antes e 12,2% mais de cinco anos antes. Na grande maioria dos casos, portanto, a abordagem descrita ocorrera em data relativamente recente.

P 7. Em que horário ocorreu a última abordagem?

Quase metade dos casos relatados ocorreu à noite ou de madrugada, 33% à tarde e 17% pela manhã.

Gráfico 6
Horário da última experiência de abordagem

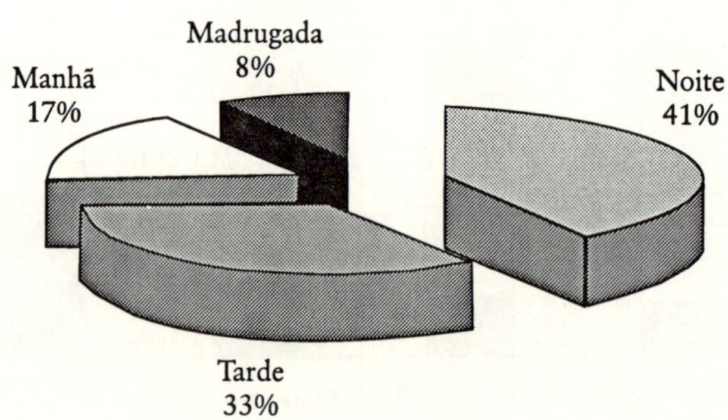

P 6. Onde ocorreu essa experiência?

Enquanto as abordagens em carros particulares se distribuem de modo relativamente uniforme pela cidade, com percentuais muito semelhantes nas Zonas Sul e Oeste, as abordagens a pé se concentram acentuadamente na Zona Oeste (30%) e na Zona Norte (22%), contra apenas 7,4% na Zona Sul.

Tabela 2
Distribuição das pessoas abordadas pela polícia, por grandes áreas da cidade, segundo tipo de abordagem (em %)*

Área	Total de pessoas abordadas	Em carro particular	A pé/ na rua	Em ônibus ou trem	Em outras situações
Zona Sul	15,1	19,2	7,4	12,7	10,2
Centro-Zona Norte	17,2	15,3	22,0	27,5	9,6
Subúrbios I	17,4	14,0	13,3	19,6	36,1
Subúrbios II	10,9	11,5	12,2	5,2	11,2
Madureira/Jacarepaguá	8,2	7,3	8,9	12,0	7,9
Zona Oeste	21,1	19,8	30,7	14,5	18,6
Outro município	10,0	12,7	5,5	8,4	6,5
Total	100,0	100,0	100,0	100,0	100,0

*Divisão em seis grandes áreas utilizada no *Relatório de desenvolvimento humano sustentável do município do Rio de Janeiro*, PNUD/Prefeitura do Rio de Janeiro/Ipea, 2000 (ver anexo A-1).

3.1.4 Abordagem em veículo particular: suspeito é o carro ou quem está nele?

P 8. Em caso de abordagem em veículo particular, estava dirigindo?

As abordagens em veículos particulares se deram com maior freqüência em situações de blitz (48,1%), e 69,4% dos que disseram ter sido parados nesse tipo de veículo, com ou sem blitz, estavam ao volante no momento da abordagem. Não se percebe influência da raça ou cor no fato de ser parado(a) e estar dirigindo, mas é importante lembrar a ressalva feita mais acima sobre o desconhecimento da distribuição racial dos que dirigem automóveis particulares no Rio de Janeiro. Tampouco se percebe influência da idade, exceto a baixa representação, por óbvios motivos, dos indivíduos no intervalo de 15 a 19 anos.

P 9. Qual a idade aproximada do veículo?

Cerca de ¼ dos veículos particulares parados pela polícia, em blitz ou fora de blitz, tinham de zero a três anos de fabricação; 20,7% tinham de quatro a seis anos; 15,2%, de sete a nove e 34% tinham 10 anos ou mais. No conjunto, portanto, cerca de ¾ dos carros parados tinham pelo menos quatro anos de fabricação e quase metade tinha pelo menos sete anos. A idade do veículo parece constituir, assim, um filtro importante na decisão policial de realizar ou não a abordagem, talvez porque os carros mais novos costumem apresentar menos irregularidades, ou talvez porque denotem condição social mais elevada dos seus condutores.

P 10 e 11. Houve revista do veículo? Houve apreensão?

Em 30,3% dos casos de abordagem em veículo particular houve revista do automóvel, mas em apenas 1,8% dos casos ele foi apreendido, indicando que praticamente todas as pendências relacionadas ao veículo se resolvem na própria abordagem, não sendo encaminhadas a outras instâncias, como delegacias e/ou Detran.

3.1.5 Averiguação e apreensão de documentos

P 11 e 12. Houve averiguação de documentos. Houve apreensão?

O procedimento mais freqüente em todos os tipos de abordagem é a averiguação dos documentos, tendo ocorrido em 68% das experiências relatadas. A apreensão de documentos, no entanto, só se verificou em 1,4% dos casos.

3.1.6 Revista corporal

P 14. Foi pessoalmente revistado(a)?

A ocorrência ou não de revista corporal depende — e muito — do tipo de abordagem. No conjunto, pouco mais de 1/3 (36,9%) dos que disseram ter sido parados foram revistados na última abordagem. Entretanto, mais de ¾ dos que foram parados a pé na rua sofreram revista — o que indica que a revista constitui o *objetivo principal* desse tipo de intervenção da polícia, ao contrário do que ocorre nas abordagens em veículos particulares, em que 80,6% das pessoas paradas disseram *não* ter sofrido nenhuma revista corporal.

Gráfico 7
Ocorrência ou não de revista corporal, segundo tipo de abordagem

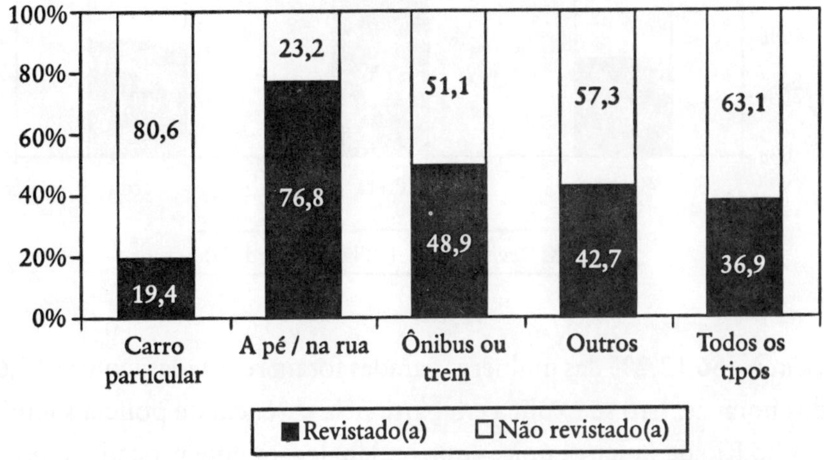

A ocorrência de revista corporal também varia sensivelmente conforme idade, gênero, cor e classe da pessoa abordada. Os jovens, os negros e as pessoas de renda e escolaridade mais baixas sofrem revista em proporções bem maiores do que os outros segmentos considerados. Ao que tudo indica, a polícia não só suspeita menos de pessoas brancas, mais velhas e de classe média que transitam pelas ruas da cidade, como tem maior "pudor" em revistá-las — um procedimento muito fortemente associado à existência de suspeição, e via de regra, considerado humilhante.

- ***Raça ou cor.*** Os autodeclarados pretos foram revistados em proporção significativamente maior que os autodeclarados brancos (55% contra 32,6%).

Gráfico 8
Ocorrência de revista corporal na última experiência de abordagem, segundo raça ou cor das pessoas abordadas

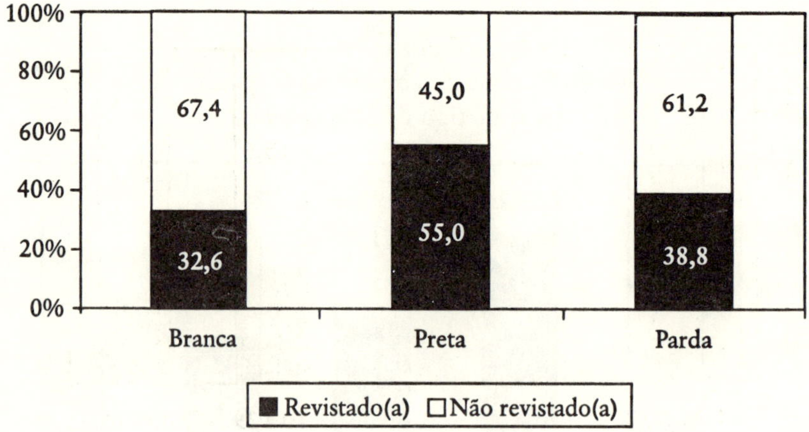

- *Gênero.* Só 12,2% das mulheres paradas foram revistadas, contra 45,6% dos homens. Isto se explica em parte pela carência de policiais femininas no Rio de Janeiro, únicas que podem legalmente proceder à revista corporal em mulheres, mas também pelo fato de estas serem muito menos paradas que os homens em abordagens a pé na rua.

- *Idade.* Pessoas mais jovens foram revistadas em proporções sensivelmente maiores do que as mais velhas. De 25 anos para cima, a ocorrência de revista variou em sentido inverso ao da faixa etária dos abordados.

Gráfico 9
Ocorrência de revista corporal na última experiência de abordagem, segundo faixa etária das pessoas abordadas

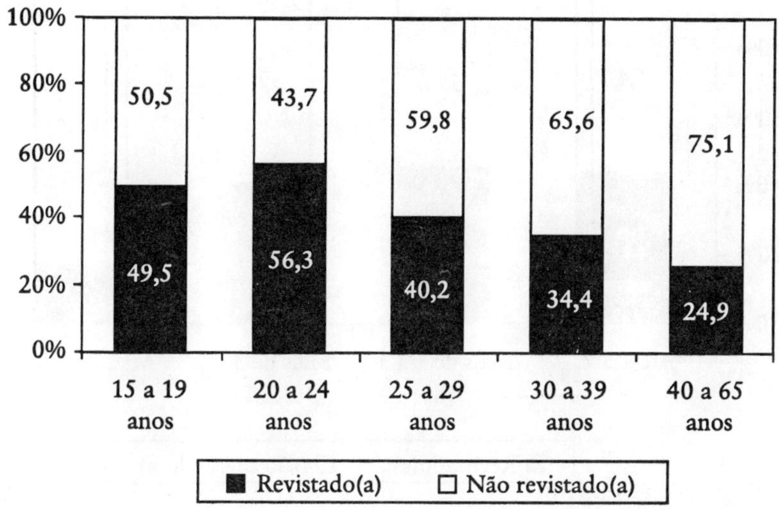

- *Escolaridade e renda.* Entre as pessoas com até quatro anos de estudo que foram paradas pela polícia, 44,8% foram revistadas, contra 21,6% das que tinham curso superior completo ou incompleto (12 anos ou mais de estudo). Variações análogas se verificaram em relação à renda: incidência de revista corporal muito menor na faixa superior de renda (acima de cinco salários mínimos) do que nas três faixas inferiores.

Gráfico 10
Ocorrência de revista corporal na última experiência de abordagem, segundo faixa de renda pessoal mensal das pessoas abordadas

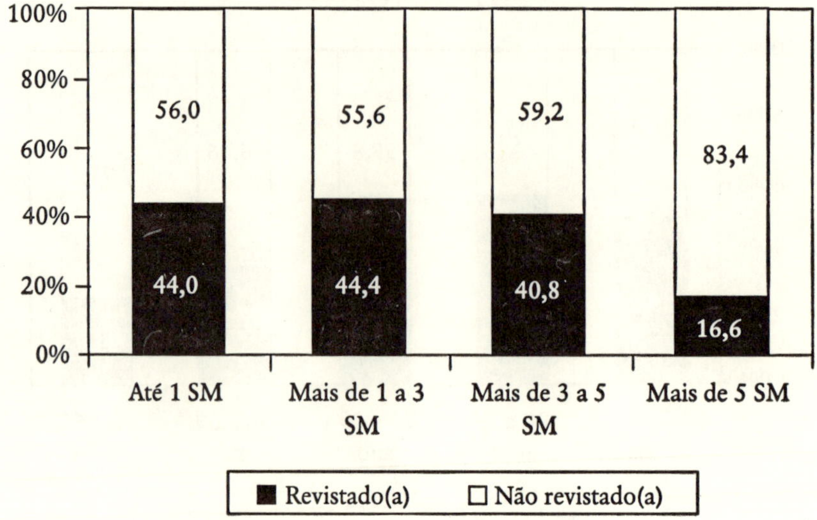

3.1.7 Policiais e viaturas

> P 17 e 18. Lembra quais foram as polícias responsáveis? Quantos policiais e quantas viaturas havia?

Em 91,7% dos casos relatados, a última abordagem fora realizada pela PM. Também se mencionaram, mas em pequenas proporções, a Polícia Civil (3,4% dos casos) e a Polícia Rodoviária (3,3%). Portanto, quando se fala em abordagem policial na cidade do Rio de Janeiro, está-se falando essencialmente da Polícia Militar.

Em 55,9% dos casos, os abordados se lembravam da presença de quatro ou mais policiais, o que é coerente com o fato de a última experiência descrita pela maioria ter sido a de abordagem em situação de blitz.

Na maior parte dos casos (55,3%), as pessoas paradas se lembravam de ter visto duas ou mais viaturas policiais envolvidas na abordagem, o que também se coaduna com a predominância da situação de blitz, sendo recomendação oficial da polícia o uso de pelo menos duas viaturas para esse procedimento.

3.1.8 Encaminhamento de ocorrências

P 19. Houve encaminhamento à delegacia?

Em apenas 1,9% das abordagens os entrevistados mencionaram o encaminhamento à delegacia. Isso revela, no mínimo, que as abordagens detectam pouquíssimos crimes, contravenções penais e outros tipos de ocorrências de encaminhamento obrigatório. Ou pode revelar que, mesmo essas categorias de ocorrências, e não só eventuais irregularidades do veículo, são majoritariamente "resolvidas no local", vale dizer, no próprio contexto da abordagem policial.

3.1.9 Violência, corrupção e intimidação

Embora a maior parte dos abordados dissesse não ter sofrido nenhum tipo de agressão ou coação na última experiência, é significativa a parcela dos que afirmaram o contrário. Em 6,5% dos casos houve ameaça ou intimidação; em 8% houve agressão física ou psicológica; em 9,7% a polícia apontou uma arma diretamente para o(a) entrevistado(a) ou para algum(a) acompanhante; em 11,3% houve extorsão ou tentativa de extorsão. Os resultados da pesquisa mostram que a ocorrência de alguns desses desvios policiais graves varia conforme o tipo de abordagem e segundo raça, sexo, idade, renda e escolaridade das pessoas paradas.

P 20. Houve ameaça ou intimidação?

- ***Gênero.*** Além de menos paradas e menos revistadas do que os homens, as mulheres, quando abordadas, parecem receber tratamento melhor por parte da polícia: enquanto 7,7% dos homens parados relataram ameaças ou intimidações, somente 2,9% das mulheres abordadas disseram ter passado por essa experiência.

- *Idade*. Os mais jovens são mais vítimas de intimidações que os mais velhos. Pessoas com idades de 15 a 29 anos, que representam 41,2% do total de pessoas paradas pela polícia, são 59,1% dos que dizem ter sofrido intimidação ou ameaça, enquanto as pessoas com 30 anos ou mais, 58,8% das paradas, são 40,9% das que reportaram esse tipo de abuso de poder por parte dos policiais.

- *Raça ou cor*. Se, no total dos abordados, 6,5% declararam ter sofrido ameaça ou intimidação durante a última experiência, essa proporção mais do que dobra entre os respondentes autodeclarados pretos (13,4%). Os pretos (que são 11% da população carioca e 10,8% dos parados pela polícia) representam 22,5% dos que afirmaram ter experimentado ameaças e intimidações. Ao mesmo tempo, é digno de nota o fato de os autodeclarados pardos relatarem ter sofrido ameaças em proporção menor que os brancos.

Gráfico 11
Ocorrência de ameaça ou intimidação na última experiência de abordagem, segundo raça ou cor das pessoas abordadas

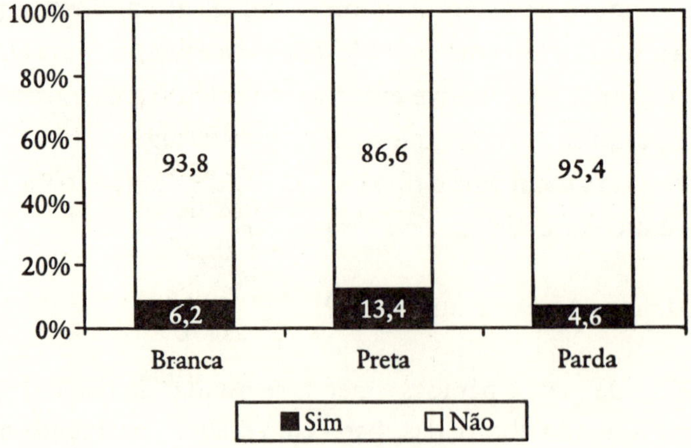

P 21. A polícia apontou diretamente uma arma para alguém durante a abordagem?

Das pessoas paradas, 9,7% afirmaram que a polícia apontou diretamente uma arma para o(a) entrevistado(a) ou algum(a) dos acompanhantes durante a abordagem. Entre os que têm entre 25 e 29 anos (14,9% dos que foram parados), 41,3% disseram que uma arma foi apontada.

P 22. Houve extorsão ou tentativa de extorsão?

No conjunto, 11,3% dos abordados reportaram a ocorrência de extorsão ou tentativa de extorsão por parte de policiais. Vale sublinhar as modalidades de abordagem nas quais houve extorsões consumadas ou tentadas em proporção superior ao peso da modalidade na amostra total: carro particular sem blitz (8,3% das pessoas paradas e 20,1% dos casos de extorsão); van ou Kombi (3,5% dos parados e 9,8% dos casos de extorsão); moto com ou sem blitz (5,7% dos parados e 15,1% dos casos de extorsão). Merece ainda registro o fato de *nenhuma* pessoa abordada em ônibus ou em bicicleta ter relatado extorsão ou tentativa de extorsão por parte dos policiais.

P 23. Houve agressões ou maus-tratos?

Do total de pessoas paradas, 3,7% disseram ter sofrido alguma agressão física (empurrão, tapa, soco, pontapé ou coronhada) e 12%, alguma agressão psicológica (xingamento ou humilhação) durante a última abordagem. Os jovens até 24 anos são as principais vítimas de agressões físicas e psicológicas: 16,9% dos adolescentes (15 a 19 anos de idade) que foram parados pela polícia relataram agressões físicas e 28,5% dos jovens de 20 a 24 anos, agressões psicológicas. Não obstante, também é digna de nota a parcela relativamente alta de pessoas mais velhas (30 anos ou mais) que reportaram agressões, sobretudo psicológicas, na última experiência de abordagem.

Gráfico 12
Ocorrência de agressão física ou psicológica na última experiência de abordagem, segundo faixa etária das pessoas abordadas

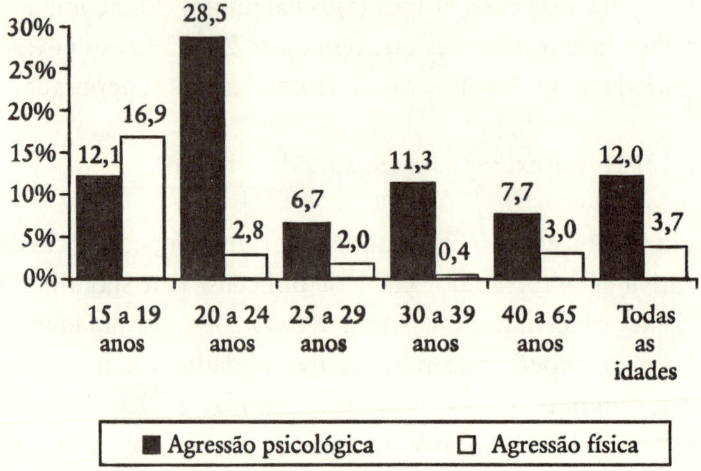

3.1.10 Avaliação do tratamento recebido

P 24. Como define o tratamento recebido nessa última abordagem?

Mais de ¾ das pessoas paradas pela polícia classificaram como *educado* ou *profissional* o tratamento recebido na última abordagem, quer dizer, avaliaram positivamente o comportamento dos policiais. Mesmo assim, não sendo as opções mutuamente excludentes, cerca de 1/3 das respostas (34%) continha avaliações negativas, definindo o tratamento recebido como relaxado, corrupto, preconceituoso/racista e/ou violento. É curiosa a superposição, em alguns casos, de juízos positivos e negativos, o que talvez indique que, nesses casos, as pessoas avaliaram comportamentos distintos de diferentes policiais envolvidos na abordagem, ou de um mesmo policial em relação a diferentes pessoas abordadas na mesma ocorrência.

Tabela 3
Avaliação do tratamento recebido da polícia na última experiência de abordagem

	%
Educado/profissional	77,0
Displicente/relaxado	10,5
Corrupto	9,4
Preconceituoso/racista	8,3
Violento	5,8

- *Raça ou cor.* As respostas apontando preconceito ou racismo variaram sensivelmente conforme a cor ou raça dos entrevistados: 23% dos pretos e apenas 5,4% de brancos definiram como preconceituoso ou racista o tratamento que haviam recebido da polícia durante a abordagem.

3.1.11 Por que eu?

P 25. Por que acha foi parado(a) pela polícia na última abordagem? [pergunta aberta]

As razões pelas quais os entrevistados pensam ter sido parados pela polícia expressam suas projeções a respeito dos critérios ou motivações policiais. Respondendo a pergunta aberta, 43,4% atribuíram espontaneamente a última abordagem ao simples fato de estarem passando pelo local no momento em que se realizava uma operação de rotina — percentagem, vale observar, bem menor que a do total de pessoas paradas em situação de blitz (61,5%). Vale notar também que mais da metade dos abordados atribuiu o fato a alguma razão especial, sendo que, em 13,5% dos casos, o motivo suposto se relacionava a características pessoais do(a) entrevistado(a) e/ou das pessoas que o(a) acompanhavam no momento da abordagem, como o fato de ser negro(a), jovem, pobre ou simplesmente por estar "malvestido(a)". Outras razões mencionadas foram local, horário, idade/aparência do veículo (curiosamente, alguns responderam que a polícia os parou porque o carro era novo; outros, porque o carro era velho) e tipo ou número de acompanhantes (por exemplo, um homem com várias mulheres no carro). Uma parcela reconheceu ter sido parada por estar cometendo alguma irregularidade ostensiva, como trafegar na contramão ou dirigir moto sem capacete, e outra afirmou que o motivo da abordagem foi praticar extorsão.

Gráfico 13
Motivo pelo qual pensa ter sido parado(a) pela polícia na última abordagem (agrupamento de respostas abertas, em%)

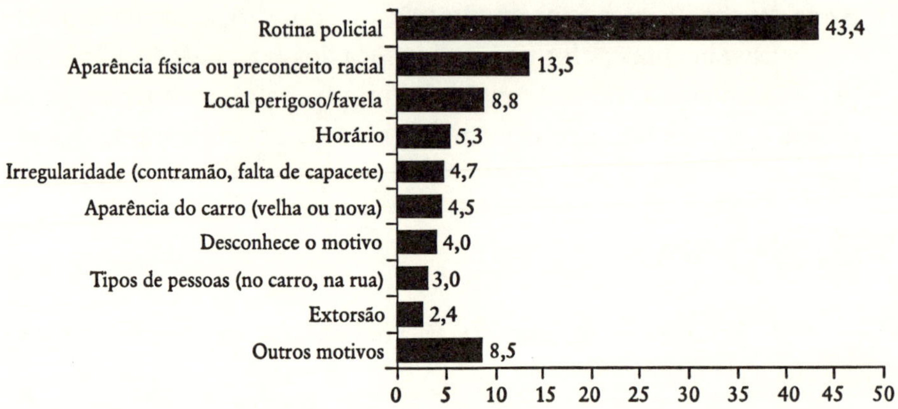

3.1.12 Freqüência de abordagens: quem é "freio de camburão"?

P 26. Quantas vezes lembra de ter sido parado(a) pela polícia?

Mais da metade dos que disseram ter sido parados alguma vez pela polícia se lembrava de apenas uma ou duas abordagens. Considerando que em 62,2% da amostra total as pessoas afirmaram *nunca* ter sido abordadas, pode-se dizer que, para a maioria da população carioca, essa não é uma experiência freqüente. Entretanto, não deixa de ser expressiva a parcela dos abordados que declarou ter tido várias experiências, chegando a mais de dez em 8,2% dos casos. Na gíria jovem, pessoas que a polícia pára muito freqüentemente são apelidadas de “freio de camburão”. A pesquisa sugere que o apelido se aplica sobretudo aos próprios jovens: aqueles com idade de 20 e 24 anos (que representam 14,9% do total de abordados pela polícia) são 32,3% dos que disseram já ter sido parados mais de dez vezes.

Gráfico 14
Freqüência das experiências de abordagem

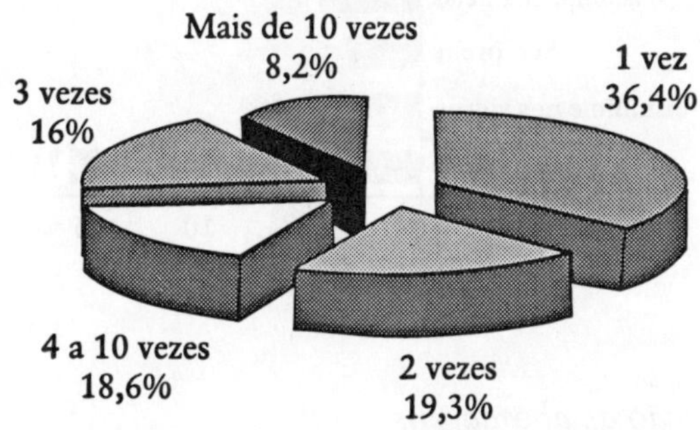

P 27. Por que acha que é parado(a) com tanta freqüência? [pergunta aberta só para os que foram parados mais de dez vezes]

Aos 8% de pessoas abordadas que disseram ter tido a experiência mais de dez vezes, perguntou-se a que atribuíam esse fenômeno. Destacam-se entre os motivos supostos: tipo ou aparência do veículo; exposição a situações em que a polícia costuma intervir (como, por exemplo, “freqüentar muito a *night*”) e o fato de ser negro(a). É expressiva também a parcela dos que consideraram mera rotina a alta incidência de abordagens, não lhe atribuindo nenhum motivo especial.

Gráfico 15
Motivo pelo qual pensa ter sido parado(a) mais de dez vezes pela polícia (agrupamento de respostas abertas, em %)

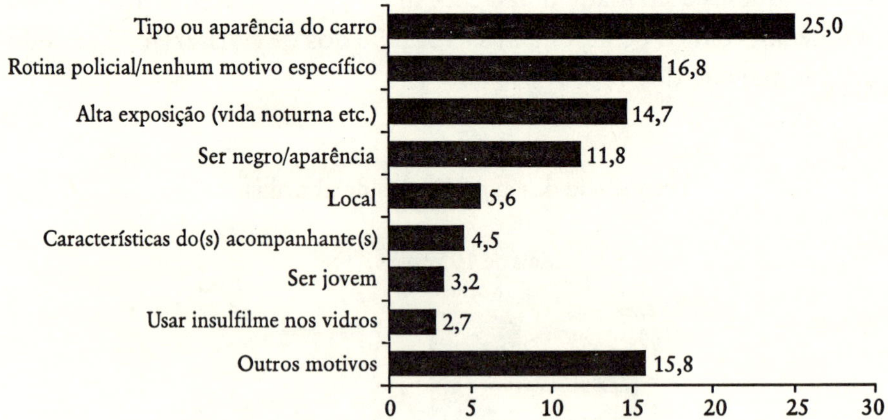

3.1.13 Comparação de abordagens

P 28 e 29. A última experiência de abordagem foi parecida com as anteriores? Houve outra experiência mais marcante de abordagem do que a última? Por que foi mais marcante? [pergunta aberta]

Como o detalhamento maior do questionário se referia apenas à ultima abordagem, incluíram-se algumas perguntas para identificar se, no caso dos parados mais de uma vez, os entrevistados consideravam a situação descrita em detalhes típica ou atípica em relação às experiências anteriores. A grande maioria (78,3%) considerou-a semelhante às outras, logo se pode dizer que as situações analisadas mais detalhadamente são bastante representativas da experiência da população carioca com abordagens policiais. Entre os que descreveram outra experiência de abordagem mais marcante que a última (18,3% dos parados mais de uma vez), a maior parte só rememorou fatos negativos ou mesmo traumáticos, tais como ter sido detido(a) ou considerado(a) suspeito(a), ter sofrido extorsão, agressão, humilhação ou intimidação e ter sido abordado(a) com uma arma.

Gráfico 16
Motivo pelo qual outra experiência de abordagem foi mais marcante que a última (agrupamento de respostas abertas, em %)

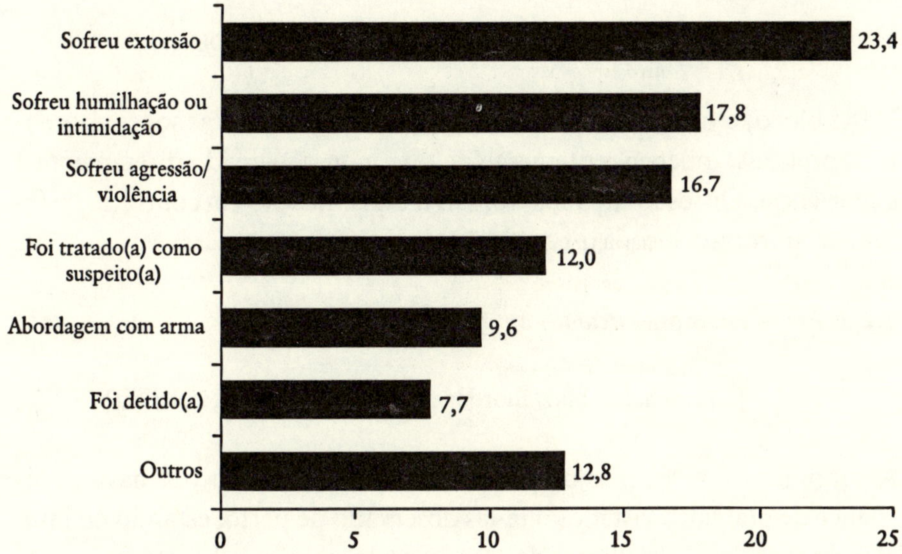

3.1.14 Existe abordagem boa?

P 31. Teve alguma experiência boa com a polícia em abordagens?

Como foi visto acima, mais de ¾ das pessoas paradas pela polícia consideraram *educado* ou *profissional* o tratamento recebido na última abordagem e 78,3% das paradas mais de uma vez consideraram a última experiência semelhante às anteriores. Mas, ainda assim, 88% do total de pessoas paradas disseram nunca ter tido nenhuma experiência boa com a polícia em situações de abordagem — o que sugere que, independentemente do tratamento dispensado pelos policiais, a experiência de ser parado(a), em si mesma, é considerada ruim pela maioria dos cariocas (raça, idade ou escolaridade não parecem influir significativamente nessa avaliação). Entre os 12% que reportaram boas experiências, as descrições abertas mencionavam educação, gentileza ou profissionalismo dos policiais, sentimento de segurança e obtenção de auxílio, conselho ou orientação.

3.2 OPINIÕES GERAIS SOBRE ABORDAGENS E BLITZES NA CIDADE

Neste bloco, o objetivo foi conhecer a opinião dos cariocas sobre abordagens policiais, independentemente de terem ou não vivido diretamente a experiência. Os resultados abaixo, salvo especificação em contrário, referem-se, portanto, a toda a população do município.

3.2.1 Abordagens presenciadas em transporte coletivo

P 34. Já presenciou blitz/abordagem em ônibus, trem, coletivo?

A pergunta foi restrita às blitzes em transporte coletivo por haver mais chance de o(a) entrevistado(a) tê-las observado de perto, estando no interior do veículo, e, portanto, de suas impressões não se basearem apenas em juízos genéricos.

Mais da metade dos entrevistados (56,7%) disse já ter presenciado abordagens policiais desse tipo — uma proporção bem superior à dos que já foram diretamente abordados pela polícia (37,8%). Isto pode indicar que um segmento importante das opiniões sobre as blitzes é informado pela experiência de ter visto uma abordagem em transporte coletivo, experiência que ocorreu em proporção maior entre os homens (65,5%) do que entre as mulheres da amostra (49,1%).

P 34a. Qual a impressão sobre a atitude da polícia nas abordagens policiais presenciadas em coletivos? [pergunta aberta]

Tal como no caso das experiências diretamente vividas, as opiniões sobre abordagens presenciadas são majoritariamente positivas ou neutras ("rotina", "impressão ótima ou boa" e "atitude profissional ou educada dos policiais"), mas também é importante a parcela de imagens desfavoráveis, como a impressão de despreparo ou grosseria da polícia e a percepção de atitudes racistas, intimidatórias ou violentas.

Gráfico 17
Impressão sobre abordagens policiais em coletivo, das pessoas que as presenciaram alguma vez (agrupamento de respostas abertas, em %)

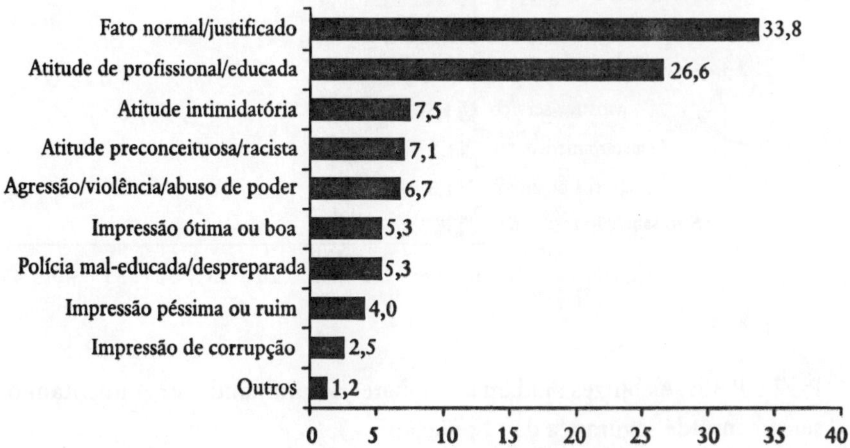

3.2.2 *Para que servem as blitzes?*

Aqui, a pergunta referia-se genericamente às abordagens policiais do tipo blitz, não apenas àquelas diretamente vividas ou presenciadas pelo(a) respondente. Para a grande maioria dos cariocas (77,5%), elas têm algum objetivo positivo, como combater ou prevenir a criminalidade, realizar apreensões, detectar irregularidades ou transmitir segurança à população. Segundo 13,2%, elas não têm nenhuma utilidade, só atrapalham o trânsito ou só servem para a polícia "mostrar serviço"; segundo 8,3%, o único objetivo das blitzes é extorquir dinheiro e, segundo uma pequena parcela dos entrevistados (1,1%), o objetivo seria amedrontar ou assustar (mas não se sabe se só os criminosos ou se toda a população).

P 35. As blitzes que a polícia faz na cidade servem para quê? [pergunta aberta]

Gráfico 18
Opiniões sobre objetivo das blitzes realizadas na cidade
(agrupamento de respostas abertas, em %)

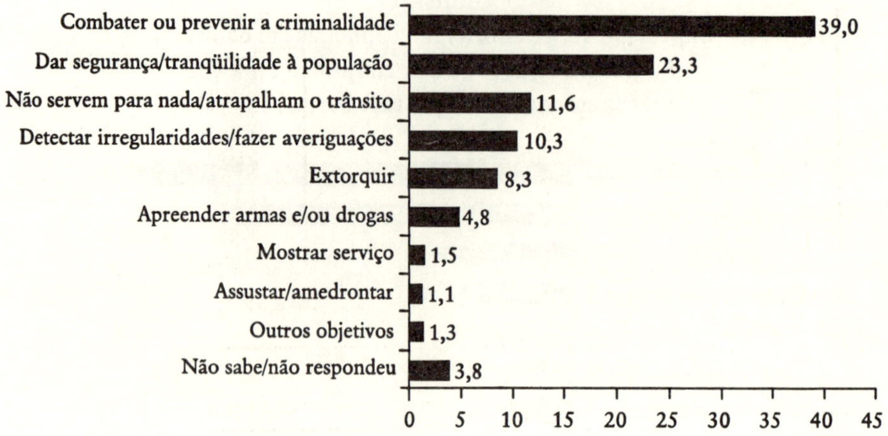

P 37 e P 38. As blitzes ajudam a combater a criminalidade? Aumentam o sentimento de segurança da população?

As respostas a essas duas perguntas fechadas e direcionadas confirmam de modo geral as opiniões abertas sobre objetivo/utilidade das blitzes. Grande parte dos cariocas expressa visões positivas: 64% acham que as blitzes feitas pela polícia ajudam a combater a criminalidade e 59%, que aumentam o sentimento de segurança da população. Há, porém, algumas variações importantes, especialmente nas faixas extremas de idade: entre os muito jovens (15 a 19 anos) a proporção de respostas favoráveis a ambas as perguntas é bem menor do que entre os mais velhos (50 a 65 anos).

Gráfico 19
Opiniões positivas sobre as blitzes realizadas na cidade, segundo faixa etária

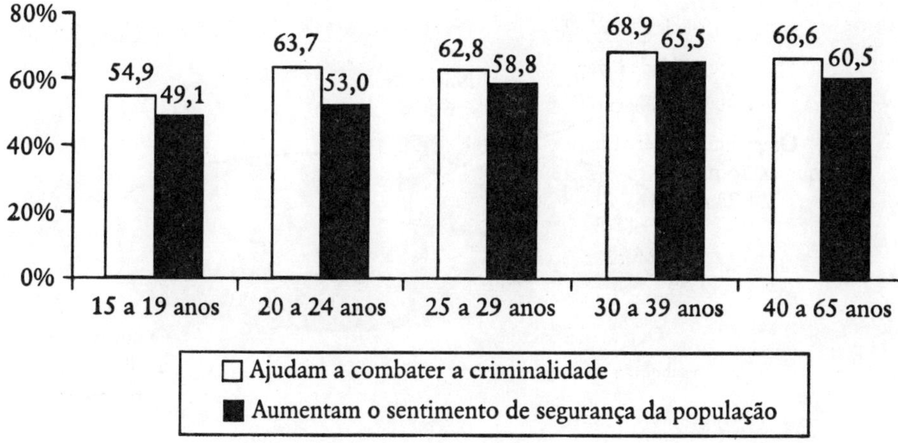

3.2.3 Quem manda? Quem decide?

Grande parte dos entrevistados acredita que os horários e locais das operações de abordagem do tipo blitz são determinadas pelos comandos dos batalhões, mas uma parcela expressiva atribui tais decisões aos policiais que estão nas ruas, vale dizer, supõe que elas não obedeçam a nenhum planejamento superior e centralizado.

P 36. Quem decide o local e o horário das blitzes?

Gráfico 20
Opiniões sobre quem determina locais e horários das blitzes

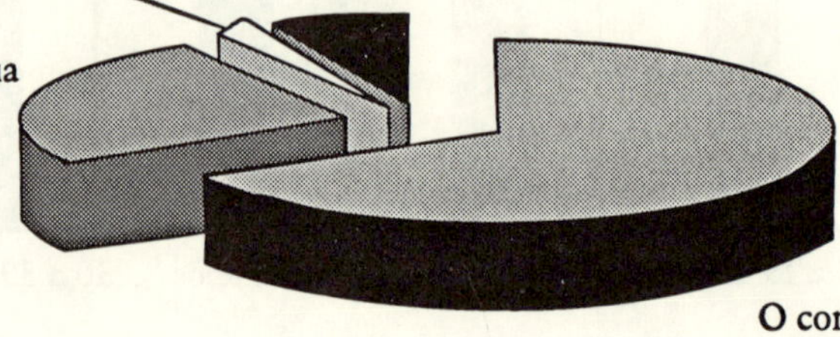

3.2.4 Quem a população pensa que a polícia pára mais?

Nas visões de senso comum, os homens, os jovens, os pobres e os negros são mais parados pela polícia do que as mulheres, os mais velhos, os ricos e os brancos. Vale notar, contudo, que as parcelas mais elevadas de respostas opinando que "tanto faz", ou seja, que não há diferença nas chances de ser abordado(a), se referem ao critério de raça ou cor e, em seguida, ao de classe social. É mais unânime, portanto, a idéia de que a polícia seleciona suspeitos por gênero e idade do que a noção de que ela aplica um filtro social ou racial — muito embora a maior parte da população acredite na existência, isolada ou combinada, dos quatro tipos de filtros.

Gráfico 21
Opiniões sobre segmentos mais freqüentemente abordados pela polícia

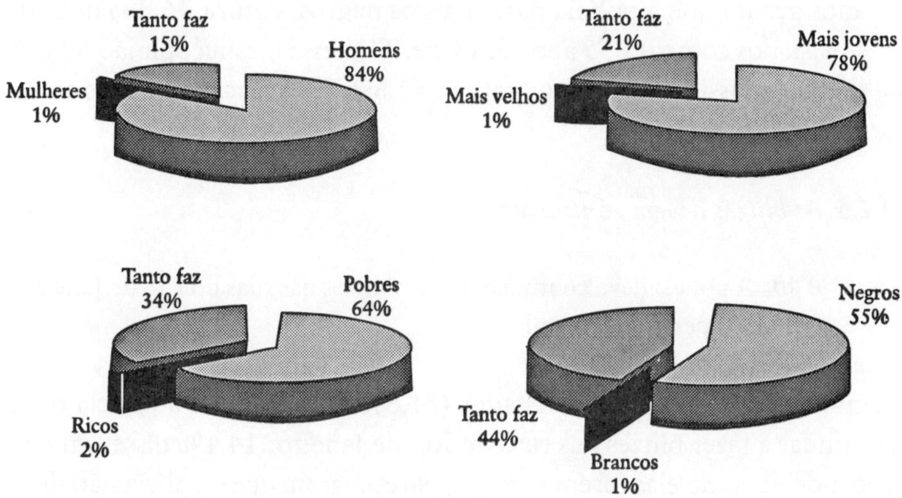

Além dos resultados gerais para essa pergunta, há algumas variações significativas por segmentos de entrevistados que vale a pena destacar:

- Em relação ao filtro de gênero, homens e mulheres acreditam na mesma proporção que a polícia pára mais os homens.
- Os jovens de 20 a 24 anos crêem em seletividade etária (ou seja, que a polícia pára mais os jovens) numa proporção maior do que as pessoas com 50 a 65 anos de idade (82,8% contra 72,9%).
- Quanto ao filtro social, encontra-se entre os muito jovens a maior parcela dos que acreditam que os pobres são mais parados (77,1%, contra 58,9% de pessoas na faixa etária de 50 a 65 anos). Em seguida, vêm os autoclassificados como pretos, 72,8% dos quais crêem na seletividade de classe, contra 60,8% dos autoclassificados como brancos.

- Quanto à seletividade racial, embora seja expressiva a diferença de opiniões entre entrevistados brancos e negros, a maior distância se verifica entre as faixas etárias extremas: 65,6% dos jovens de 15 a 19 anos acham que a polícia pára mais os negros, contra 46,3% dos entrevistados com 50 a 65 anos de idade. Têm essa mesma opinião 62,8% dos autoclassificados como pretos e 52,6% dos autoclassificados como brancos.

3.2.5 As blitzes devem continuar?

> P 40. A polícia deve continuar a fazer blitzes nas ruas do Rio de Janeiro? Por quê? [pergunta aberta]

A grande maioria dos entrevistados (71,6%) afirmou que a polícia deve continuar a fazer blitzes nas ruas do Rio de Janeiro; 14,1% disseram que depende de como elas forem feitas, 7,9% opinaram que a polícia não deve mais fazer blitzes e 6,4% ficaram em dúvida ou não responderam à pergunta. Nas justificativas abertas, 81,9% dos favoráveis à continuidade das blitzes mencionaram fatores tais como o alto nível de violência (41,6%), o medo da população (0,7%), o aumento de segurança (37,2%) e a detecção de irregularidades (2,5%). Entre os que responderam que as blitzes *não* deveriam continuar, as principais justificativas foram de que elas não adiantam nada, só servem para prejudicar ou desviam a polícia de outras tarefas mais importantes (57,5%). Alegou-se também, entre outros motivos, que a única intenção dos policiais é extorquir dinheiro (13,8%), que eles não têm competência para realizar blitzes ou não sabem tratar bem os cidadãos (8,2%) e que os abordados têm dificuldade de identificar se os abordantes são policiais ou bandidos (0,6%). Por sua vez, a parcela que respondeu "depende" apresentou uma extensa gama de justificativas, podendo-se identificar alguma concentração apenas em torno de dois condicionantes: (a) se as blitzes forem sérias e corretas, sem desvios, abusos ou corrupção (21,5%); (b) se forem mais bem organizadas e controladas, e com melhor preparo dos policiais (20,4%).

3.3 OUTRAS EXPERIÊNCIAS COM A POLÍCIA

3.3.1 Quais experiências e quem as tem?

Na amostra total, representativa da população carioca com idades entre 15 e 65 anos, 22,1% dos entrevistados disseram já ter tido *alguma* outra experiência com a polícia, que não abordagem nas ruas da cidade. Os tipos de experiências previstos no questionário eram amplos, diversificados e não-excludentes entre si, reservando-se ainda um campo aberto para a descrição de situações não previstas. Além de conhecer melhor as formas de contato da população carioca com a polícia — como possível fonte de opiniões e percepções não derivadas dos contextos de abordagem —, procurou-se identificar eventuais diferenças nos tipos de experiências vividos por distintos segmentos da população: brancos e negros, pobres e ricos, pessoas mais jovens e mais velhas.

> P 41. Já teve alguma(s) outra(s) experiência(s) com a polícia? [alternativas não-excludentes]

Alguns resultados surpreenderam. Tanto no conjunto dos entrevistados quanto em cada um dos segmentos raciais, a resposta de maior freqüência isolada foi "ser parente, amigo(a), ou conviver com policiais", seguida de "ter presenciado pessoalmente comportamento eficiente/correto/profissional de policiais". Em relação às demais alternativas, porém, a hierarquia de freqüências se diferenciou bastante por raça ou cor, como é possível observar na tabela 4.

Tabela 4

Distribuição, por raça ou cor e por tipo de experiência, das pessoas entrevistadas que disseram ter tido outra(s) experiência(s) com a polícia que não de abordagem (em %)

Tipo de experiência	Distribuição por raça ou cor				Distribuição por tipo de experiência*			
	Branca	Preta	Parda	Total	Branca	Preta	Parda	Total
Ser parente, amigo(a) ou conhecido(a) de policial(is)	60,6	8,7	30,6	100,0	27,1	22,7	26,0	27,1
Presenciar pessoalmente ação eficiente/correta de policiais	66,3	8,5	24,6	100,0	26,6	19,9	18,7	26,6
Ir à delegacia para dar queixa/registrar ocorrência	69,5	6,5	24,0	100,0	26,2	14,2	17,2	26,2
Presenciar comportamento desleixado ou indiferente de policiais	60,6	8,6	30,4	100,0	17,0	13,9	16,2	17,0
Presenciar agressão/violência de policiais	57,2	11,9	30,8	100,0	15,5	18,7	15,8	15,5
Ligar para o 190	68,0	6,8	25,2	100,0	17,5	10,2	12,3	17,5
Ter sua comunidade invadida pela polícia	48,8	11,9	39,0	100,0	11,8	16,6	17,9	11,8
Ir à delegacia, acompanhando outra pessoa	72,0	5,7	22,2	100,0	14,5	6,7	8,5	14,5
Ser intimado(a) a comparecer a um órgão policial	74,6	5,4	19,9	100,0	7,0	2,9	3,6	7,0
Ter parente ou amigo(a) preso(a) em delegacia ou quartel	60,1	11,8	27,1	100,0	5,7	6,5	4,9	5,7
Ter sua casa revistada	49,7	11,9	38,4	100,0	4,2	5,8	6,2	4,2
Chamar a polícia, em caso de crime ou ameaça	71,0	6,1	22,9	100,0	5,6	2,8	3,4	5,6
Ficar detido(a) em delegacia ou quartel	66,8	8,0	25,2	100,0	1,7	1,2	1,2	1,7
Ter sido parado(a) em aeroporto	86,0	5,5	8,5	100,0	2,1	0,8	0,4	2,1
Fazer parte da polícia	56,6	5,8	37,6	100,0	1,1	0,7	1,4	1,1
Outra	82,3	17,7	—	100,0	0,1	0,2	0,0	0,1
Nenhuma	56,0	11,3	31,7	100,0	36,3	42,5	39,1	36,3

*Na distribuição por tipo de experiência (quatro últimas colunas), os totais verticais superam 100%, visto que as alternativas não são mutuamente excludentes.

De forma mais sintética, agregando alguns tipos de experiências e considerando apenas dois segmentos raciais (brancos e negros — estes últimos correspondendo à soma de pretos e pardos), o gráfico 22 permite visualizar a sobre-representação dos brancos em todas as formas de contato selecionadas, excetuando-se apenas três situações: "ter sua casa ou comunidade invadida pela polícia", "fazer parte da polícia" e "presenciar pessoalmente agressão/violência policial". Vale destacar ainda que os brancos estão fortemente sobre-representados nas experiências que envolvem *iniciativa própria* de procurar a polícia, como "ir à delegacia para dar queixa/registrar ocorrência ou acompanhar alguém" e "chamar a polícia em caso de crime ou ameaça". São também esmagadora maioria dos que dizem já ter sido parados em aeroportos, certamente porque usam transporte aéreo muito mais freqüentemente que os pretos e pardos, e dos que afirmam já ter sido intimados a comparecer a um órgão policial, seja como vítimas, suspeitos ou testemunhas.

Gráfico 22

Distribuição por raça ou cor da população carioca e das pessoas entrevistadas que disseram ter tido outras experiências com a polícia que não de abordagem, segundo tipo de experiência

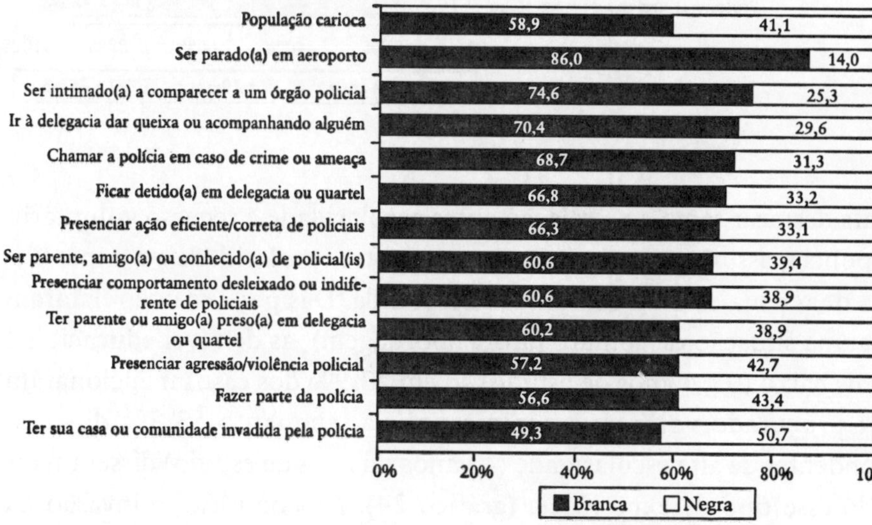

No que se refere ao recorte etário, o gráfico 23 seleciona algumas situações com freqüências mais significativas e mostra uma sobre-representação dos jovens de 20 a 29 anos em todos os tipos de experiências, exceto ir voluntariamente à delegacia. Mostra ainda uma ligeira sobre-representação dos adolescentes (15 a 19 anos) nas três experiências negativas que constam do gráfico: ter parente ou amigo preso, ter casa ou comunidade invadida e presenciar violência ou agressão policial.

Gráfico 23
Distribuição por faixas etárias da população carioca e das pessoas entrevistadas que disseram ter tido outras experiências com a polícia que não de abordagem, segundo tipo de experiência

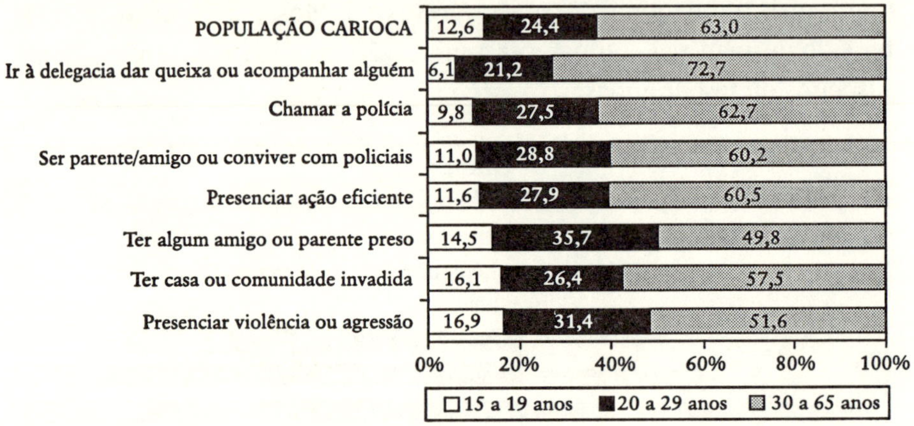

Vale destacar também a relação entre escolaridade e recurso voluntário à polícia, assim como a relação inversa entre escolaridade e a experiência de ter sua casa ou comunidade invadida. Das pessoas que relataram alguma situação de contato (afora abordagem), as de nível educacional mais baixo (0 a 4 anos de estudo) só em 23,9% dos casos mencionaram ter procurado voluntariamente a polícia, enquanto 53,8% dos respondentes de alta escolaridade (12 anos ou mais de estudo) disseram ter tido esse tipo de experiência (gráfico 24). Ao contrário, a invasão da própria casa ou comunidade foi relatada em proporção bem maior entre os de escolaridade mais baixa do que entre os de alto nível de instrução formal (Gráfico 25).

Gráfico 24
Pessoas que disseram ter recorrido voluntariamente à polícia, segundo anos de estudo

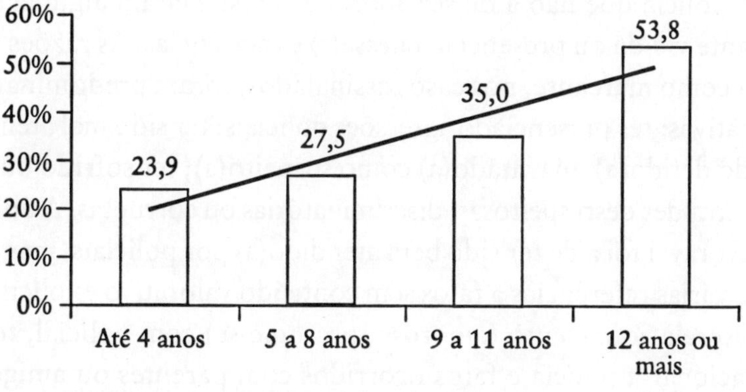

*Recorrer voluntariamente à polícia = ligar para 190 + chamar a polícia em caso de crime ou ameaça + ir à delegacia registrar ocorrência ou acompanhar alguém.

Gráfico 25
Pessoas que disseram ter tido sua casa ou comunidade invadida pela polícia, segundo anos de estudo

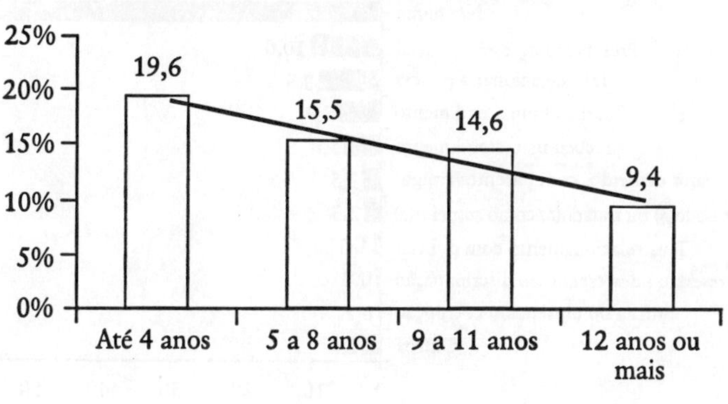

3.3.2 *Situação marcante*

P 42. Descreva a experiência mais marcante com a polícia (exceto abordagem/blitz) [pergunta aberta]

Pouco mais de 1/3 dos que afirmaram ter tido outra(s) experiência(s) com a polícia que não a de ser abordados assinalaram alguma situação marcante vivida ou presenciada nessa(s) experiências. As razões para defini-la como marcante, nos casos assinalados, foram predominantemente negativas: ter presenciado agressões policiais; ter sido mal atendido(a); ter sido detido(a) ou tratado(a) como suspeito(a); ter sofrido ou presenciado atitudes desrespeitosas, discriminatórias ou corruptas. A única menção favorável foi a de ter sido bem atendido(a) por policiais, mas também houve várias referências a fatos sem conteúdo valorativo explícito, como ter tido relacionamento (amoroso, presume-se) com policial, ter precisado acionar a polícia e fatos ocorridos com parentes ou amigos do(a) entrevistado(a).

Gráfico 26
Experiência marcante com a polícia, exceto em abordagem, segundo tipo de experiência (agrupamento de respostas abertas, em %)

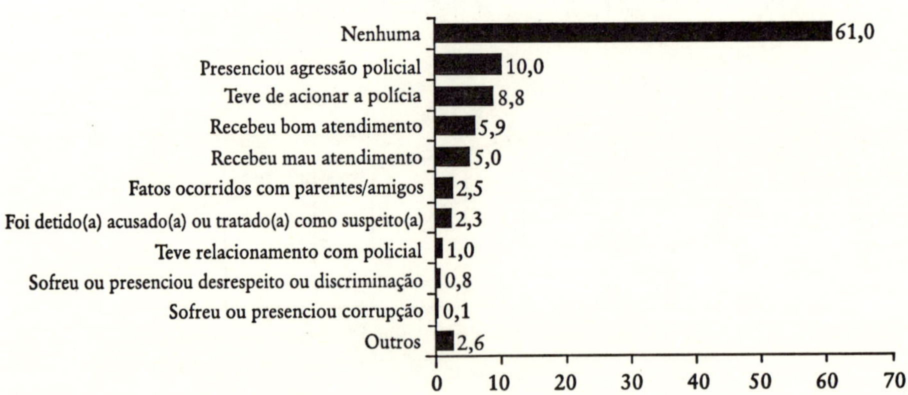

3.3.3 Pessoas próximas: experiências boas e ruins

Nesta parte do questionário, o objetivo era captar a informação do(a) entrevistado(a) sobre experiências com a polícia vividas por pessoas do seu entorno imediato — parentes, amigos ou vizinhos —, que, conforme pesquisas internacionais têm mostrado, são uma fonte importante das percepções genéricas que os indivíduos constroem sobre a polícia, algumas vezes mais importante até do que as situações experimentadas diretamente pelos próprios indivíduos. A grande maioria dos nossos entrevistados, porém, disse que nenhuma pessoa próxima tivera alguma experiência, boa ou ruim, com a polícia, ou afirmou desconhecer ambos os fatos.

> P 43 e 44. Algum parente, amigo(a) ou vizinho(a) já teve experiência ruim com a polícia? Cite uma. [pergunta aberta] Experiência boa? Cite uma. [pergunta aberta]

Coincidência ou não, a proporção de respostas negativas, tanto para experiências boas quanto para ruins, é bastante semelhante à de pessoas que declararam nunca ter sido diretamente abordadas pela polícia (62,2%). Mas o que há de mais relevante a sublinhar é que a percentagem de respostas "sim" para experiências ruins ultrapassa muito a da mesma resposta para experiências boas — numa indicação de que as situações ruins são mais freqüentemente registradas ou memorizadas que as boas, quando ocorrem com membros do círculo primário de relações.

Gráfico 27
Informação sobre parentes, amigos ou vizinhos do(a) entrevistado(a) que tiveram ou não alguma experiência boa e alguma experiência ruim com a polícia

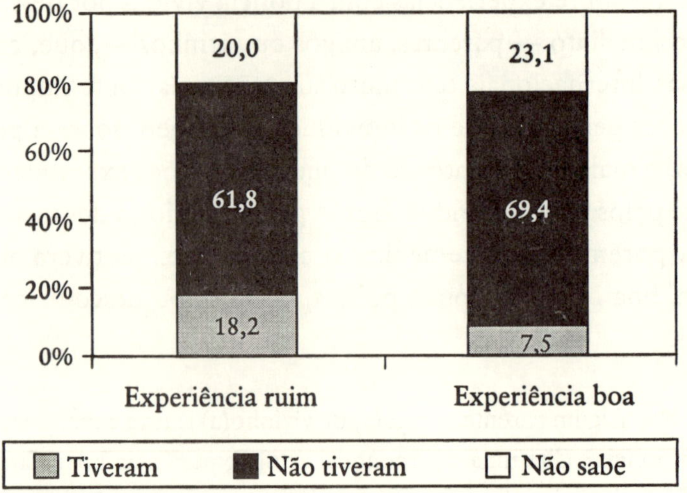

Gráfico 28
Experiência ruim com a polícia vivida por algum(a) parente, amigo(a) ou vizinho(a) do(a) entrevistado(a) (agrupamento de respostas abertas, em %)

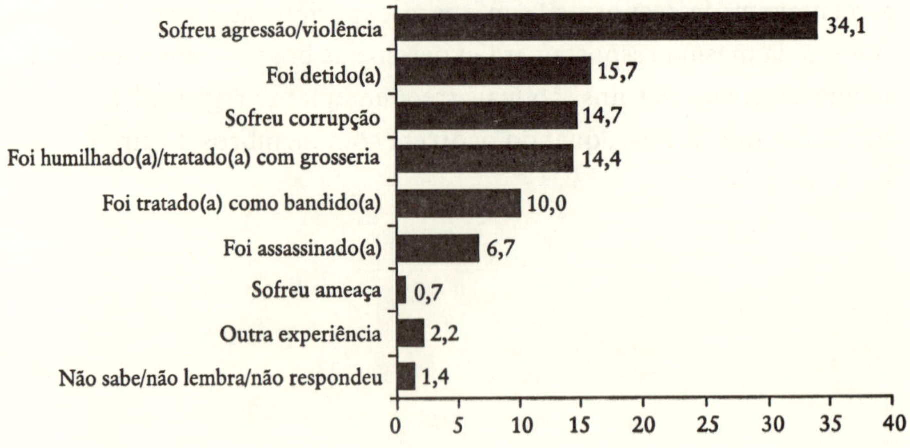

A experiência ruim relatada referia-se em maiores proporções a algum(a) amigo(a) ou vizinho(a) (53,6%), parente distante (24,6%) ou parente próximo(a) (15,6%), havendo menção também a cônjuge ou namorado(a) (3,6%). Por sua vez, entre as poucas menções a experiências boas, destacaram-se: segurança (44%) e obtenção de algum tipo de auxílio da polícia — ajuda, conselho, orientação ou mediação (37,6%) —, sendo também citado o atendimento bom/gentil por parte de policiais (10,8%). Essas experiências positivas haviam sido vividas sobretudo por amigos (50,2%) e parentes próximos (21,7%) ou distantes (15,5%) dos entrevistados.

3.3.4 *Denunciar abusos policiais?*

> P 46. Já apresentou queixa ou denúncia contra policiais?

Embora uma parcela razoável da amostra tenha relatado casos de violência policial, corrupção, discriminação e abuso de poder diretamente sofridos ou testemunhados, ou vividos por pessoas próximas, foi ínfima a percentagem (0,2% da amostra total) dos que disseram já ter apresentado alguma queixa contra policiais, seja à própria polícia, à ouvidoria, às corregedorias, ao Disque-Denúncia ou a qualquer outro órgão. A pergunta continha uma opção explícita de não-resposta para aqueles que preferissem manter sigilo sobre esse assunto. Logo, os 98,7% de negativas devem refletir bem de perto a realidade: pouquíssimas pessoas, no Rio de Janeiro, dispõem-se a correr o risco de denunciar abusos cometidos por policiais.

3.3.5 *Imagens na mídia*

> P 45. Lembra-se de ter visto, na televisão ou em fotos de jornais, imagens negativas (de corrupção ou violência) envolvendo polícia no Rio de Janeiro? Que imagens? [pergunta aberta]

Uma outra modalidade de "experiência" com a polícia que o levantamento focalizou foi a visualização de imagens negativas divulgadas na televisão ou em fotos de jornais. Explorar a fundo a influência da mídia na construção de percepções sobre a polícia demandaria uma pesquisa à parte. Quis-se apenas verificar, com a pergunta, se havia cenas visuais presentes na memória dos entrevistados à época da aplicação do questionário e quais dessas cenas seriam espontaneamente lembradas. Mais da metade (58,9%) das pessoas ouvidas afirmou lembrar-se de alguma imagem negativa vista em jornais ou na TV. Dessa parcela, 58,6% fizeram menção espontânea a alguma situação específica, incluindo desde casos noticiados havia muito pouco tempo, como a fuga do seqüestrador "Sussuquinha" pela porta da frente de um quartel da PM, até fatos ocorridos dez anos antes, como os massacres da Candelária e de Vigário Geral. Isoladamente, o caso com maior freqüência de citações foi o de Cidade de Deus (ver boxe a seguir), talvez porque a recente divulgação do filme de mesmo nome, candidato ao Oscar em 2004, tenha reavivado na memória dos cariocas as cenas chocantes de espancamento e humilhação veiculadas pela mídia em 1997. Mas nem só de episódios emblemáticos parece alimentar-se o repertório carioca de imagens negativas da polícia: em pouco menos de 1/3 das respostas, as lembranças visuais referiam-se a cenas anônimas de violência, corrupção ou envolvimento de policiais com o crime.

Gráfico 29

Cenas mencionadas pelos entrevistados que lembram ter visto imagens negativas da polícia em fotos de jornal ou na televisão (agrupamento de respostas abertas, em %)

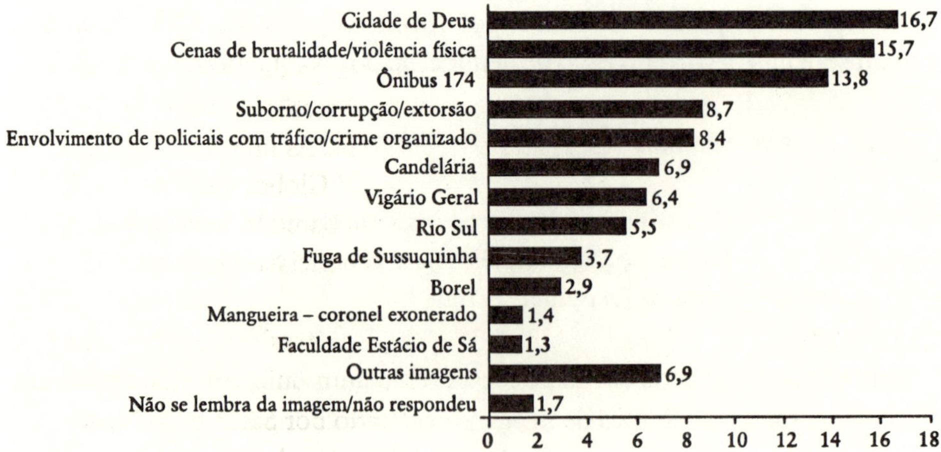

Lembrando os episódios mencionados:

Candelária:	Em 23 de julho de 1993, um grupo de policiais militares abriu fogo contra mais de cinqüenta crianças e adolescentes que dormiam sob as marquises nas imediações da Igreja da Candelária. Oito morreram e dois ficaram gravemente feridos.
Vigário Geral:	No dia 29 de agosto de 1993, 21 pessoas foram brutalmente assassinadas no episódio que ficou conhecido como a chacina de Vigário Geral. As investigações indicaram que os assassinos eram cerca de cinqüenta policiais militares e civis encapuzados, que mataram em represália pela morte de quatro policiais militares, atribuídas a traficantes do local.
Rio Sul:	Após praticar um assalto, Cristiano Mesquita de Melo foi morto a tiros por um cabo da Polícia Militar quando já estava rendido e deitado no chão da área externa do *shopping center* Rio-Sul, no Rio de Janeiro, em 4 de março de 1995. A execução foi filmada e transmitida por redes de televisão nacionais e internacionais.
Cidade de Deus:	Na madrugada de 23 de março de 1997, um cinegrafista amador filmou uma sessão de espancamento no bairro Cidade de Deus. As imagens, exibidas pelo *Jornal Nacional*, da TV Globo, mostravam 12 moradores encostados a um paredão, sendo agredidos e humilhados por seis policiais militares.
Ônibus 174:	Em 12 de junho de 2000, o país assistiu ao vivo, pela televisão, ao seqüestro de um ônibus na Zona Sul do Rio de Janeiro, praticado por Sandro do Nascimento, sobrevivente da chacina da Candelária. De-

pois de quatro horas, Sandro se rendeu e desceu do ônibus com uma das reféns, Geisa Gonçalves, de 20 anos, sob a mira do revólver. Um policial do Bope atirou, errando o alvo e provocando a morte de Geisa. Sandro foi estrangulado por policiais dentro da viatura onde seria conduzido preso.

Borel: Em 16 de abril de 2003, quatro jovens — Thiago da Costa Correia da Silva, Carlos Magno de Oliveira Nascimento, Everson Gonçalves Silote e Carlos Alberto da Silva Pereira — foram mortos durante uma operação da Polícia Militar na comunidade do Borel, Rio de Janeiro. A PM alegou tratar-se de traficantes que haviam reagido à prisão, mas essa versão foi desmentida por moradores e por investigação realizada pela Polícia Federal.

Faculdade Estácio de Sá: Em 5 de maio de 2003, Luciana Gonçalves de Novaes, aluna de enfermagem da Universidade Estácio de Sá, foi atingida por uma bala perdida no *campus* da Universidade, no bairro do Rio Comprido. Luciana ficou tetraplégica em conseqüência do tiro, partido possivelmente da polícia.

Mangueira: Em 11 de maio de 2003, o tenente-coronel Erir Ribeiro da Costa Filho, então comandante do 4º BPM (São Cristóvão), foi exonerado e detido por ter denunciado que o secretário estadual dos esportes, Francisco de Carvalho, pedira uma trégua no combate ao tráfico na Mangueira.

Caso Sussuquinha: Em 29 de maio de 2003, o seqüestrador Cláudio Roberto Pacheco, vulgo Sussuquinha, fugiu pela porta da frente do Batalhão de Choque, no centro da cidade, onde estava preso.

3.4 NEM ÓDIO NEM AMOR: UMA POLÍCIA QUE "PASSA RASPANDO"

Neste módulo do questionário, o objetivo era captar impressões, percepções e avaliações sobre a polícia, independentemente das experiências vividas, presenciadas ou conhecidas pelos entrevistados. As perguntas iniciais referiam-se à polícia em geral, não especificando instituição nem localização ou nacionalidade, logo as respostas não são interpretáveis necessariamente como elogios ou críticas às polícias do Rio de Janeiro. Nas perguntas seguintes, foram explicitadas algumas forças de segurança e, por fim, pediu-se que os respondentes avaliassem especificamente a Polícia Militar fluminense.

3.4.1 Primeiros pensamentos

> P 50. Qual a primeira idéia que lhe vem à cabeça quando pensa em polícia? [pergunta aberta]

Apesar de a resposta de maior freqüência ter associado ao pensamento sobre polícia idéias como segurança ou confiança (36,4%), prevaleceram no agregado imagens negativas: medo ou pavor, corrupção, insegurança, desconfiança, despreparo, violência etc. (57,2%).

Gráfico 30
Primeira idéia que os entrevistados associam à polícia
(agrupamento de respostas abertas, em %)

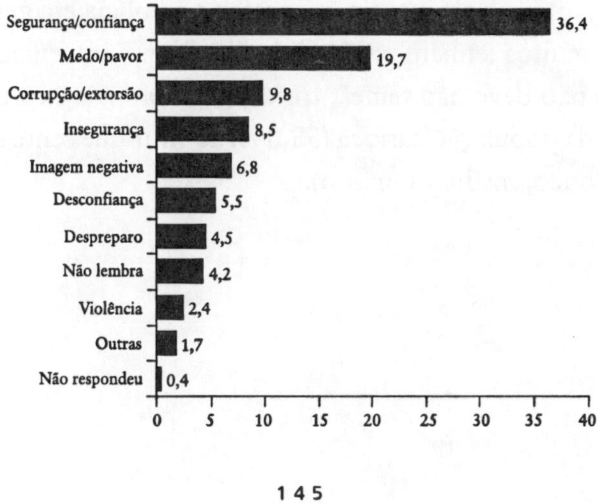

Gráfico 31
Primeira idéia que os entrevistados associam à polícia

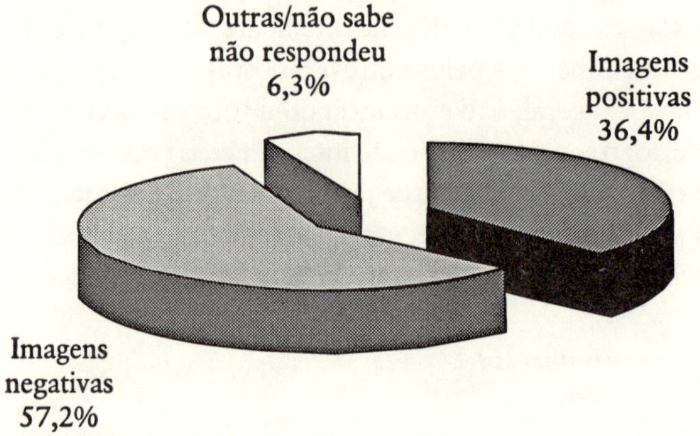

3.4.2 Medo e confiança

P 51. Tem muito, médio, pouco ou nenhum medo da polícia?

Em relação ao temor, a freqüência mais alta de respostas é dos que afirmam não ter *nenhum* medo da polícia, mas numa proporção quase idêntica à soma dos que dizem ter *muito* (14,5%) ou *médio* (27,4%) medo. Como a pergunta — vale insistir — se referia à polícia em geral e como é possível que muitos tenham respondido "nenhum" informados pela máxima "quem não deve não teme", torna-se ainda mais expressivo o fato de a maioria da população carioca (58,8%) admitir que sente *algum* medo da polícia (pouco, médio ou muito).

Gráfico 32
Medo da polícia

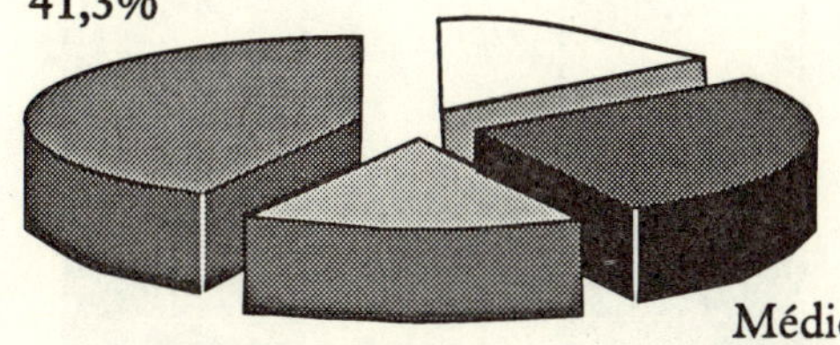

Não há diferenças raciais notáveis entre os que dizem temer e os que dizem não temer a polícia, mas há nítidas diferenças por gênero e idade. Mulheres têm menos medo que os homens. Jovens de 15 a 19 anos são os que têm maior percentagem de respostas "muito medo" (18%); pessoas entre 50 e 65 anos são as que mais responderam "nenhum" (50,6%); 30 a 39 anos é a faixa com mais respostas "médio medo" (33,5%) e 20 a 24, com mais respostas "pouco medo" (24,8%). Também se podem observar variações por renda: os que ganham até um salário mínimo apresentam 61% de respostas indicativas de algum temor (muito, médio ou pouco), além da maior percentagem de respostas "muito medo" (18,9%). Já as mais altas freqüências de respostas "nenhum medo" estão nas faixas superiores de renda, particularmente na de três a cinco salários mínimos, com 48,9% (não consideramos o grupo sem nenhum rendimento, pois ele inclui, provavelmente, uma parcela de donas de casa e estudantes de classe média, o que distorce a distribuição pelo critério econômico). Nota-se ainda uma incidência maior na faixa inferior de escolaridade (zero a quatro anos de estudo) de respostas indicando algum temor em relação à polícia.

Gráfico 33
Medo da polícia segundo o sexo

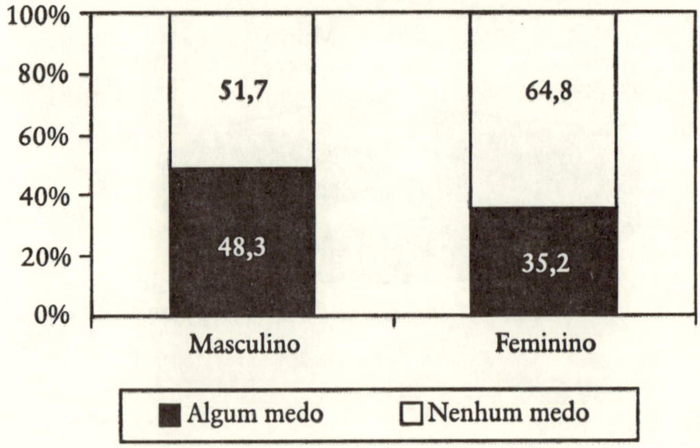

Gráfico 34
Medo da polícia segundo faixa etária

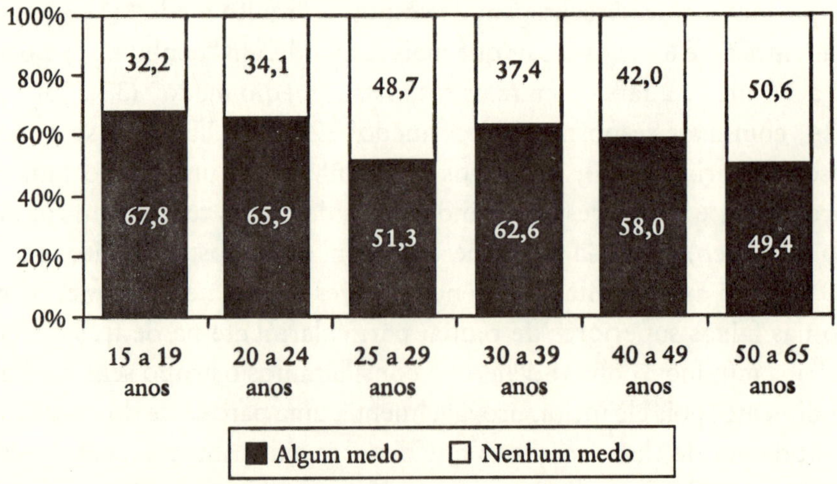

Gráfico 35
Medo da polícia segundo anos de estudo

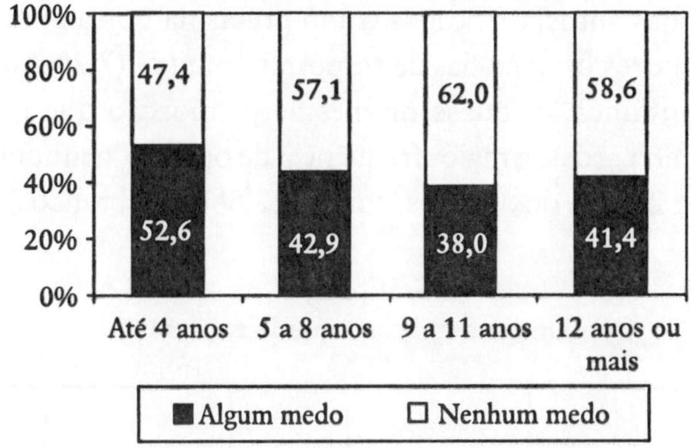

P 52. Tem muita, média, pouca ou nenhuma confiança na polícia?

Aparentemente, medo e confiança não se excluem de todo, já que a população carioca, no momento da pesquisa, exibia um grau razoável de confiança na polícia — com a soma das respostas "muita" e "média" (52,9%) ultrapassando a soma de "pouca" e "nenhuma" (47,1%). As respostas variam bastante, contudo, por raça, faixa etária, escolaridade e renda. Também é importante lembrar, mais uma vez, que a pergunta se referia à polícia em geral, não à polícia do Rio de Janeiro, nem a alguma instituição policial específica.

Gráfico 36
Confiança na polícia

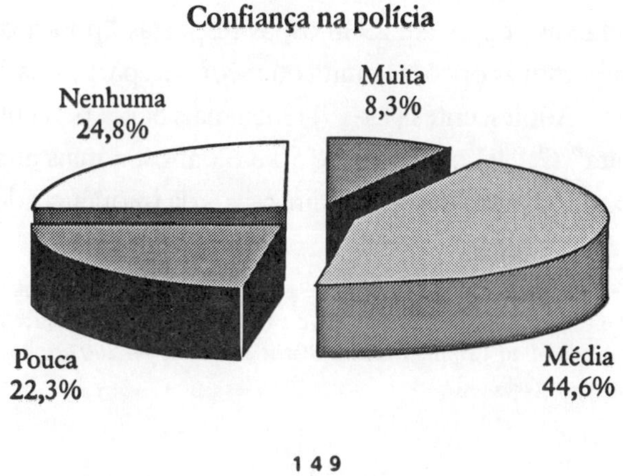

- *Raça ou cor.* Confirmando resultados de pesquisas anteriores no Brasil e nos EUA,[24] observa-se aqui também alguma influência da variável racial: as pessoas autoclassificadas como pretas na nossa amostra são as que têm menores freqüências de respostas "muita" (7,2%) ou "média" (40,9%) confiança, e, quase na mesma proporção que as autoclassificadas como pardas, a maior freqüência de opções "nenhuma" (27,9% dos pretos e 27,5% dos pardos, contra 22,8% dos brancos).

Gráfico 37

Confiança na polícia segundo raça ou cor

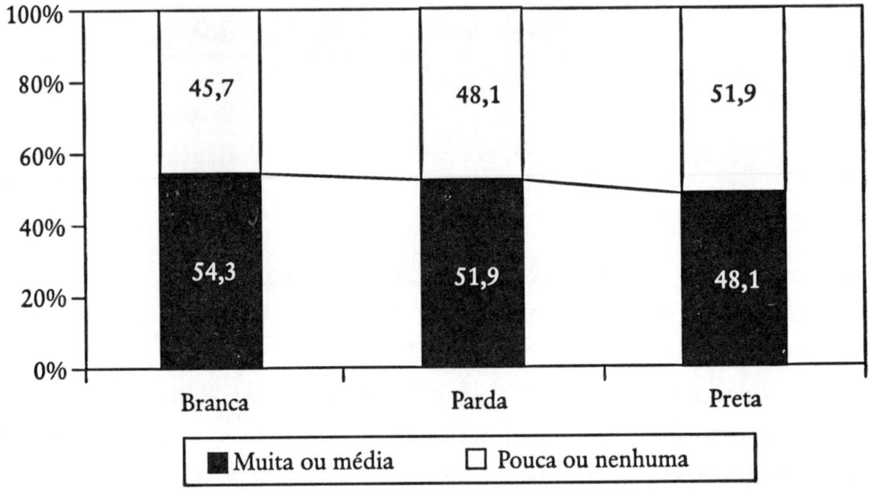

- *Idade.* Nas faixas etárias até 29 anos, as respostas "pouca ou nenhuma" confiança superam as opções "muita ou média"; a partir dos 30, essa situação se inverte. Adolescentes (15-19) têm a mais baixa percentagem de respostas "muita" (2,9%) e pessoas de 50 a 65 anos, a mais alta (16,7%) — ambos os extremos com desvios significativos da freqüência de "muita con-

[24]Ver, por exemplo, Tulio Kahn, "Os negros e a polícia: recuperando a confiança mútua". São Paulo, *Boletim Conjuntura Criminal*, nº 7, s/d e U.S. Department of Justice/Bureau of Justice Statistics. *Sourcebook of Criminal Justice Statistics Online — 2002*, tabela T-216. [http://www.albany.edu/sourcebook].

fiança" registrada na população como um todo (8,3%). Embora com distâncias menores, são os jovens de 20 a 24 anos que respondem "nenhuma" com *mais* freqüência (32%, contra 24,8% na média) e são os mais velhos (50-65 anos) que dão a mesma resposta com *menos* freqüência (20,7%).

Gráfico 38
Confiança na polícia segundo faixa etária

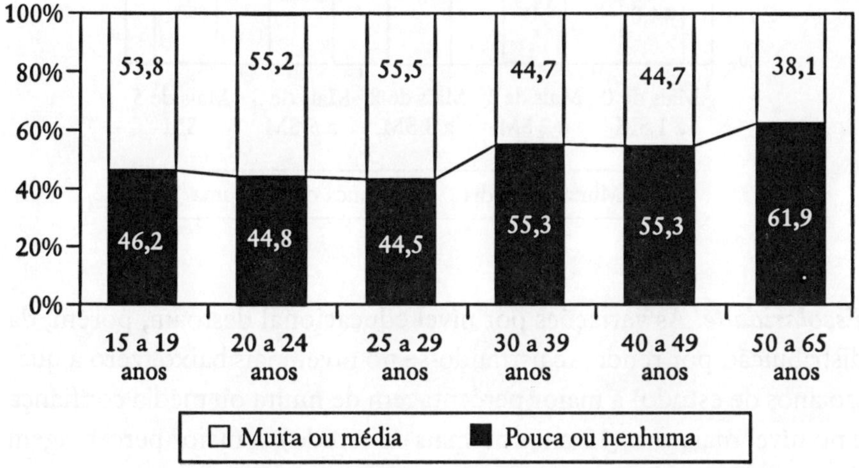

• *Renda.* Já a variação por renda tem um comportamento diferente das variações por idade: a confiança aumenta do nível mais baixo até o nível intermediário (dois a três salários mínimos), decrescendo a partir daí (pelas razões expostas acima, desconsiderou-se o grupo sem rendimento). As faixas de três a cinco e de dois a três salários mínimos são as que apresentam maiores freqüências de respostas "*muita* confiança" (respectivamente 11,2% e 10,9%), enquanto nas faixas extremas (até um salário mínimo e acima de cinco salários mínimos) estão as maiores proporções dos que dizem não ter *nenhuma* confiança na polícia (respectivamente, 26,1 e 26,2%). Isso leva a pensar que o descrédito provém de fontes variadas: talvez, no caso dos mais pobres, a experiência cotidiana e, no caso dos "ricos", o noticiário da mídia.

Gráfico 39
Confiança na polícia segundo faixa de renda pessoal mensal

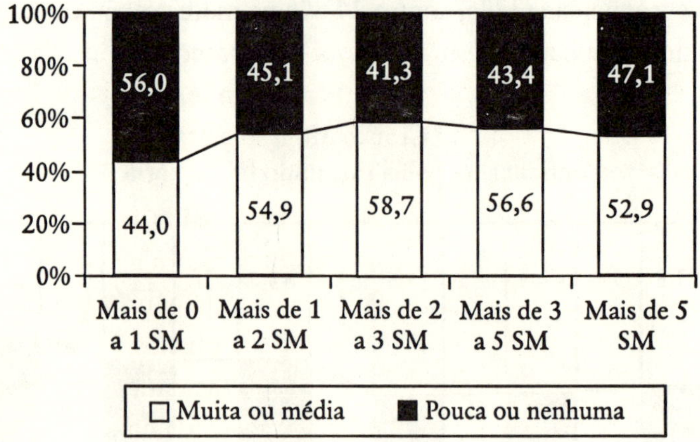

• *Escolaridade.* As variações por nível educacional destoam, porém, da distribuição por renda, registrando-se no nível mais baixo (zero a quatro anos de estudo) a maior percentagem de muita ou média confiança e no nível mais alto (12 anos ou mais de estudo), a maior percentagem de pouca ou nenhuma.

Gráfico 40
Confiança na polícia segundo nível de escolaridade

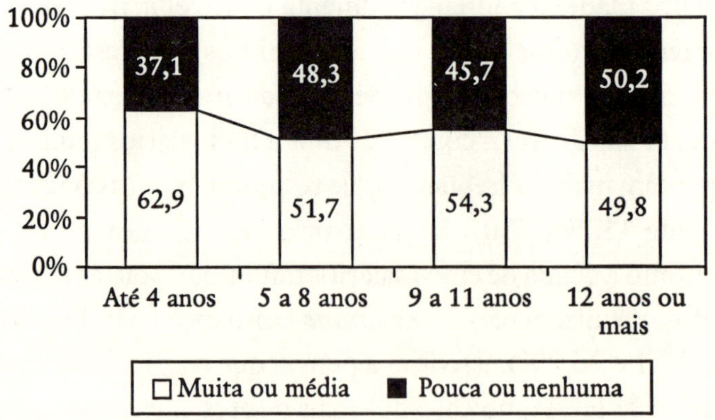

3.4.3 *Notas para as forças de segurança*

Pediu-se aos entrevistados que atribuíssem notas de zero a dez a cada uma das sete forças de segurança enumeradas, esclarecendo-se que 5 era a nota mínima para "aprovação", de modo a reduzir a tendência natural à concentração nos dois extremos da escala. Salvo para o caso do Corpo de Bombeiros — "Força Amada" por excelência —, as notas parecem ter relação inversa com a presença e exposição de cada força no cotidiano dos cariocas, ou seja, quanto maior o contato, pior a avaliação, cabendo as médias mais baixas à Polícia Militar e à Guarda Municipal (não há variações expressivas por raça, faixa etária, renda ou classe social auto-atribuída). É importante notar que a média das notas dadas à PM e à Polícia Civil pela nossa amostra é mais alta que a registrada em outras pesquisas na Região Metropolitana do Rio de Janeiro, das quais resultaram médias sempre abaixo de 5 para ambas as instituições.[25]

P 53. Que nota, de zero a dez, atribui a cada uma dessas forças?

Gráfico 41
Média ponderada das notas atribuídas às forças de segurança

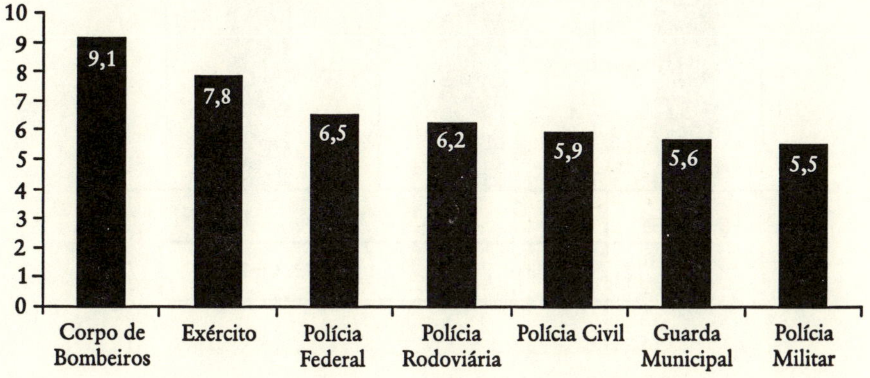

[25]Citadas em Julita Lemgruber, Leonarda Musumeci e Ignacio Cano, *Quem vigia os vigias?*. Rio de Janeiro, Record, 2003, p. 42.

• *Raça ou cor.* A variável racial não parece influenciar globalmente as médias atribuídas, sendo surpreendente, em particular, um resultado idêntico para brancos e pardos. Na distribuição de freqüência, observa-se que os autoclassificados como pretos atribuem notas de zero a quatro para a Polícia Militar, ou seja, "reprovam" a PM, em proporção maior do que os brancos e pardos (respectivamente, 29,6%, contra 23,4 e 23,2%). Mas, de qualquer modo, mesmo entre os "pretos", as maiores freqüências relativas estão nas notas 5 e 6, e suas médias de "aprovação" (cinco ou mais) superam de longe as médias "reprovadoras".

Gráfico 42
Média ponderada das notas atribuídas às polícias militar e civil, segundo raça ou cor

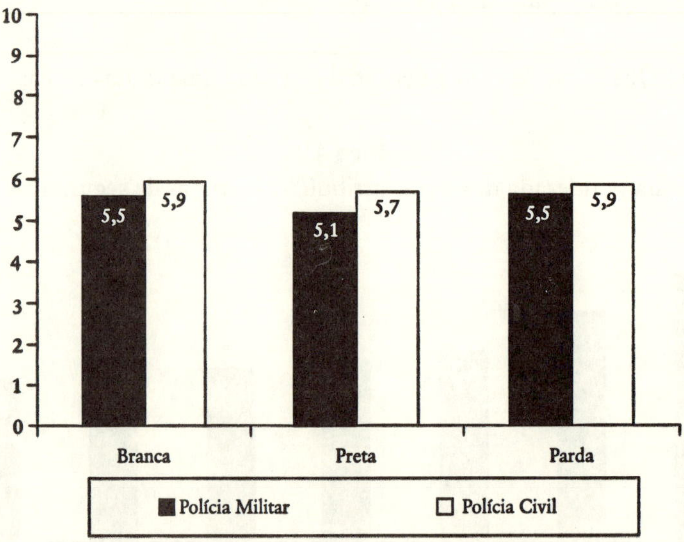

Gráfico 43
Distribuição de freqüência das notas atribuídas à Polícia Militar, segundo raça ou cor

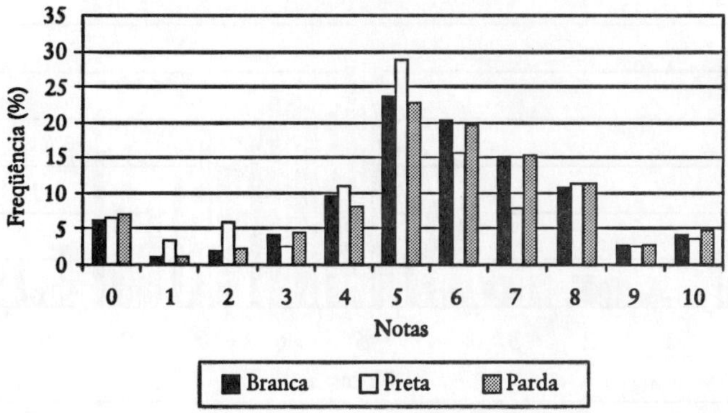

• *Idade.* Como seria de esperar, os mais jovens avaliam pior a PM do que os mais velhos; ainda assim, a diferença entre as médias é pequena. Mais significativo, examinando a distribuição de freqüência, é o fato de registrar-se na faixa dos adolescentes (15 a 19 anos) a maior percentagem de notas zero para a PM (11,4%) — bem acima da freqüência média de 6,7% — e de não se registrar nessa faixa *nem uma única* nota 10.

Gráfico 44
Média ponderada das notas atribuídas às polícias militar e civil, segundo faixa etária

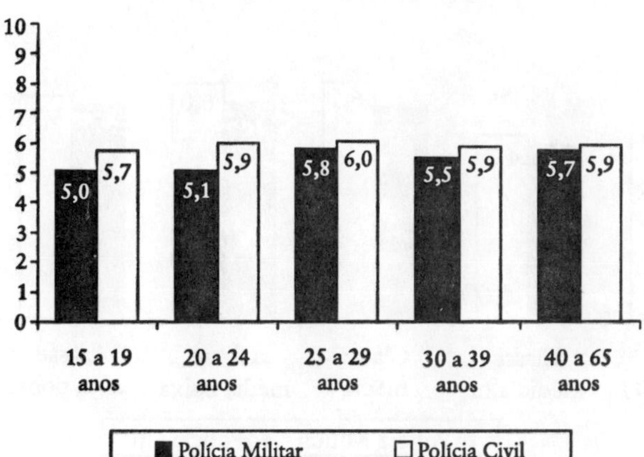

Gráfico 45
Distribuição de freqüência das notas atribuídas à Polícia Militar, segundo faixa etária

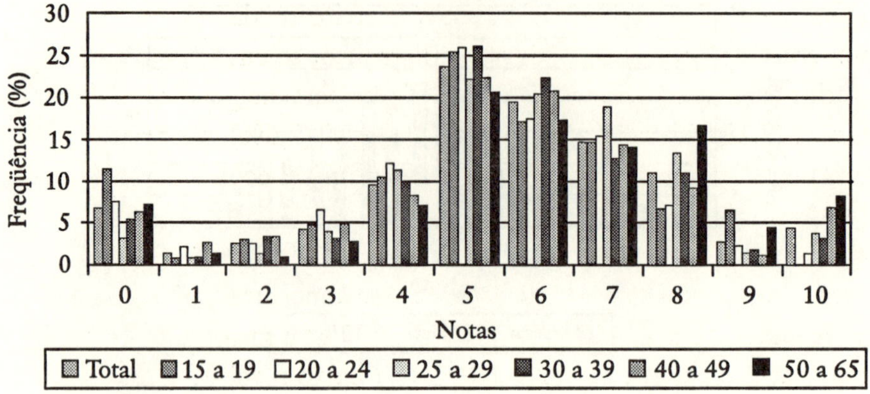

• *Classe social auto-atribuída.* Os auto-intitulados ricos e de classe média alta têm avaliação ligeiramente pior das duas polícias que os de classe média baixa e pobres.

Gráfico 46
Média ponderada das notas atribuídas às polícias militar e civil, segundo classe social auto-atribuída

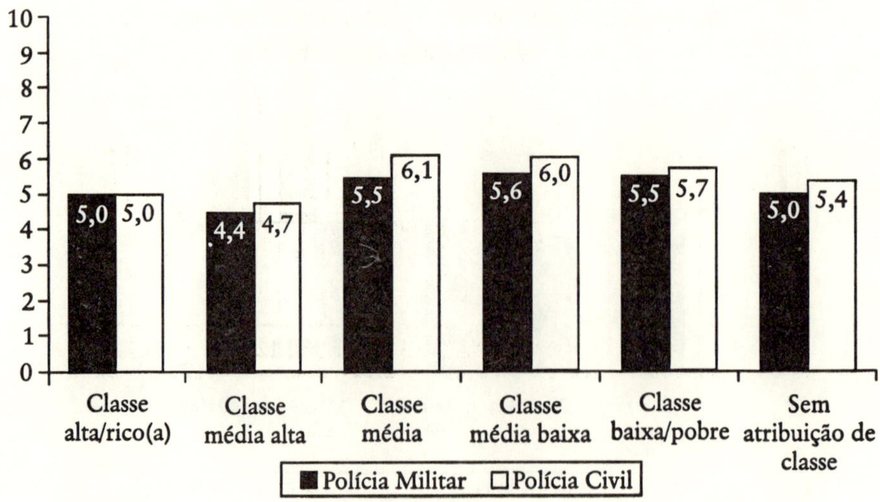

- *Renda.* A maior percentagem de notas zero para a PM (8,6%) está na faixa sem rendimentos, o que deve refletir parcialmente a presença, nessa faixa, de muitos jovens estudantes de classe média e talvez expresse mais um efeito-idade do que propriamente um efeito-renda. É curioso, aliás, que, entre as pessoas com algum rendimento, se encontram na faixa inferior (até um salário mínimo) as maiores percentagens tanto de notas zero (7,4%), quanto de notas 9 (8,8%) e 10 (7,6%), não parecendo, de resto, haver influências significativas do nível econômico sobre as notas atribuídas à PM.

- *Escolaridade.* Embora as médias tenham se concentrado em 5 para todas as faixas de escolaridade, vale observar que a maior proporção de notas máximas foi dada por pessoas com baixo nível de escolaridade (zero a quatro anos de estudo) e a menor, por aquelas de nível educacional superior (12 anos ou mais de estudo)

Gráfico 47
Distribuição de freqüência das notas atribuídas à Polícia Militar, segundo nível de escolaridade

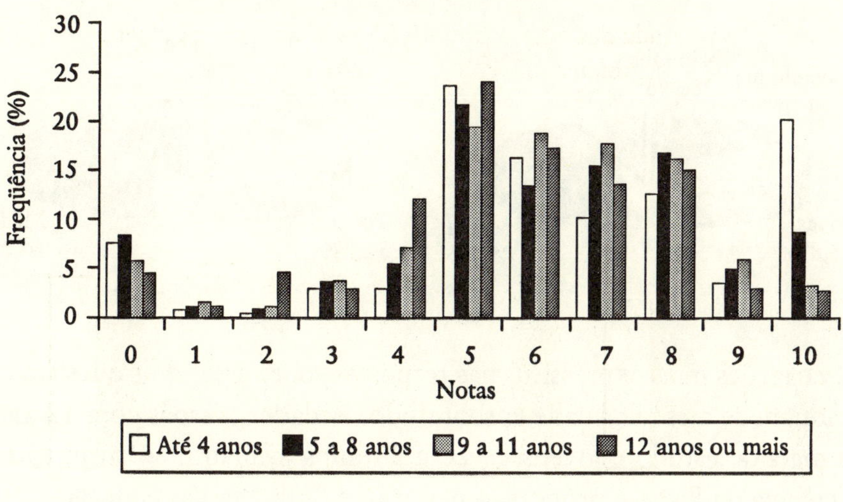

3.4.4 *Avaliando a PM do Rio de Janeiro*

P 54. Como avalia a PM do Rio de Janeiro em relação aos itens eficiência, respeito aos cidadãos, racismo, corrupção e violência?

A avaliação "médio(a)" teve as freqüências mais altas, tanto para eficiência da PM (45,7%) quanto para respeito aos cidadãos (44%). Se podemos considerar *boa avaliação* a soma das respostas "muito(a)" e "médio(a)", e *má avaliação* a soma de "pouco(a)" e "nenhum(a)", observa-se, em ambos os quesitos, quase um "empate" entre as avaliações positivas e negativas, com ligeira superioridade para as positivas — o que parece bastante coerente com a nota 5,5 atribuída em média à PM pelo conjunto das pessoas entrevistadas (ver item 3.4.3, acima). Nota suficiente para "passar", mas para "passar raspando"...

Gráfico 48
Avaliação da Polícia Militar do Rio de Janeiro
quanto à eficiência e respeito aos cidadãos

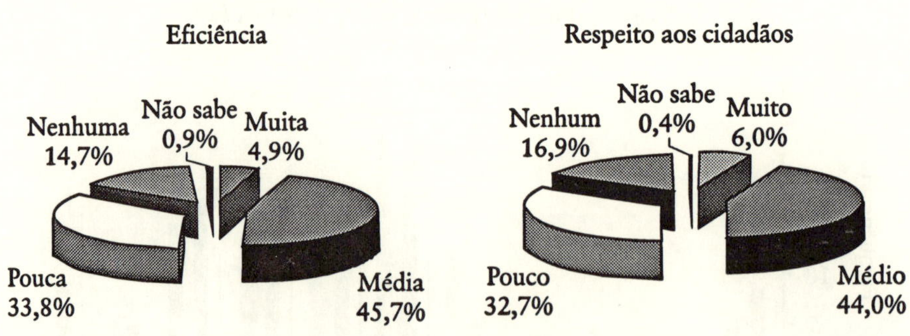

As variações mais expressivas nas respostas sobre esses dois quesitos relacionam-se à escolaridade e, sobretudo, à idade: pessoas com 12 anos ou mais de estudo e jovens de 20 a 24 anos avaliam negativamente a eficiência da PM em proporção maior que outras faixas educacionais e etárias (respectivamente, 55,4% e 57,5% de respostas "pouca" + "nenhuma"). No item "respeito aos cidadãos", novamente são os jovens, mas, desta vez, os de 15 a 19 anos, que apresentam maior proporção de avaliações negativas (59,8%), mais de 10 pontos percentuais acima da média de respostas "pouco" + "nenhum". Embora sem representatividade estatística, por serem muito pequenos os números absolutos, vale registrar que, entre os segmentos raciais, as pessoas autoclassificadas como pretas foram as que mais responderam que a PM não tem *nenhum* respeito pelos cidadãos (23,1%).

Inversamente, nos três quesitos seguintes — racismo, violência e corrupção —, *má avaliação* corresponde às respostas "muito(a)" e "médio(a)", e *boa avaliação*, às respostas "pouco(a)" e "nenhum(a)". A PM é mais mal avaliada em relação a violência e, sobretudo, a corrupção, do que em relação a racismo. Como se verá mais adiante, quase 100% dos entrevistados acreditam que existe preconceito/discriminação racial no Brasil (pergunta P 56) e quase 60% consideram que a polícia é *tão* racista quanto o resto da sociedade (P 58). Logo, a avaliação da PM como *muito* racista, apesar de bastante freqüente (43% das respostas), pode ser atenuada, quer pela percepção de que a polícia apenas explicita um preconceito existente na sociedade, quer pelo lugar secundário que a temática racial ainda ocupa nas reflexões populares. De qualquer modo, vale ressaltar que a soma de "muito" e "médio" racismo chega a quase 80% e que as maiores percentagens de respostas *muito* racismo encontram entre as pessoas de cor preta auto-atribuída (52,6%), entre os jovens de 20 a 24 anos (51,4%) e entre as pessoas com 12 anos ou mais de estudo (48,1%). Não há diferenças significativas por renda.

A maioria da população carioca considera a PM *muito* violenta. Embora isso possa não ser o único motivo para temer a polícia, é interessante observar que a proporção de 56,9% ficou bastante próxima da dos que disseram ter *algum* medo da polícia na pergunta P 51 (58,8%).

Gráfico 49
Avaliação da Polícia Militar do Rio de Janeiro quanto a racismo, violência e corrupção

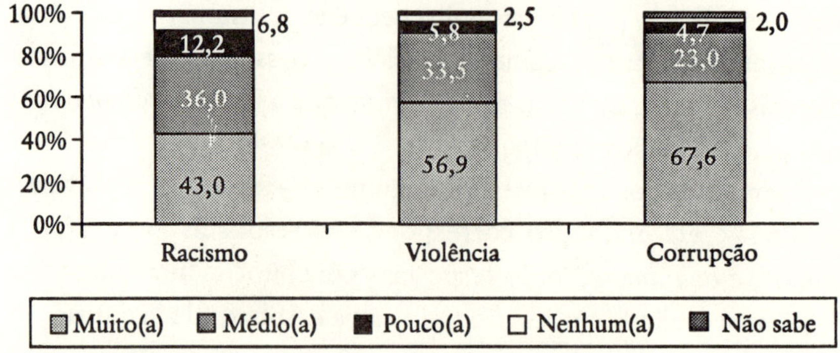

Tal como na avaliação de racismo, as pessoas autoclassificadas como pretas e os jovens de vinte a 24 anos apresentaram as maiores percentagens de respostas *muita* violência (respectivamente, 66,3 e 62,5%), mas, desta vez, os níveis de escolaridade não parecem ter influído de modo expressivo. Renda, igualmente, não parece ter pesado nessa avaliação.

Cerca de 2/3 (67,6%) dos entrevistados opinaram que há *muita* corrupção na PM, com desvios mais significativos da média, para cima, entre os jovens de 20 a 24 anos (77,5%) e entre as pessoas autoclassificadas como pretas (71,8%), e, para baixo, apenas no intervalo etário de 50 a 65 anos (57,1%). Mais uma vez, as variações por renda não são significativas.

P 64. Em vários pontos do Rio de Janeiro, volta e meia tem havido queima de ônibus e o comércio é obrigado a fechar as portas. Nesses episódios, o(a) sr.(a) acha que a polícia tem controlado bem a situação?

Mais de 80% dos cariocas acham que a polícia local *não* tem sido eficaz no controle das situações emergenciais de desordem e insegurança que periodicamente assolam a cidade — proporção muito superior à dos que avaliaram negativamente a eficiência geral da PM do Rio de Janeiro (49% de respostas “pouca” ou “nenhuma” eficiência na pergunta P 54).

Gráfico 50
Opiniões sobre se a polícia do Rio de Janeiro tem controlado bem situações emergenciais de desordem na cidade

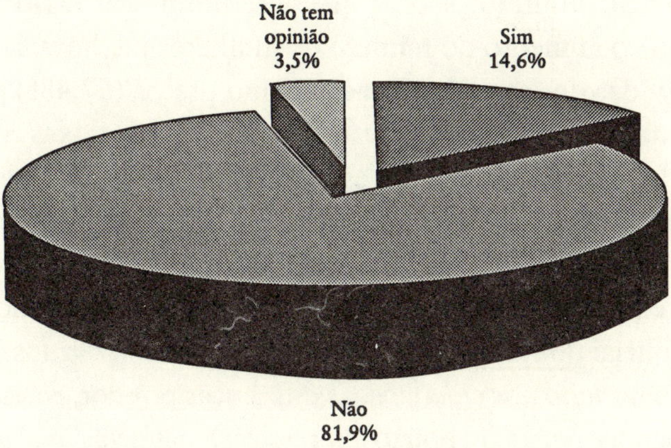

As maiores freqüências de respostas "não" encontram-se entre os autoclassificados como pretos (89%), os que têm mais de 12 anos de estudo (86,1%), os jovens de 15 a 19 (85,9%) e de 20 a 24 anos (85,3%), e as pessoas que ganham mais de cinco salários mínimos por mês (85,2%). Há ligeira sobre-representação de brancos entre os que responderam "sim" (62,9%, contra sua participação de 58,6% na população total).

3.4.5 Mais mulheres na PM: uma solução?

Visto que o CESeC desenvolvia, paralela a este levantamento, uma pesquisa sobre impactos da presença feminina nas polícias militares brasileiras, procurou-se conhecer as opiniões e expectativas dos cariocas sobre um possível aumento do número de mulheres em tarefas cotidianas de policiamento ostensivo. As respostas foram amplamente favoráveis, indicando que, no imaginário popular, não há tanta ressonância quanto se supõe para a idéia de que ser policial é "coisa de macho".

> P 55. Se houvesse mais mulheres na PM, fazendo policiamento das ruas, a polícia ficaria melhor, pior ou igual em relação aos seguintes aspectos: eficiência, respeito aos cidadãos, racismo, violência e corrupção?

Segundo a maior parte dos entrevistados, a PM melhoraria em todos os cinco quesitos submetidos a avaliação — particularmente em *respeito aos cidadãos* e *redução da violência policial*. As pessoas de renda mais baixa (até um salário mínimo) são as que acreditam, em maior proporção (68,1%), que o aumento do número de mulheres melhoraria a eficiência da PM, seguidas dos autoclassificados como pretos (67,4%) e dos jovens de 20 a 24 anos (64%). Por seu turno, as pessoas nas faixas superiores de escolaridade (12 anos ou mais de estudo) e de renda (acima de cinco salários mínimos), assim como os jovens de 15 a 19 anos, são as que *menos* acreditam em alguma mudança nesse quesito, vale dizer, que responderam mais freqüentemente que nada mudaria em eficiência se houvesse mais mulheres policiais (36,1%, no primeiro segmento e 34,7% nos outros dois).

No item *respeito aos cidadãos*, as diferenças por cor, renda e escolaridade são inconsistentes ou pouco expressivas, mas a variável idade parece ter alguma influência: entre os jovens de 15 a 19 anos está a *maior* proporção (80,5%) dos que acreditam que, com mais mulheres, a PM seria mais respeitosa, e entre os mais velhos (50 a 65 anos), a *menor* freqüência para essa resposta (69,3%).

Gráfico 51
Opiniões sobre como ficaria a Polícia Militar do Rio de Janeiro, quanto a eficiência e respeito aos cidadãos, se houvesse mais mulheres policiais atuando no policiamento ostensivo

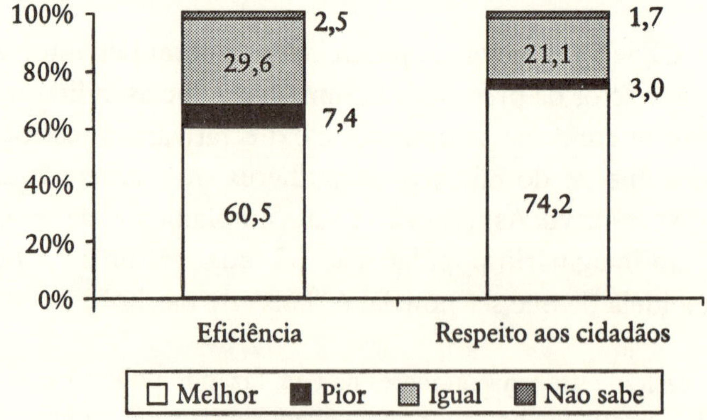

A mesma polarização por idade se apresenta na avaliação do possível efeito da maior presença de mulheres sobre o racismo da polícia: adolescentes são os que *mais* acreditam numa mudança positiva (isto é, na diminuição do racismo — 69,1%) e as pessoas na faixa etária 50 a 65 anos são as que *menos* acreditam em tal melhora (56%). Os muito escolarizados e os de renda mais alta apresentam as maiores proporções de respostas céticas sobre esse item: respectivamente 42,6 e 38,3% acreditam que nada mudaria se houvesse mais PMs femininas nas ruas. A variável raça ou cor, curiosamente, parece ter muito pouca influência nessa avaliação.

Quanto ao possível impacto sobre a corrupção, as opiniões tampouco se diferenciam por raça ou cor e as variações por idade, escolaridade e renda são pouco expressivas, cabendo destaque apenas para uma proporção relativamente alta de respostas "melhor" entre os de renda mais baixa (até um salário mínimo, 68%) e de respostas "igual" entre os jovens de 20 a 24 anos de idade (34,5%).

Finalmente, quanto à violência, é de novo a idade que determina afastamentos mais expressivos da média: 80,6% dos adolescentes de 15 a 19 anos acreditam que a incorporação de mais mulheres policiais ao patrulhamento ostensivo melhoraria a PM, ou seja, torná-la-ia menos violenta, contra uma média, já alta, de 74% para a resposta "melhor". Por seu turno, os "ricos" (com renda pessoal mensal superior a cinco salários mínimos) e, curiosamente, os autoclassificados como pardos são os que respondem com mais freqüência que a PM, mesmo se incorporasse mais mulheres, continuaria igualmente violenta (percentagens respectivas de 21 e 22,5%, contra uma média de 18,6%).

Gráfico 52
Opiniões sobre como ficaria a Polícia Militar do Rio de Janeiro, quanto a racismo, corrupção e violência, se houvesse mais mulheres policiais atuando no policiamento ostensivo

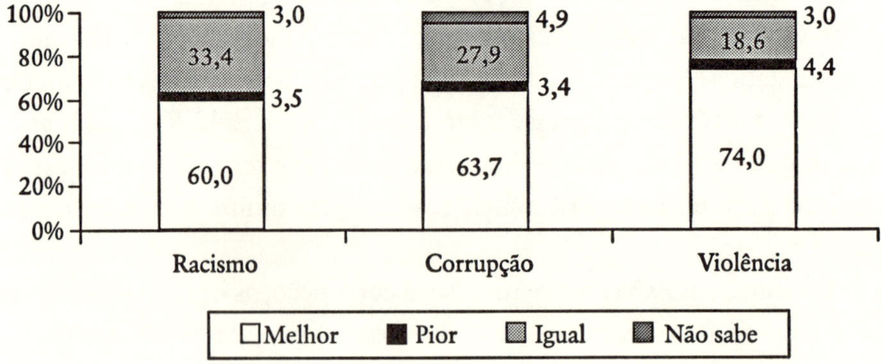

3.5 PRECONCEITOS NA SOCIEDADE E SUSPEIÇÃO POLICIAL

3.5.1 *Paraíso da tolerância? Onde?*

P 56. Acha que existe discriminação/preconceito racial no Brasil?

Ao contrário do que ainda sustentam alguns saudosistas da crença na "democracia racial" brasileira, 97,9% dos cariocas acham que há preconceito racial no Brasil — essa proporção chegando a quase 100% entre os autoclassificados como pretos (99,1%) e os jovens de 20 a 24 anos (99,6%). A percentagens mais baixas, mas assim mesmo altíssimas, se verificam entre os maiores de 50 anos (96,1%) e entre os de pouca escolaridade (menos de quatro anos de estudo, 93,2%). Não há variações significativas por sexo ou renda. Da ínfima parcela que respondeu "não", 54,9% eram brancos, 4,7%, pretos e 40,4%, pardos (só estes últimos estão sobre-representados, mas os números absolutos são muito pequenos para se extrair daí qualquer conclusão).

Gráfico 53
Opiniões sobre existência ou não de preconceito/ discriminação racial no Brasil

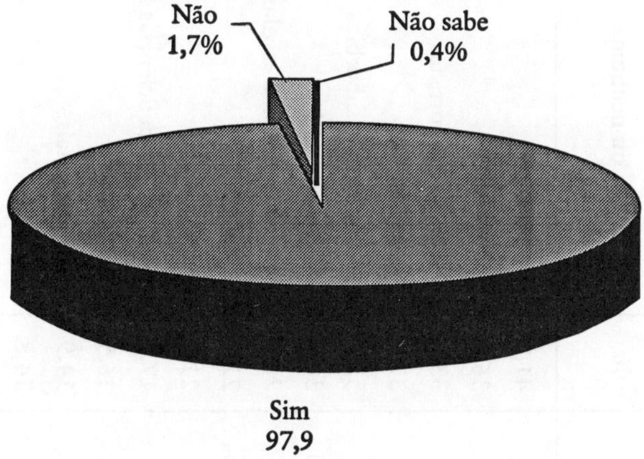

Além do preconceito de raça ou cor, a maioria dos habitantes do Rio acredita haver discriminação contra vários outros grupos sociais, de uma lista de 15 opções apresentada pela pesquisa.

P 57. Acha que os grupos abaixo são discriminados/sofrem preconceito?

Moradia em favela, homossexualidade, pele escura e idade avançada são, nesta ordem, as principais "receitas" para sofrer muita *discriminação, de acordo com os entrevistados*, vindo em seguida prostituição, deficiência física, pobreza e baixa escolaridade — todos esses quesitos com mais de 50% de respostas "muito". Entre as categorias listadas, índios, mulheres, nordestinos e policiais seriam os menos discriminados.

É importante sublinhar a especial sensibilidade ao preconceito contra favelados, travestis, homossexuais em geral e idosos, estes últimos "empatando" com os negros de pele escura na percentagem de respostas "muita discriminação". Embora não se disponha de referências comparativas para outras partes do Brasil, pode-se especular que talvez esta seja uma peculia-

Tabela 5
Opiniões sobre graus de preconceito/discriminação sofridos por 15 segmentos sociais

Muita discriminação	%	Média discriminação discriminação	%	Pouca ou nenhuma	%
Moradores de favelas	88,1	Moradores de subúrbios	41,0	Índios	36,9
Travestis	80,4	Mulatos e pardos	36,5	Mulheres	34,3
Homossexuais	78,2	Mulheres	33,9	Nordestinos/nortistas	28,0
Negros de pele escura	77,9	Nordestinos/nortistas	32,8	Policiais	25,9
Idosos	77,9	Policiais	32,8	Moradores de subúrbios	20,0
Prostitutas	72,7	Pessoas com baixa escolaridade	30,3	Mulatos e pardos	18,4
Pessoas com deficiências físicas	68,6	Índios	23,7	Pessoas com baixa escolaridade	14,0
Pobres	68,0	Pessoas com deficiências físicas	22,7	Prostitutas	9,8
Pessoas com baixa escolaridade	55,3	Pobres	21,9	Pobres	9,7
Mulatos e pardos	44,7	Negros de pele escura	17,2	Pessoas com deficiências físicas	7,9
Policiais	40,1	Prostitutas	16,5	Idosos	6,9
Moradores de subúrbios	38,3	Idosos	14,9	Homossexuais	6,0
Nordestinos/nortistas	37,9	Homossexuais	14,8	Travestis	5,7
Índios	33,2	Travestis	13,0	Negros de pele escura	4,7
Mulheres	31,3	Moradores de favelas	7,8	Moradores de favelas	3,7

ridade do Rio Janeiro, onde há forte identificação das favelas como focos de violência, alta exposição da homossexualidade e grande concentração de pessoas idosas.

Proporções superiores à média (88,1%) dos que acham que moradores de favelas sofrem *muito* preconceito foram registradas nos seguintes segmentos: pretos (93,9%), faixas etárias 30-39 (91,9%) e 25-29 (90,9%), mulheres (90,2%) e pessoas com 9 a 11 anos de estudo (90,2%). Os brancos (58,6% da população total) estão sobre-representados entre os que acham que moradores de favelas sofrem *médio* (63%), *pouco* (63,5%) ou *nenhum* (80,7%) preconceito. Percentagens superiores à média (77,9%) dos que acham que negros de pele escura sofrem *muito* preconceito foram registradas nos seguintes segmentos: pretos (85,9%), jovens de 25 a 29 anos (83,5%) e mulheres (82,5%). Percentagens inferiores à média: pessoas com 12 anos ou mais de estudo (71,7%), homens (72,6%) e faixa etária 50-65 anos (73,2%). Os brancos estão sobre-representados entre os que acham que negros de pele escura sofrem *médio* (65,4%) ou *nenhum* preconceito (67%).

3.5.2 Polícia: espelho da sociedade?

> P 58. Acha que a polícia é mais, menos ou igualmente racista que o resto da sociedade?

A maioria (59,9%) acha que polícia e sociedade são igualmente racistas, vindo em seguida os que acham que a primeira é *mais* racista que a segunda (29,7%). Não há variações significativas por gênero ou raça em nenhuma das respostas a essa pergunta. Os mais velhos (50 a 65 anos) e os de alta escolaridade (mais de 12 anos de estudo) ficam acima da média na avaliação de que a polícia e a sociedade são igualmente racistas: respectivamente, 66 e 65%. Quanto à renda, as maiores distâncias da média, para a resposta "igualmente", estão nos dois extremos: mais de zero a um salário mínimo (65,9%) e mais de cinco salários mínimos (63,8%). A distribuição racial, dentro de cada resposta ("mais", "menos" ou "igualmente") é muito próxima da distribuição racial da população como um todo.

Gráfico 54
Opiniões sobre se a polícia é mais, menos ou igualmente racista que o restante da sociedade

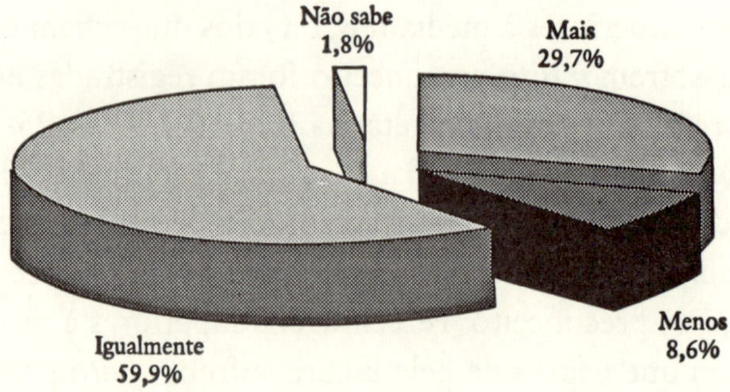

3.5.3 *Os filtros da suspeita*

P 59. Qual a primeira coisa que faz um policial considerar alguém suspeito(a)?

Decididamente, a população carioca não concorda com a afirmativa recorrente dos policiais de que eles suspeitam mais pela atitude do que pela aparência. Somando cor da pele e modo de vestir, "aparência" ganha de "atitude" por 60 a 36.

Gráfico 55
Opiniões sobre a principal característica geradora de suspeição policial

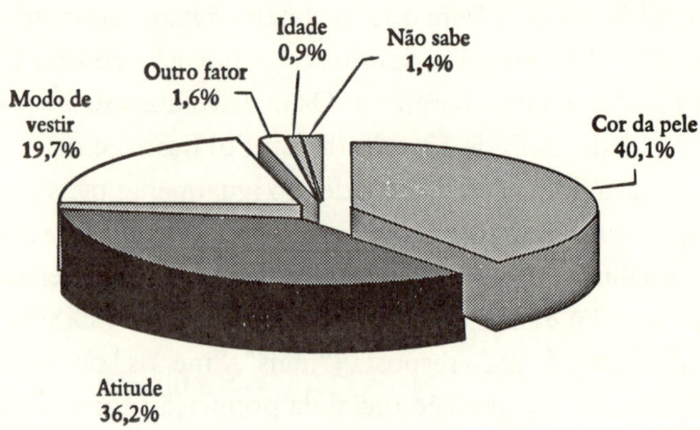

Só uma ínfima parcela (0,9%) dos entrevistados considera a idade como foco mais imediato da suspeição policial e 72% deles são brancos. Os muito jovens (15-19) têm uma percentagem de respostas "idade" (1,6%) maior do que a média, mas, ainda assim, inexpressiva.

Os brancos estão sobre-representados entre os que enfatizam *atitude* (são 65,6%, contra 58,6% da participação de brancos na população total) e sua proporção de respostas para esse quesito é um pouco maior do que a média (40,5% contra 36,2%). Os mais velhos (50-65) têm a maior proporção de respostas para "atitude" (39,8%) em relação às outras faixas etárias.

Os autoclassificados como pretos e pardos têm percepções muito próximas da média sobre a influência da cor da pele na determinação imediata da suspeita: 40,1% da população total, 43,3% dos pretos e 42,6% dos pardos marcaram essa alternativa, sendo que a distribuição racial da parcela que respondeu "cor da pele" é muito semelhante à distribuição racial da população carioca como um todo. Não parece, portanto, haver viés racial na atribuição de um viés racial à polícia. Mas há algum viés educacional e econômico: a *maior* freqüência (47,9%) de respostas "cor da pele" está entre as pessoas com 12 anos ou mais de estudo e, considerando-se faixas de renda, a *menor* freqüência para essa resposta (33,8%) está entre os que ganham até um salário mínimo por mês, mesmo grupo que registrou a mais alta percentagem de respostas para "atitude" (42,5%) de todos os segmentos recortados pela pesquisa.

Pretos e pardos enfatizam um pouco mais do que os brancos o quesito *modo de vestir*: respectivamente 24,2 e 23%, contra 17,2%. Mulheres responderam mais *cor da pele* do que os homens (42,9 contra 37%) e estes focalizaram um pouco mais do que as mulheres o *modo de vestir* (20,8 contra 18,7%). Embora as diferenças sejam muito pequenas, podemos pensar que, para quem já se considera *a priori* mais visado pela polícia (negros e homens — cf. pergunta 39: "quem a polícia pára mais?"), o modo de vestir constitua uma variável *adicional* e decisiva no filtro da suspeição.

3.6 SEGURANÇA, JUSTIÇA E CIDADANIA

Esta última parte do questionário destinava-se a apreender opiniões dos cariocas, inicialmente sobre alguns temas relacionados a segurança, legalidade e justiça, e em seguida ao polêmico assunto das cotas raciais ou econômicas nas universidades públicas brasileiras, como um possível indicador de concepções sobre igualdade e sobre justiça social.

3.6.1 Violência contra violência?

P 60. A polícia deve usar mais violência para combater a criminalidade?

A maioria absoluta respondeu negativamente a essa pergunta, talvez por causa do conteúdo negativo do termo "violência". "Força", "energia", "rigor" ou "dureza" talvez obtivessem muito mais adesões, mas, por outro lado, diluiriam o impacto da proposição. Pode-se dizer que a grande maioria dos cariocas não apóia a tese de que, para combater o crime, a polícia tem de usar *mais* violência, sendo importante lembrar que uma parcela majoritária (57%) considera que a PM do Rio de Janeiro já é *muito* violenta (pergunta P 54).

Gráfico 56
Opiniões sobre uso de mais violência policial para combater a criminalidade

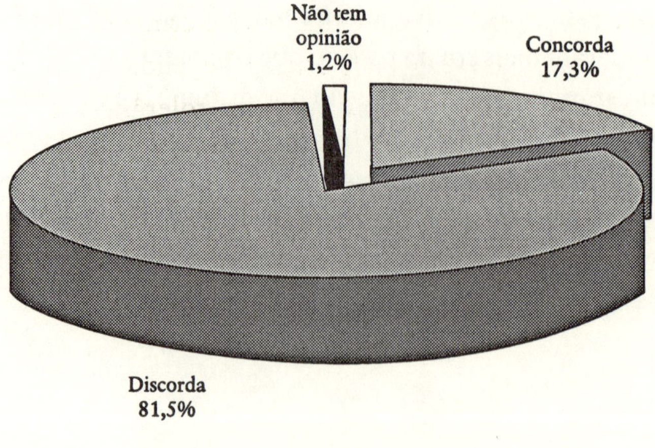

- *Escolaridade e renda.* A maior percentagem dos que concordam com o uso de mais violência policial está entre os de baixa escolaridade (menos de quatro anos de estudo): 28,8%, bem acima da média de 17,3%. Mas, quando se consideram níveis de renda, são os "ricos" (mais de 5 salários mínimos) que apresentam a maior proporção de concordância (24%) e a menor percentagem de discordância (75%).

- *Raça ou cor.* Os autoclassificados como pretos discordam um pouco mais (87,3%) que a média (81,5%) do uso de mais violência policial. Entre os que concordam, os brancos estão sobre-representados (64%) e os pretos são os mais fortemente sub-representados (6,6%, contra 10,1% da sua participação na população total). Os pardos, por sua vez, estão ligeiramente sobre-representados (37,5%) entre os que não têm opinião sobre o assunto.

3.6.2 Ação policial e legalidade

> P 61. A polícia deve esperar autorização judicial para revistar residências em favelas?

Embora tenha prevalecido amplamente o "sim", a percentagem de "não" (26,8%) é bastante alta, sobretudo levando em conta que a pergunta induzia a uma postura legalista. Note-se que essa percentagem é superior à dos que apóiam mais violência para combater o crime (17,3% — pergunta 60), podendo-se dizer que a tolerância à ilegalidade, em nome da "eficácia", é maior entre os cariocas do que a tolerância à violência policial.

Gráfico 57
Opiniões sobre necessidade de a polícia aguardar autorização judicial para revistar residências em favelas

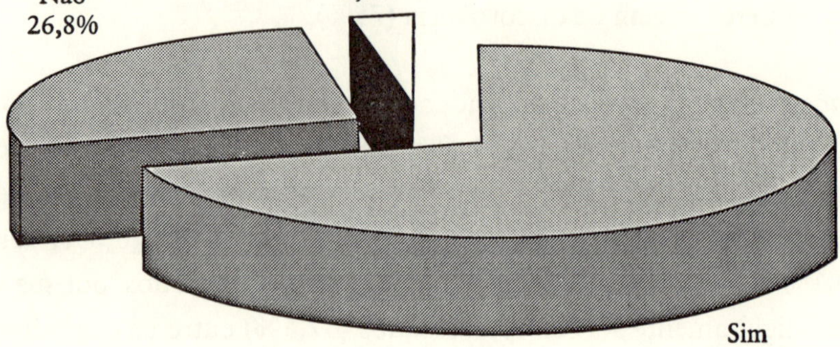

As respostas variam significativamente por renda: a maior percentagem de "sim" (77,4%) está na faixa de mais de zero a um salário mínimo e a menor (57,1%), na faixa de mais de cinco salários mínimos. Variam também por escolaridade: a *maior* percentagem de concordância (75,1%) está entre os que têm até quatro anos de estudo e a *menor* (63,6%), entre os que têm 12 anos ou mais. Mulheres responderam "sim" em maior proporção (73,5%) dos que os homens (67,2%) e, entre as faixas etárias, a maior distância da média está no grupo de 25 a 29 anos (74% de "sim"). Dos segmentos raciais, os brancos são os que têm a percentagem mais alta de respostas "não" (30%) e estão sobre-representados (65,7%) entre os que acham que a polícia *não* precisa de autorização para fazer revista em favelas.

P 62. A polícia deve esperar autorização judicial para revistar residências de classe média?

O "legalismo" é um pouco mais alto no caso das residências de classe média do que no das favelas, mas ainda assim é significativa a percentagem dos que acham que a polícia *não* precisa esperar autorização judicial (22%). Curiosamente, as variações por escolaridade e renda são semelhantes às registradas na pergunta anterior: *maiores* percentagens de respostas "sim" entre os menos escolarizados (até oito anos de estudo, em torno de 77%) e os de renda mais baixa (até um salário mínimo, 74,2%); *menores* entre os mais escolarizados (71,3%) e os de renda mais alta (acima de cinco salários mínimos, 56,2%).

Gráfico 58
Opiniões sobre necessidade de a polícia aguardar autorização judicial para revistar residências de classe média

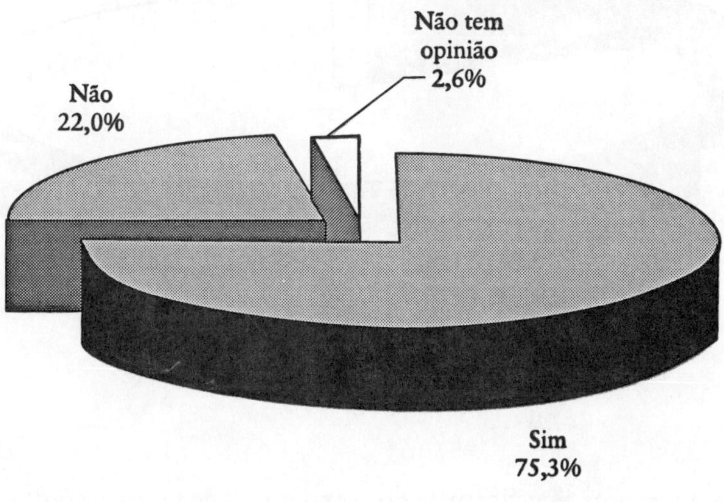

3.6.3 O triste destino dos direitos humanos

P 63. Concorda com a afirmação "os direitos humanos favorecem mais os bandidos do que as pessoas de bem"?

A visão popular sobre os direitos humanos é reveladora das "desventuras da democratização brasileira" e de um certo "curto-circuito" ocorrido na passagem da defesa de presos políticos para a defesa da totalidade dos cidadãos, inclusive dos que transgridem a lei, contra abusos do Estado.[26] Em nosso levantamento, como em outras pesquisas, a esmagadora maioria dos entrevistados considera que os direitos humanos são mais favoráveis aos "bandidos" do que às pessoas "de bem".

Gráfico 59
Opiniões sobre a afirmação de que os direitos humanos favorecem mais os "bandidos" do que as pessoas "de bem"

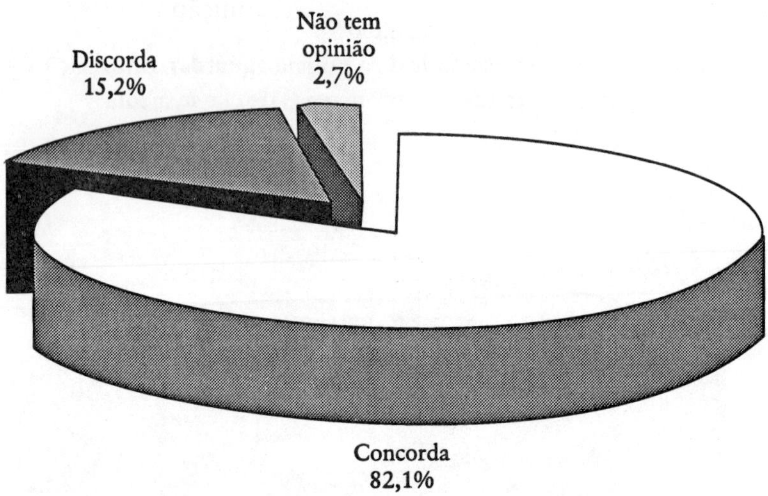

Não há diferenças significativas por sexo ou idade nessa resposta, mas as percentagens são um pouco superiores à média entre os que ganham de dois a três salários mínimos (90,1%), os que têm nove a onze anos de estudo (86,2%) e, curiosamente, entre os autoclassificados como pretos (85,3%), embora a distribuição racial dos que concordam com a frase seja praticamente idêntica à da população total.

[26]Teresa Pires do Rio Caldeira, Direitos humanos ou 'privilégio de bandidos'? Desventuras da democratização brasileira. *Novos Estudos Cebrap*, n. 30, julho de 1991, pp. 162-74.

3.6.4 *Pena de morte*

Os resultados do levantamento, ao mesmo tempo que confirmam os de outras pesquisas, mostrando altas taxas de apoio à pena de morte,[27] também relativizam a tese de que esse apoio é irrestrito e incondicional, indicando: (1) que há gradação das adesões, conforme o tipo de crime; (2) que, para todos os crimes enumerados, a maioria ou é *contra*, ou pelo menos considera necessária a avaliação caso a caso; (3) que mais de 40% da população rejeitam incondicionalmente a punição capital para qualquer dos quatro tipos de crime.

P 65. É a favor da pena de morte para os crimes de estupro, seqüestro, assassinato e roubo?

Gráfico 60
Opiniões sobre aplicação da pena de morte a quatro tipos de crimes

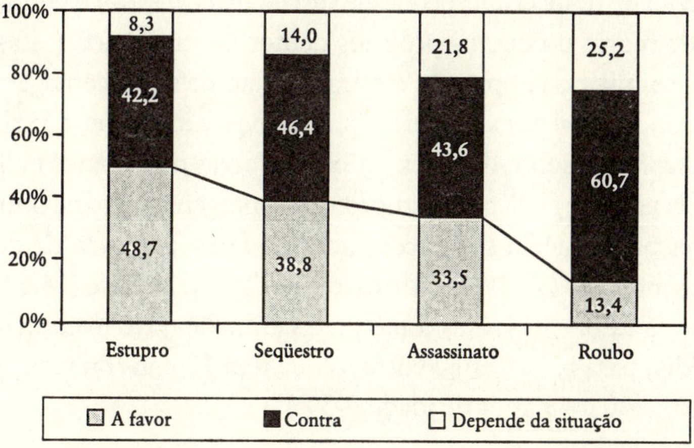

[27]*Survey* nacional realizado pelo Datafolha em 2002 constatou que 51% dos brasileiros eram favoráveis à adoção da pena de morte, com percentagens maiores que a média nas regiões Sul (54%) e Sudeste (53%), entre as pessoas que disseram possuir arma de fogo em casa (68%) e entre aquelas que haviam sido vítimas de assalto (59%). Proporção de adesões bem mais baixa que a média nacional foi registrada entre os brasileiros com nível superior de escolaridade (42%). [http://www.datafolha.com.br]. Esses resultados não são diretamente comparáveis aos nossos porque o levantamento do Datafolha não especifica os tipos de crimes a que a se aplicaria ou não a punição capital.

- **Assassinato:** Importante sublinhar que só 1/3 dos entrevistados se mostrou incondicionalmente a favor da pena de morte para homicídio, indicando que a lógica das adesões, na maioria dos casos, não é a simples "lei de Talião" (vida contra vida), mas leva em conta circunstâncias do crime. Praticamente não há variações por raça e as variações por idade são inconsistentes. As mulheres são um pouco mais favoráveis à pena de morte para assassinos do que os homens (35,1 contra 31,7%) e as pessoas com 12 anos ou mais de estudo são as que têm *menor* percentagem de respostas "a favor" (25,6%). Na comparação por renda, as faixas inferior (até um salário mínimo) e superior (mais de cinco salários mínimos) são as que apresentam *menores* freqüências de adesões incondicionais (respectivamente 29,4% e 31%), verificando-se a *maior* freqüência na faixa de dois a três salários mínimos (38,6%).

- **Estupro:** Ao que parece, a moral e a "honra" pesam muito na avaliação da gravidade deste crime, já que ele suscita mais adesões incondicionais à pena de morte do que os próprios delitos contra a vida (assassinatos). Reforça ainda essa impressão o estranho fato de as percentagens de adesão incondicional por sexo serem praticamente idênticas, ou seja, de não haver *nenhuma* sobre-representação das vítimas potenciais (mulheres) no apoio à pena capital para estupro. Percentagens de adesão um pouco maiores que a média são encontradas na faixa de renda de dois a três salários mínimos (57,3%), entre os jovens de 20 a 24 anos (54,5%) e entre as pessoas autoclassificadas como pretas (52,2%). Já as maiores distâncias da média, para baixo, estão entre os que têm 12 anos ou mais de estudo (39,6%) e 40 a 49 anos de idade (43%).

- **Seqüestro:** Seria de esperar que os mais ricos, brancos e com alta escolaridade — tendo maior chance de ser seqüestrados — fossem os mais favoráveis à pena de morte para esse crime. Entretanto, os resultados são contraditórios: embora a maior percentagem de adesão incondicional esteja no grupo de escolaridade mais alta (54%), não está no de maior renda, e sim no intervalo de rendimentos de dois a três salários mínimos (46,2%), tampouco havendo qualquer sobre-representação dos brancos na resposta "a favor". Idade parece ter alguma influência na resposta (maior percentagem de adesão incondicional, 45,6%, na faixa de 50 a 65 anos) e sexo, nenhuma.

- Roubo: A maioria (60,7%) é *contra* a pena de morte para esse crime, sem variações expressivas por sexo ou raça, mas com alguma variação por idade, escolaridade e renda: *menor* taxa de rejeição incondicional entre os mais velhos (54,5%, contra 60,7% na média) e entre os que ganham de dois a três salários mínimos (52,6%); *maior* percentagem de rejeição incondicional entre os que têm 12 anos ou mais de estudo (71,3%). Importante observar que, dos quatro crimes listados, este foi o que suscitou maior proporção de respostas "depende" (25,2%), um pouco acima da registrada para homicídio (21,8). Ou seja, roubo, em princípio, não é visto como merecedor de punição capital, mas, dependendo da situação, pode ser (não sabemos de que forma se classificam popularmente os latrocínios: se como "assassinatos" ou como roubos agravados pela morte, que, neste caso, seriam considerados puníveis com a vida).

3.6.5 Ação afirmativa: para negros ou para pobres?

Na população como um todo, a maioria declarou-se *contra* a política de cotas raciais nas universidades públicas, mas não deixa de ser significativo o fato de cerca de 1/3 apoiar essa política — parcela que, junto com os 10% sem opinião formada, indica a inexistência de uma rejeição absoluta à proposta e sugere um potencial aumento da sensibilização para o tema. Não há variações por sexo, mas há por idade, renda, escolaridade e, evidentemente, por raça ou cor. Entre as faixas etárias, os jovens com idade para cursar ou já ter cursado ensino superior (20 a 24 e 25 a 29 anos) são os que mais rejeitam as cotas raciais (respectivamente, 59,8 e 61,5% de respostas "contra", comparadas à média de 56,2%). Isso se confirma na constatação de que as pessoas com 12 anos ou mais de estudo (vale dizer, que estão na universidade ou já a cursaram) apresentam a maior taxa de rejeição (71,1%) registrada em qualquer dos segmentos econômicos, sociais ou raciais considerados. Rejeição menor do que essa, mas também acima da média, verifica-se entre as pessoas com nove a onze anos de estudo (60,1%), enquanto as faixas inferiores de escolaridade apresentam percentagens de rejeição menores que a média (33,9% para as pessoas com até quatro anos de estudo e 46,8% para aquelas com cinco a oito anos de estudo). Fecha-se o quadro quando se constata que a rejeição também é significativamente superior à média nas faixas mais altas de renda: 67,6% entre os que recebem cinco salários mínimos ou mais e 63,6% entre os que recebem de três a cinco salários mínimos. Antes de depurar essas respostas pelas justificativas abertas, a impressão é de uma postura sobretudo defensiva: quem tem ou teve assegurado o acesso à universidade está menos propenso a admitir políticas afirmativas de corte racial, que reduzam vagas ou "desvalorizem" os esforços pessoais e os diplomas já obtidos.

P 66. É a favor das cotas para negros nas universidades públicas? Por quê? [pergunta aberta]

Gráfico 61
Opinião sobre cotas de vagas para negros nas universidades públicas

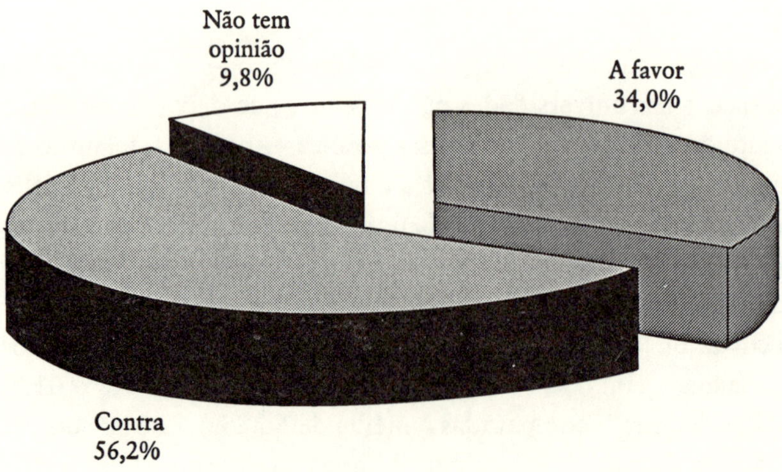

• *Raça ou cor.* As freqüências de aprovação ou desaprovação por raça parecem confirmar a tendência apontada acima: brancos rejeitam mais as cotas raciais (58,4% "contra") do que os pardos (55,2%) e sobretudo do que os pretos (46,5%), estando ligeiramente sobre-representados na resposta "contra" (60,8%, *versus* 58,6% de participação de brancos na população total).

Gráfico 62
Opinião sobre cotas de vagas para negros nas universidades públicas, segundo raça ou cor

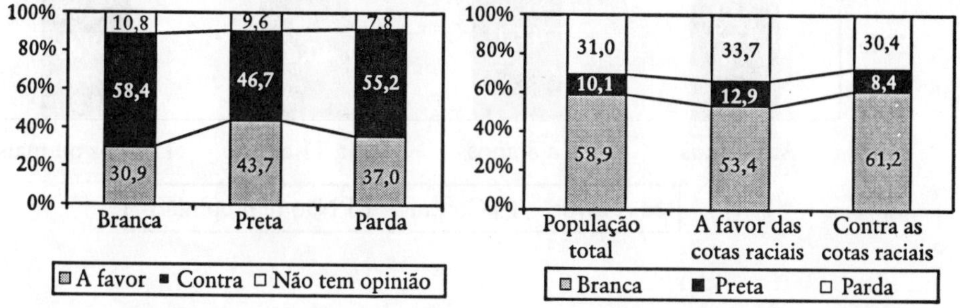

• *Raça X escolaridade.* Embora possa não ser estatisticamente representativa, é de se notar a diferenciação por níveis de escolaridade dos autoclassificados como pretos, segmento que, no conjunto, expressa maior apoio à política de cotas raciais: entre os pretos com 12 anos ou mais de estudo, a rejeição às cotas é de 61,1% — maior, portanto, que a dos brancos como um todo! Em seguida, vêm os pretos com nove a onze anos de estudo, apresentando ainda uma alta taxa de rejeição (50,2%); só entre os pretos de escolaridade mais baixa a aprovação supera a rejeição: 47,1% a favor e 43,9% contra no intervalo de cinco a oito anos de estudo; 45,9% a favor e 34,6% contra no de zero a quatro anos de estudo.

Gráfico 63
Opinião das pessoas autoclassificadas como pretas sobre cotas raciais nas universidades públicas, segundo anos de estudo

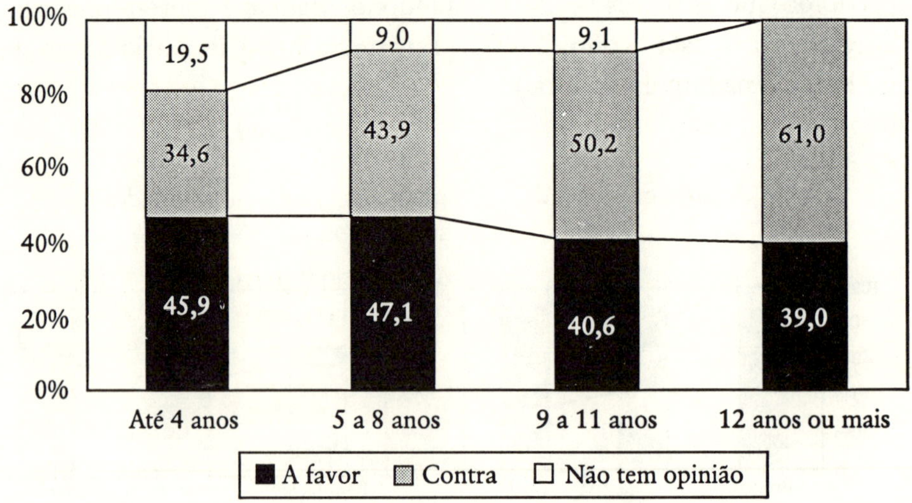

As justificativas abertas para a rejeição às cotas raciais fogem em alguma medida daquelas apresentadas com freqüência em debates universitários e midiáticos. Cabe notar que nenhuma das respostas se vale do argumento de que inexiste discriminação racial no Brasil (98% dos cariocas, como já vimos, afirmam que há esse tipo de discriminação) e é ínfima a parcela dos que invocam a dificuldade de distinguir brancos e negros ou a possibilidade de fraudes na classificação racial. Os dois grupos de motivos com participações mais altas — que correspondem, juntos, a quase 70% das justificativas contra as cotas raciais — indicam que a política é rejeitada sobretudo por julgar-se que ela fere o princípio da igualdade, podendo resultar numa forma de racismo ou de injustiça às avessas. Ou seja, as opiniões contrárias *não* assentam majoritariamente nas teses da democracia racial ou da miscigenação embaralhadora, nem no argumento meritocrático (este ocupa o terceiro lugar, com 19,3% das respostas). Não negam, em outras palavras, a existência de desigualdade e preconceito, mas negam, em nome dos direitos iguais, o apoio a políticas de compensação ou reparação para negros, pelo menos no que se refere a seu acesso à universidade.

Curiosamente, porém, como veremos adiante, a maioria dos cariocas apóia cotas para alunos carentes, *com base no mesmo princípio da igualdade de oportunidades e de direitos* — o que mostra que não há propriamente rejeição à idéia de "tratar desigualmente os desiguais" para reduzir injustiças, e sim resistência a lidar com essa questão no terreno específico da desigualdade racial.

Gráfico 64

Motivo da rejeição à cota de vagas para negros nas universidades públicas (agrupamento de respostas abertas, em %)

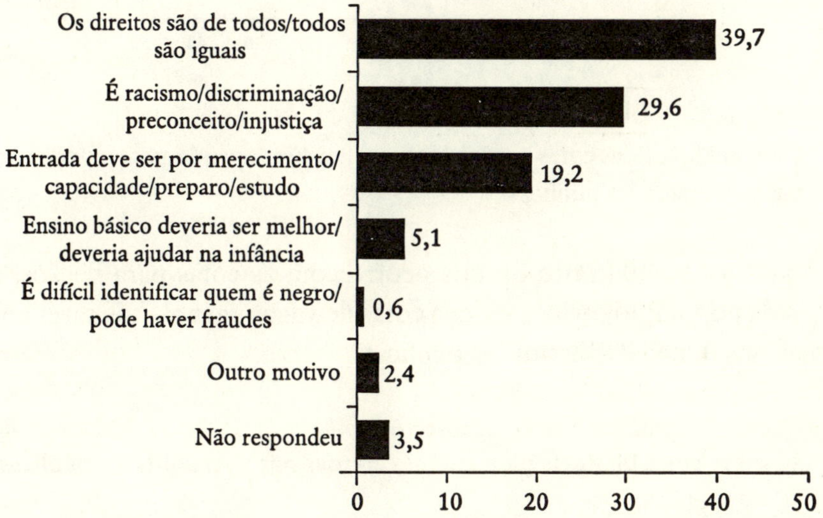

Também é interessante observar que a igualdade de essência ou de direitos entre brancos e negros serve de justificativa não só aos que rejeitam, como a uma parte dos que *apóiam* a política de cotas raciais nas universidades públicas, neste caso sublinhando a necessidade de equalizar oportunidades e oferecer reparação aos discriminados para que a igualdade se concretize efetivamente.

Gráfico 65
Motivo do apoio à cota de vagas para negros nas universidades públicas (agrupamento de respostas abertas, em %)

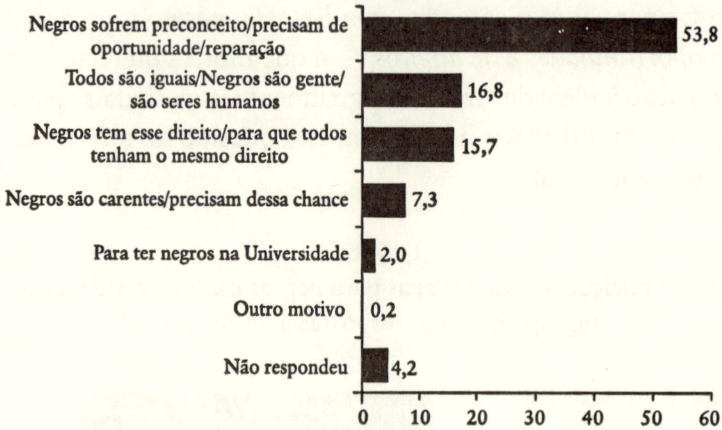

P 67. É a favor das cotas para alunos carentes (independentemente de cor) nas universidades públicas?

Como já dito, ao contrário do que ocorre com as cotas para negros, a maioria da população carioca aprova cotas de vagas para alunos carentes, sem viés racial, nas universidades públicas.

Gráfico 66
Opinião sobre cotas de vagas para alunos carentes nas universidades públicas

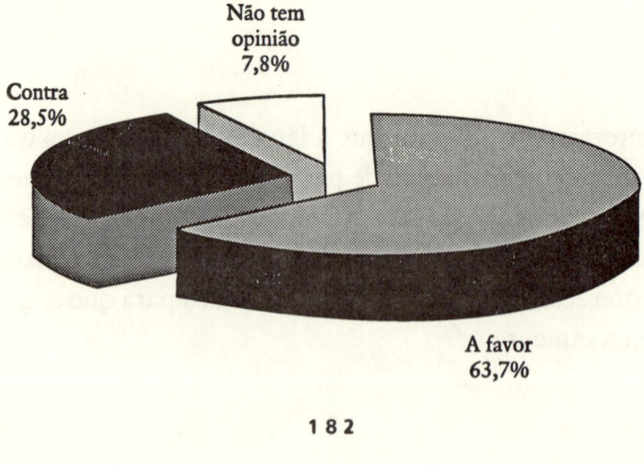

As variações nessa resposta seguem aproximadamente a mesma lógica registrada para as cotas raciais, com a diferença de que, no caso das cotas econômicas, as oscilações por raça são menos acentuadas. Brancos estão sobre-representados (61,5%) entre os que rejeitam as cotas para alunos carentes e sua percentagem de adesão (61,6%) é inferior às dos pretos (68,6%) e pardos (66,1%), mas as distâncias — sobretudo entre brancos e pretos — são significativamente menores que nas respostas relativas às cotas raciais. Renda e escolaridade, por outro lado, parecem pesar bastante: pessoas na faixa mais alta de rendimentos e pessoas com escolarização superior apresentam percentagens de rejeição bem acima da média de 28,5% (respectivamente 39,3 e 37,1%).

Não há variação por sexo. Por faixas etárias, observa-se que a *maior* proporção de opiniões favoráveis às cotas econômicas está entre os muito jovens (15 a 19 anos, 71%) e a *menor*, entre os jovens de 25 a 29 anos de idade (56,5%).

Gráfico 67
Opinião sobre cotas de vagas para alunos carentes nas universidades públicas, segundo renda

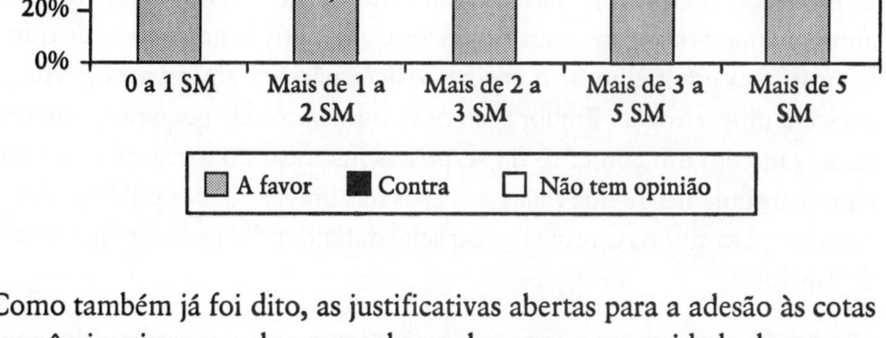

Como também já foi dito, as justificativas abertas para a adesão às cotas econômicas invocam de um modo ou de outro a necessidade de reparar injustiças, corrigir desigualdades e equiparar oportunidades. Talvez essas noções sejam mais aceitáveis no caso da desigualdade de renda que na de raça ou cor, entre outros motivos porque se dirigem a uma forma bem concreta de "injustiça", manifesta no paradoxo de os "ricos" terem acesso mais fácil que os "pobres" às universidades públicas e gratuitas.

Gráfico 68
Motivo do apoio à cota de vagas para alunos carentes nas universidades públicas (agrupamento de respostas abertas, em %)

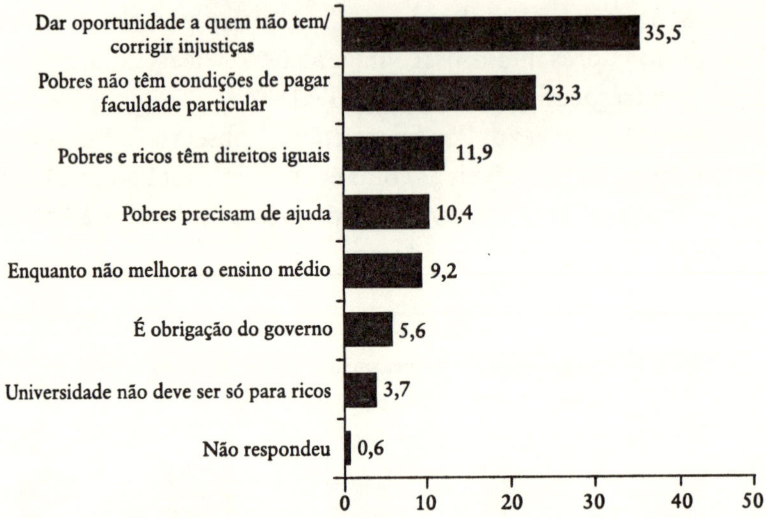

Entre os 28,5% que rejeitam a política de cotas econômicas, prevalecem amplamente os critérios meritocráticos e afirmativas no sentido de que a solução está em melhorar o ensino básico, não em abrir outra porta de acesso à universidade. Embora seu peso numérico seja pequeno, vale ressaltar também um conjunto de respostas justificando a rejeição às cotas com o argumento de que *todas* as vagas nas universidades públicas deveriam ser para alunos carentes — ou seja, defendendo a adoção de "cotas" de 100%!

Gráfico 69
Motivo da rejeição à cota de vagas para alunos carentes nas universidades públicas (agrupamento de respostas abertas, em %)

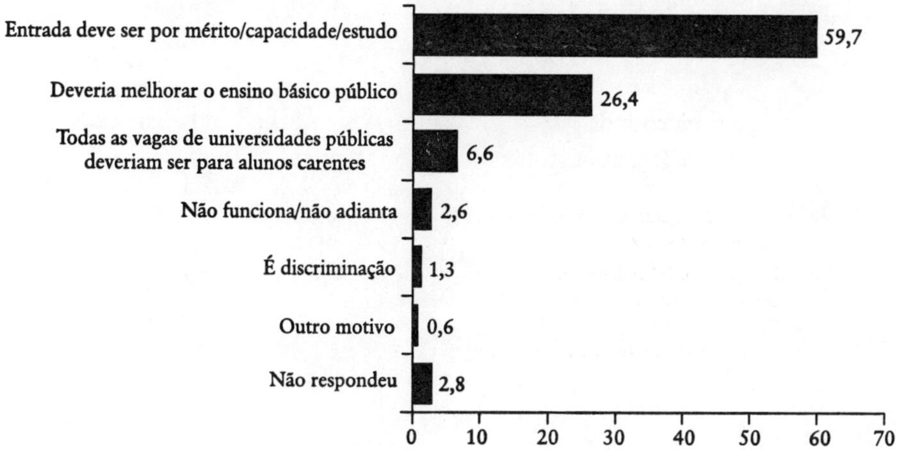

Anexos

A.1 DIVISÃO ESPACIAL DA CIDADE DO RIO DE JANEIRO*

Zona Sul	Centro/Zona Norte	Subúrbios I	Subúrbios II	Madureira/Jacarepaguá	Zona Oeste
Botafogo	**Centro**	**Portuária**	**Penha**	**Madureira**	**Bangu**
Botafogo	Centro	Caju	Brás de Pina	Bento Ribeiro	Bangu Central
Catete	**Rio Comprido**	Gamboa	Cordovil	Campinho	Bangu Sul
Cosme Velho	Catumbi	Santo Cristo	Jardim América	Cascadura	Deodoro
Flamengo	Cidade Nova	**São Cristóvão**	Parada de Lucas	Cavalcanti	Jardim Sulacap
Glória	Estácio	Benfica	Penha	Engenheiro **Leal**	Magalhães Bastos
Humaitá	Rio Comprido	Mangueira	Penha Circular	Honório Gurgel	Padre Miguel
Laranjeiras	**Tijuca**	São Cristóvão	Vigário Geral	Madureira	Realengo Norte
Urca	Alto da Boa Vista	**Ramos**	**Irajá**	Marechal Hermes	Realengo Sul
Copacabana	Campos Sales	Bonsucesso	Colégio	Oswaldo Cruz	Senador Camará
Bairro Peixoto	Praça da Bandeira	Manguinhos	Irajá	Quintino Bocaiúva	Vila Aliança
Copacabana	Saens Peña	Olaria	Vicente de Carvalho	Rocha Miranda	Vila Kennedy
Leme	Usina	Ramos	Vila Cosmos	Turiaçu	Vila Militar
Lido	**Vila Isabel**	**Inhaúma**	Vila da Penha	Vaz Lobo	**Campo Grande**
Posto 6	Andaraí	Del Castilho	Vista Alegre	**Jacarepaguá**	Campo Grande Norte
Lagoa	Grajaú	Engenho da Rainha	**Anchieta**	Anil	Campo Grande Sul
Gávea	Maracanã	Higienópolis	Anchieta	Cidade de Deus	Cosmos
Ipanema	Vila Isabel	Inhaúma	Guadalupe	Curicica	Inhoaíba
Jardim Botânico	**Méier**	Jacaré	Parque Anchieta	Freguesia	Santíssimo

Zona Sul	Centro/Zona Norte	Subúrbios I	Subúrbios II	Madureira/Jacarepaguá	Zona Oeste
Lagoa	Abolição	Maria da Graça	Ricardo de Albuquerque	Gardênia Azul	Senador Vasconcelos
Leblon	Água Santa	Tomás Coelho	Pavuna	Jacarepaguá	Santa Cruz
São Conrado	Cachambi	Ilha do Governador	Acari	Pechincha	Centro
Vidigal	Encantado	Bancários	Barros Filho	Praça Seca	Condomínios
Barra da Tijuca	Engenho de Dentro	Cacuia	Coelho Neto	Tanque	Matadouro
Barra da Tijuca	Engenho Novo	Freguesia (Ilha)	Costa Barros	Taquara	Paciência
Itanhangá	Lins de Vasconcelos	Galeão	Pavuna	Vila Valqueire	Santa Cruz Norte
Vargem Grande	Méier	Jardim Guanabara			Santa Cruz Rural
Rocinha	Piedade	Moneró			Sepetiba
Rocinha	Pilares	Pitangueiras			Guaratiba
	Riachuelo	Portuguesa			Guaratiba
	Rocha	Praia da Bandeira			Pedra de Guaratiba
	Sampaio	Tauá			
	S. Francisco Xavier	Zumbi e Ribeira			
	Todos os Santos	Jacarezinho			
	Santa Teresa	Jacarezinho			
	Santa Teresa	Complexo do Alemão			
		Complexo do Alemão			
		Maré			
		Maré			

*Agregação em seis Grandes Áreas adotada no Relatório de Desenvolvimento Humano Sustentável do Município do Rio de Janeiro, PNUD/Prefeitura do Rio de Janeiro/Ipea, 2000. Base: Bairros e Regiões Administrativas da cidade em 1991.

A.2 QUESTIONÁRIO DO LEVANTAMENTO AMOSTRAL

CESeC Centro de Estudos de Segurança e Cidadania
UNIVERSIDADE CANDIDO MENDES
PRÓ-REITORIA DE PÓS-GRADUAÇÃO E PESQUISA

Abordagem policial e estereótipos sociais

A pesquisa tem por objetivo conhecer as experiências da população com a polícia, em particular com as abordagens policiais e as blitzes, e as opiniões que a população têm sobre a polícia.

A Universidade Candido Mendes pretende, com esta pesquisa, contribuir para melhorar o relacionamento da população com a polícia.

Sua participação nesta pesquisa é voluntária, mas é muito importante para que os resultados sejam de boa qualidade. Todas as informações individuais prestadas para esta pesquisa têm caráter confidencial e só serão utilizadas para fins estatísticos. Agradecemos sua participação e colaboração.

MUNICÍPIO	DISTRITO	SUBDISTRITO	SETOR	DOMICÍLIO	ENTREVISTADOR
Rio de Janeiro					

TIPO DE ENTREVISTA

01 ☐ Realizada
02 ☐ Recusa
03 ☐ Não realizada por outro motivo: ____________________

VISITAS EFETUADAS

Número da Visita	Dia e Mês
1 ☐	
2 ☐	
3 ☐	

Hora de Início da entrevista: ___ : ___   Hora de Término da entrevista: ___ : ___

OBSERVAÇÕES

____

Quadro de listagem dos moradores

Número de moradores: |__|__|

N. O. P01	Nome	Condição no Domicílio P02	Sexo P03 (M=1 F=2)	Idade P04	Moradores elegíveis (de 15 a 65 anos de idade) P05 Enumerar	Morador selecionado P06 (Sim=1)
01						
02						
03						
04						
05						
06						
07						
08						
09						
10						
11						
12						
13						
14						
15						
16						
17						
18						

Condição no domicílio:

1. pessoa de referência	4. outro parente	7. empregado doméstico
2. cônjuge	5. agregado	8. parente de empregado doméstico
3. filho	6. pensionista	

ETIQUETA

Parte I - Inicialmente vou perguntar sobre sua experiência pessoal e direta com blitzes e abordagens policiais

01. Número de ordem: B01 |__|__|

02. O(a) sr.(a) alguma vez, já foi parado(a)/abordado(a) pela polícia em ônibus, blitz de trânsito, a pé ou de outra forma?

B02 1☐ sim
2☐ não
3☐ não lembra

Se não lembra passe para o quesito 32

03. Em que tipo(s) de situação(ões) o(a) sr.(a) lembra de ter sido parado(a)/abordado(a)? (Atenção: perguntar uma por uma e marcar todas as alternativas que o entrevistado lembrar)

B03 1☐ Em carro particular (blitz)
2☐ Em carro particular (sem blitz)
3☐ Em van ou kombi
4☐ Em taxi (blitz)
5☐ Em taxi (sem blitz)
6☐ Em moto (blitz)
7☐ Em moto (sem blitz)
8☐ Em ônibus ou trem
9☐ De bicicleta
10☐ A pé/ na rua
11☐ Em outra situação. Qual? B04 ____________

04. Na última vez, em que situação o(a) sr (a) foi parado(a) / abordado(a):

B05 1☐ Em carro particular (blitz)
2☐ Em carro particular (sem blitz)
3☐ Em van ou kombi
4☐ Em taxi (blitz)
5☐ Em taxi (sem blitz)
6☐ Em moto (blitz)
7☐ Em moto (sem blitz)
8☐ Em ônibus ou trem
9☐ De bicicleta
10☐ A pé/ na rua
11☐ Em outra situação. Qual? B06 ____________

05. Quando ocorreu essa última experiência?

B07 1☐ no último mês
2☐ nos últimos 6 meses
3☐ no último ano
4☐ há mais de 1 ano
5☐ há mais de 5 anos

06. Onde ocorreu essa última experiência?

Bairro: ____________

B08 |__|__|__|__| ☐ outro município

Rua: B09 ____________

Linha de ônibus: ____________

B10 |__|__|__|__|

07. Em que período do dia ocorreu essa última experiência?

B11 1☐ manhã 2☐ Tarde
3☐ Noite 4☐ Madrugada

Se no quesito 04 a resposta for de 8 a 11 vá para o quesito 12

08. Em caso de abordagem do veículo: o(a) sr.(a) estava dirigindo?

B12 1☐ sim 2☐ não 4☐ não lembra

09. Na última vez em que foi parado(a) /abordado(a), qual era a marca e idade do veículo abordado?

Marca/Modelo B13 ____________

Idade aproximada do veículo na época B14 |__|__| anos

10. Houve revista do veículo?

B15 1☐ sim 2☐ não 3☐ não lembra

11. Houve apreensão do veículo?

B16 1☐ sim 2☐ não 3☐ não lembra

12. Houve averiguação de seus documentos?

B17 1☐ sim 2☐ não 3☐ não lembra

13. Houve apreensão de seus documentos?

B18 1☐ sim 2☐ não 3☐ não lembra

Parte I - Inicialmente vou perguntar sobre sua experiência pessoal e direta com blitzes e abordagens policiais

14. O sr(a) foi revistado(a)?

B19 1☐ sim
2☐ não
3☐ não lembra

15. O(a) sr(a) estava sozinho(a) ou acompanhado(a) de pessoas conhecidas?

B20 1☐ Sozinho (a) *(Vá para o quesito 17)*
2☐ Acompanhado(a) de |__|__| pessoas B21

16. Descreva até quatro acompanhantes:

Acompanhantes	Sexo M=1 F=2	Idade	Cor	Averiguação de documentos	Revista
B22 Acompanhante 1	|__|	|__|__|__|	|__|	|__|	|__|
B23 Acompanhante 2	|__|	|__|__|__|	|__|	|__|	|__|
B24 Acompanhante 3	|__|	|__|__|__|	|__|	|__|	|__|
B25 Acompanhante 4	|__|	|__|__|__|	|__|	|__|	|__|

Cor: 1 – Branca 2 – Preta 3 – Parda 4 – Amarela 5 – Indígena
Averiguação de documentos: 1 – Sim 2 – Não 3 – Não lembra
Revista: 1 – Sim 2 – Não 3 – Não lembra

17. O(a) sr.(a) lembra qual(is) foi(foram) a(s) polícia(s) responsável(is) pela abordagem? *(Admite múltiplas respostas)*

B26 1☐ Polícia Militar
2☐ Polícia Civil
3☐ Polícia Federal
4☐ Polícia Rodoviária
5☐ Guarda Municipal
6☐ Outra. Qual? B27 ______________
____
7☐ Não sabe
8☐ não lembra

18. Aproximadamente, quantos policiais e viaturas havia?

Policiais B28 |__|__| Viaturas B29 |__|__|

19. Houve encaminhamento à delegacia?

B30 1☐ sim 2☐ não 3☐ não lembra

Que delegacia? ______________

B31 |__|__|__|

20. Houve ameaça/intimidação?

B32 1☐ sim 2☐ não 3☐ não lembra

Qual? B33 ______________
____
____

21. A polícia apontou diretamente uma arma contra o(a) sr.(a) ou contra algum(a) dos seus acompanhantes?

B34 1☐ sim 2☐ não 3☐ não lembra

22. Houve extorsão ou tentativa de extorsão, isto é, exigência ou pedido de dinheiro ou mercadoria?

B35 1☐ sim 2☐ não 3☐ não lembra

23. Houve algum tipo de agressão ou maus-tratos como os que vou ler a seguir? *(Atenção: perguntar uma por uma e marcar todas as alternativas que o entrevistado citar)*

Linguagem grosseira / xingamento	B36	1☐ sim	2☐ não	3☐ não lembra/ns
Humilhação	B37	1☐ sim	2☐ não	3☐ não lembra/ns
Empurrão	B38	1☐ sim	2☐ não	3☐ não lembra/ns
Tapa	B39	1☐ sim	2☐ não	3☐ não lembra/ns
Soco/pontapé	B40	1☐ sim	2☐ não	3☐ não lembra/ns
Coronhada	B41	1☐ sim	2☐ não	3☐ não lembra/ns
Outro. Qual?	B42 ______________			

Parte I - Inicialmente vou perguntar sobre sua experiência pessoal e direta com blitzes e abordagens policiais

24. Como o (a) sr.(a) definiria o tratamento recebido nessa abordagem?

B43 Educado/profissional	1 ☐ Sim	2 ☐ Não	3 ☐ Não sei
B44 Displicente/relaxado	1 ☐ Sim	2 ☐ Não	3 ☐ Não sei
B45 Preconceituoso/racista	1 ☐ Sim	2 ☐ Não	3 ☐ Não sei
B46 Corrupto	1 ☐ Sim	2 ☐ Não	3 ☐ Não sei
B47 Violento	1 ☐ Sim	2 ☐ Não	3 ☐ Não sei
B48 Outra definição. Qual? ____________			

25. Na sua opinião, por que o(a) sr(a) foi parado(a), nessa última abordagem?

B49 ____________

26. Quantas vezes o (a) sr.(a) foi parado(a)/abordado(a) pela polícia?

B50 1 ☐ 01 vez 5 ☐ mais de 10 vezes. Quantas?

2 ☐ 02 vezes |_|_|_| B51

3 ☐ 03 vezes 6 ☐ não lembra

4 ☐ 04 a 10 vezes

Se apenas uma vez passe para o quesito 32

27. Por que o(a) sr.(a) acha que é parado(a) com tanta freqüência pela polícia? *(Apenas para quem já foi parado(a) mais de 10 vezes)*

B52 ____________

28. A última experiência foi parecida com as anteriores?

B53 1 ☐ sim (Vá para o quesito 29)

2 ☐ não

Qual a principal diferença? B54 ____________

29. O(a) Sr(a) teve alguma experiência pessoal de abordagem mais marcante do que essa última, que o(a) sr.(a) gostaria de relatar?

B55 1 ☐ Sim

2 ☐ Não *(Passe para o quesito 31)*

B56 Qual? ____________

30. Essa experiência ocorreu há aproximadamente quanto tempo, onde ocorreu e com qual força policial?

B57 Há |_|_| anos B58 Há |_|_| meses

Bairro: ____________

B59 |_|_|_| ☐ Outro município

B60 Força policial:

1 ☐ Polícia Militar 5 ☐ Guarda Municipal

2 ☐ Polícia Civil 6 ☐ Outra

3 ☐ Polícia Federal 7 ☐ Não sabe/não lembra

4 ☐ Polícia Rodoviária

31. O(a) sr(a) já teve alguma experiência boa com a polícia, em abordagens?

B61 1 ☐ Sim 2 ☐ Não 3 ☐ Não lembra

Descreva: B62 ____________

Atenção: os próximos quesitos se aplicam a todos os entrevistados

32. Alguma pessoa do seu domicílio já foi parado(a)/ abordado(a) pela polícia?

B63 1 ☐ Sim

2 ☐ Não *(Vá para o quesito 34)*

3 ☐ Não sabe *(Vá para o quesito 34)*

33. Em caso positivo, descreva essa(s) pessoa(s):

B64 Número de ordem

1 |_|_| 2 |_|_| 3 |_|_| 4 |_|_| 5 |_|_|

6 |_|_| 7 |_|_| 8 |_|_| 9 |_|_| 10 |_|_|

Parte II - As próximas perguntas são para saber sua opinião geral sobre as blitzes e as abordagens policiais nas ruas da cidade.

34. O(a) Sr(a) já presenciou, alguma vez, uma blitz ou revista policial em ônibus, trem ou outro transporte coletivo?

B65 1 ☐ Não
2 ☐ Não lembra
3 ☐ Sim. Que impressão o(a) Sr(a) teve sobre a atitude da polícia nessas situações e porquê? B66

____
____
____

35. Na sua opinião, as blitzes que a polícia faz servem para quê?

B67______________________________
____
____

36. Quem o(a) sr(a) acha que decide os locais e horários das blitzes/abordagens? *(Leia as opções, exceto "não sabe")*

B68 1 ☐ O comando do Batalhão
2 ☐ Os policiais que estão na rua
3 ☐ Outra(s) pessoas(s). Qual(is)? B69__________
____
4 ☐ Não sabe

37. Na sua opinião, as blitzes/abordagens ajudam a combater e/ou prevenir a criminalidade?

B70 1 ☐ Sim 2 ☐ Não 3 ☐ Não sabe

38. Na sua opinião, as blitzes/abordagens aumentam o sentimento de segurança da população?

B71 1 ☐ Sim 2 ☐ Não 3 ☐ Não sabe

39. Na sua opinião, a polícia em geral pára mais:

B72	1 ☐ Homens 3 ☐ Indiferente	2 ☐ Mulheres 4 ☐ Não sabe
B73	1 ☐ Ricos 3 ☐ Indiferente	2 ☐ Pobres 4 ☐ Não sabe
B74	1 ☐ Jovens 3 ☐ Indiferente	2 ☐ Mais velhos 4 ☐ Não sabe
B75	1 ☐ Brancos 3 ☐ Indiferente	2 ☐ Negros 4 ☐ Não sabe

40. Na sua opinião, a polícia deve continuar a fazer blitzes/abordagens nas ruas da cidade?

B76 1 ☐ Sim
2 ☐ Não
3 ☐ Depende de como forem feitas as blitzes
4 ☐ Não sabe *(Vá para o quesito 41)*

B77 Por que?______________________________
____
____
____

Parte III - Agora vou perguntar sobre sua experiência com a polícia em diversas situações.

41. O(a) sr(a) já teve alguma(s) dessa(s) outra(s) experiência com a polícia? *(Atenção: perguntar uma por uma e marcar todas as experiências do entrevistado)*

B78 1 ☐ Ir à delegacia, dar queixa/registrar ocorrência	9 ☐ Ter sua comunidade invadida pela polícia
2 ☐ Ir à delegacia, acompanhando outra pessoa	10 ☐ Ser intimado(a) a comparecer a um órgão policial
3 ☐ Chamar a polícia, em caso de crime ou ameaça	11 ☐ Ficar detido(a) em delegacia ou quartel
4 ☐ Ligar para o 190	12 ☐ Ter algum(a) parente ou amigo(a) preso(a) ou detido(a) em delegacia, casa de custódia ou quartel
5 ☐ Presenciar pessoalmente agressão/violência de policiais	13 ☐ Ser parente ou amigo(a) de policial(is)/conviver com membro(s) da polícia
6 ☐ Presenciar pessoalmente comportamento negligente/desleixado/indiferente de policiais	14 ☐ Fazer parte da polícia
7 ☐ Presenciar pessoalmente ação eficiente/correta/profissional de policiais	15 ☐ Ter sido parado(a) em aeroporto
8 ☐ Ter sua casa revistada	16 ☐ Outra. Descreva: B79__________

Parte III - Agora vou perguntar sobre sua experiência com a polícia em diversas situações.

42. Das experiências anteriores, descreva a mais marcante:

B80______________________________

43. Algum parente, amigo(a) ou vizinho(a) já teve uma experiência ruim com a polícia?

B81 1☐ Sim 2☐ Não 3☐ Não sabe

Quem? *(Indique relação de parentesco, ou se vizinho(a) ou amigo(a))*

B82______________________________

Qual experiência? B83______________________________

44. Algum parente, amigo(a) ou vizinho(a) já teve uma experiência boa com a polícia?

B84 1☐ Sim 2☐ Não 3☐ Não sabe

Quem? *(Indique relação de parentesco, ou se vizinho(a) ou amigo(a))*

B85______________________________

Qual experiência? B86______________________________

45. O(a) sr(a) se lembra de ter visto, na televisão ou em fotos de jornais, imagens negativas (de corrupção ou violência) envolvendo polícia no Rio de Janeiro?

B87 1☐ Sim 2☐ Não 3☐ Não lembra

Em caso afirmativo, descreva:

B88______________________________

46. O(a) sr.(a) já apresentou queixa ou denúncia contra policiais em algum(ns) desses órgãos? (Admite múltiplas respostas)

B89
1☐ Não *(Vá para o quesito 48)*
2☐ Não quis informar *(Vá para o quesito 48)*
3☐ Delegacia
4☐ Quartel/Batalhão da PM
5☐ Corregedoria de Polícia
6☐ Ouvidoria de Polícia
7☐ Disque-Denúncia
8☐ 190
9☐ Jornal, rádio, televisão
10☐ Outro: B90______________________________

47. Em caso positivo, qual foi o resultado dessa(s) denúncia(s)?

B91
1☐ Nenhum. Nada foi feito.
2☐ Não sabe
3☐ Houve resultados. Quais? B92______________________________

48. O(a) sr(a) já teve alguma experiência pessoal marcante com segurança particular/vigilantes?

Em shoppings	B93	1☐ Sim	2☐ Não	3☐ Não lembra
Em porta de banco	B94	1☐ Sim	2☐ Não	3☐ Não lembra
Guarita de rua	B95	1☐ Sim	2☐ Não	3☐ Não lembra
Condomínio/clube	B96	1☐ Sim	2☐ Não	3☐ Não lembra
Bares/Boites/ Casas de Show	B97	1☐ Sim	2☐ Não	3☐ Não lembra
Em supermercados	B98	1☐ Sim	2☐ Não	3☐ Não lembra

Outro local. Qual? B99______________________________

49. Em caso positivo, descreva a experiência mais marcante:

B100______________________________

Parte IV - Agora vou perguntar suas impressões sobre a polícia.

50. Qual a primeira idéia que lhe vem à cabeça quando o(a) sr(a) pensa em polícia?

B101

____

____

____

____

51. O(a) sr(a) tem muito, médio, pouco ou nenhum medo da polícia?

B102 1☐ Muito 2☐ Médio 3☐ Pouco 4☐ Nenhum

52. O(a) sr.(a) tem muita, média, pouca ou nenhuma confiança na polícia?

B103 1☐ Muita 2☐ Média 3☐ Pouca 4☐ Nenhuma

53. Que nota, de zero a dez, o(a) sr(a) atribuiria para cada uma dessas forças? *(Atenção: esclarecer ao informante que nota inferior a 5 significa "reprovação", enquanto nota igual ou superior a 5 significa "aprovação")*

Polícia Militar	B104	⊔⊔	Guarda Municipal	B108	⊔⊔
Polícia Civil	B105	⊔⊔	Corpo de Bombeiros	B109	⊔⊔
Polícia Federal	B106	⊔⊔	Exército	B110	⊔⊔
Polícia Rodoviária	B107	⊔⊔			

54. Como o(a) Sr(a) avalia a Polícia Militar do Rio de Janeiro em relação aos itens:

Eficiência	B111	1☐ Muita	2☐ Média	3☐ Pouca	4☐ Nenhuma	5☐ Não sabe
Respeito ao cidadão	B112	1☐ Muito	2☐ Médio	3☐ Pouco	4☐ Nenhum	5☐ Não sabe
Preconceito/racismo	B113	1☐ Muito	2☐ Médio	3☐ Pouco	4☐ Nenhum	5☐ Não sabe
Corrupção	B114	1☐ Muita	2☐ Média	3☐ Pouca	4☐ Nenhuma	5☐ Não sabe
Violência	B115	1☐ Muita	2☐ Média	3☐ Pouca	4☐ Nenhuma	5☐ Não sabe

55. Na sua opinião, se houvesse mais mulheres na Polícia Militar do Rio de Janeiro, fazendo policiamento direto nas ruas, a polícia seria melhor, pior ou igual à que é hoje, em relação aos seguintes itens:

Eficiência	B116	1☐ Melhor	2☐ Pior	3☐ Igual	4☐ Não sabe
Respeito ao cidadão	B117	1☐ Melhor	2☐ Pior	3☐ Igual	4☐ Não sabe
Preconceito / Racismo	B118	1☐ Melhor	2☐ Pior	3☐ Igual	4☐ Não sabe
Corrupção	B119	1☐ Melhor	2☐ Pior	3☐ Igual	4☐ Não sabe
Violência	B120	1☐ Melhor	2☐ Pior	3☐ Igual	4☐ Não sabe

Parte V - Agora vamos falar um pouco sobre preconceitos e discriminação.

56. O(a) sr.(a) acha que existe discriminação ou preconceito racial no Brasil?

B121 1☐ Sim 2☐ Não 3☐ Não sabe

57. O(a) sr.(a) acha que os grupos abaixo são discriminados ou sofrem preconceito na sociedade?

Negros de pele escura	B122	1☐ Muito	2☐ Médio	3☐ Pouco	4☐ Nenhum	5☐ Não sabe
Mulatos/pardos	B123	1☐ Muito	2☐ Médio	3☐ Pouco	4☐ Nenhum	5☐ Não sabe
Nordestinos/Nortistas	B124	1☐ Muito	2☐ Médio	3☐ Pouco	4☐ Nenhum	5☐ Não sabe
Índios	B125	1☐ Muito	2☐ Médio	3☐ Pouco	4☐ Nenhum	5☐ Não sabe
Pobres, independentemente da cor	B126	1☐ Muito	2☐ Médio	3☐ Pouco	4☐ Nenhum	5☐ Não sabe
Moradores de favelas	B127	1☐ Muito	2☐ Médio	3☐ Pouco	4☐ Nenhum	5☐ Não sabe
Moradores de subúrbios	B128	1☐ Muito	2☐ Médio	3☐ Pouco	4☐ Nenhum	5☐ Não sabe
Mulheres	B129	1☐ Muito	2☐ Médio	3☐ Pouco	4☐ Nenhum	5☐ Não sabe
Pessoas com baixa escolaridade	B130	1☐ Muito	2☐ Médio	3☐ Pouco	4☐ Nenhum	5☐ Não sabe
Pessoas com deficiências físicas	B131	1☐ Muito	2☐ Médio	3☐ Pouco	4☐ Nenhum	5☐ Não sabe
Pessoas idosas	B132	1☐ Muito	2☐ Médio	3☐ Pouco	4☐ Nenhum	5☐ Não sabe
Homossexuais	B133	1☐ Muito	2☐ Médio	3☐ Pouco	4☐ Nenhum	5☐ Não sabe
Policiais	B134	1☐ Muito	2☐ Médio	3☐ Pouco	4☐ Nenhum	5☐ Não sabe
Prostitutas	B135	1☐ Muito	2☐ Médio	3☐ Pouco	4☐ Nenhum	5☐ Não sabe
Travestis	B136	1☐ Muito	2☐ Médio	3☐ Pouco	4☐ Nenhum	5☐ Não sabe

58. O(a) sr.(a) acha que a polícia é mais, menos ou igualmente racista do que o resto da sociedade?

B137 1☐ Mais
2☐ Menos
3☐ Igualmente
4☐ Não sabe

59. Na sua opinião, quando um policial bate os olhos numa pessoa, qual a primeira coisa que faz com que ele considere essa pessoa suspeita?

B138 1☐ A cor da pele
2☐ A idade
3☐ O modo de vestir
4☐ A atitude
5☐ Outro fator. Qual? B139________________

____
6☐ Não sabe

Parte VI - As próximas perguntas são sobre segurança, justiça e cidadania.

60. Algumas pessoas avaliam que a polícia deveria utilizar de mais violência para combater a criminalidade. O(a) sr(a) concorda ou discorda dessa afirmação?

B140 1☐ Concorda 2☐ Discorda 3☐ Não tem opinião

61. O(a) sr(a) acha que a polícia deve esperar autorização judicial para fazer revista em residências em favelas?

B141 1☐ Sim 2☐ Não 3☐ Não tem opinião

62. O(a) sr(a) acha que a polícia deve esperar autorização judicial para fazer revista em residências em bairros de classe média?

B142 1☐ Sim 2☐ Não 3☐ Não tem opinião

63. O(a) sr(a) concorda ou discorda da seguinte afirmação: *"os direitos humanos acabam favorecendo mais os bandidos do que as pessoas de bem"?*

B143 1☐ Concorda 2☐ Discorda 3☐ Não tem opinião

64. Em vários pontos do Rio de Janeiro, volta e meia tem havido queima de ônibus e o comércio é obrigado a fechar as portas. Nesses episódios o(a) sr(a) acha que a polícia tem controlado bem a situação?

B144 1☐ Sim 2☐ Não 3☐ Não tem opinião

65. O(a) Sr(a) é contra ou a favor da pena de morte para os seguintes crimes?

Assassinato B145	1☐ A favor 2☐ Contra	3☐ Depende da situação 4☐ Não tem opinião formada
Estupro B146	1☐ A favor 2☐ Contra	3☐ Depende da situação 4☐ Não tem opinião formada
Roubo B147	1☐ A favor 2☐ Contra	3☐ Depende da situação 4☐ Não tem opinião formada
Seqüestro B148	1☐ A favor 2☐ Contra	3☐ Depende da situação 4☐ Não tem opinião formada

66. O(a) sr(a) é a favor da cota de vagas para negros nas universidades públicas?

B149 1☐ Sim 2☐ Não 3☐ Não tem opinião

Se respondeu "Sim" ou "Não", por quê?

B150 ____

67. O(a) sr(a) é a favor da cota de vagas para alunos carentes (independentemente de cor) nas universidades públicas?

B151 1☐ Sim 2☐ Não 3☐ Não tem opinião

Se respondeu "Sim" ou "Não", por quê?

B152 ____

Parte VII - Perfil sócio-econômico

68 - Como o Sr.(a) define sua cor ou raça?

B153 ______________________________

69. Segundo a classificação do IBGE qual é a sua cor ou raça? *(Atenção: leia as opções)*

B154 1☐ Branca 4☐ Amarela
2☐ Preta 5☐ Indígena
3☐ Parda

70. Cor ou raça do entrevistado atribuída pelo entrevistador *(Não pergunte, anote. Adotar a classificação do IBGE):*

B155 1☐ Branca 4☐ Amarela
2☐ Preta 5☐ Indígena
3☐ Parda

71 - Sabe ler e escrever?

B156 1☐ Sim
2☐ Não

72 - Freqüenta escola?

B157 1☐ Sim
2☐ Não

73. Nível de instrução *(última série concluída):* B158 |__|__|

74. Exerce, atualmente, alguma atividade remunerada?

B159 1☐ Sim
2☐ Não ⇨ *passe para o quesito 76*

75. Ocupação principal:

____
____
____
____

B160 |__|__|__|__| ⇨ *(passe para o quesito 77)*

76. Atualmente o(a) Sr(a): *(Atenção: resposta única)*

B161 1☐ está exercendo alguma atividade não remunerada
2☐ está procurando trabalho
3☐ é aposentado(a)
4☐ é estudante
5☐ cuida dos afazeres domésticos
6☐ outro

77. Renda pessoal mensal habitual:

B162 R$ |__|__|__|__|__|__|__|,00

78. Renda domiciliar mensal:

B163 R$ |__|__|__|__|__|__|__|,00

79. Como o(a) Sr(a) avalia sua classe econômica:

B164 1☐ Classe alta / rico(a)
2☐ Classe média alta
3☐ Classe média
4☐ Classe média baixa
5☐ Classe baixa/pobre
6☐ Não sabe

O CESeC e a Science agradecem a sua colaboração !

Nível de Instrução: série concluída

01 - sem instrução	05 - 3ª série do ensino fundamental	09 - 7ª série do ensino fundamental	13 - 3ª série do ensino médio
02 - pré-escolar	06 - 4ª série do ensino fundamental	10 - 8ª série do ensino fundamental	14 - Superior incompleto
03 - 1ª série do ensino fundamental	07 - 5ª série do ensino fundamental	11 - 1ª série do ensino médio	15 - Superior completo
04 - 2ª série do ensino fundamental	08 - 6ª série do ensino fundamental	12 - 2ª série do ensino médio	16 - Mestrado ou Doutorado completos

Conclusões e sugestões

Como vimos, a pesquisa quantitativa feita em junho-julho de 2003 registrou que pouco mais de 1/3 da população carioca já havia sido alguma vez abordada ou parada na rua pela polícia, sendo que, dessa parcela, cerca de 43% lembravam ter passado pela experiência ao menos três vezes na vida. Para 62% dos abordados, a última experiência ocorrera enquanto trafegavam em veículo particular (carro ou moto); para 51%, ocorrera em operações popularmente conhecidas como blitzes e tecnicamente denominadas pela PM de *A-Rep 3*: ações "inopinadas" de revista de veículos com a finalidade de apreender armas e drogas, e de reprimir o roubo e o furto de automóveis. Abordagens a pé, na rua, representavam 19% das últimas experiências relatadas; em transporte coletivo (ônibus, trem, kombi ou van), cerca de 15% e em outras situações (táxi ou bicicleta), menos de 4%.

Assim, prevaleceu a blitz em veículo particular como última situação de abordagem policial experimentada pela população — resultado que pode refletir, em alguma medida, a política de intensificação das blitzes no Rio de Janeiro, adotada após o episódio do ônibus 174, em junho de 2000. Vale a pena, portanto, começar destacando algumas questões relativas a esse tipo específico de abordagem policial.

BLITZ PARA QUÊ?

O importante para mim é que parem um veículo só, mas que seja um veículo que o policial tenha uma certa suspeição sobre ele (...), diria, uma fundada suspeita.

O mais importante não é o flagrante efetuado, o mais importante é a sensação de segurança que todas as operações estarão repassando ao público de maneira geral.

(Oficiais da PM entrevistados pela pesquisa)

O levantamento indicou que a grande maioria da população carioca (77%), tendo ou não vivido diretamente a experiência, apoiava, em 2003, a continuidade das blitzes, consideradas úteis para prevenir a criminalidade, averiguar irregularidades nos veículos e apreender armas e drogas (54%), ou então para transmitir segurança aos cidadãos com uma maior presença da polícia nas ruas (23%). Embora varie bastante entre os diversos segmentos de entrevistados, sobretudo em diferentes faixas de idade, esse apoio majoritário indica, à primeira vista, um sucesso da política adotada pela Secretaria de Segurança Pública do Rio de Janeiro. Entretanto, a pesquisa qualitativa junto à PM constatou que não há nenhum mecanismo de avaliação capaz de comprovar a eficácia das A-Rep 3 naquilo a que oficialmente elas se destinam e que a maior parte da população supõe ser o seu objetivo principal: prevenir e reprimir o crime, detectar veículos em situação irregular. Tais operações obedecem a rigoroso planejamento, mas seus resultados concretos em termos de prisões, apreensões ou queda dos índices criminais são pífios, ou nem sequer são levados em conta — o que sugere que o efeito visibilidade, e não a eficácia preventiva/repressiva, constitui o propósito central das blitzes. Isto, aliás, foi admitido explicitamente por alguns oficiais da PM que entrevistamos e se confirmou na pesquisa amostral, em que só uma ínfima parcela das pessoas paradas nesse tipo de abordagem relatou ter havido, na última experiência, apreensão do veículo (1,8%), apreensão de documentos (1,4%) ou encaminhamento de ocorrências à delegacia (1,9%).

Cabe portanto indagar se os custos diretos e indiretos das A-Rep 3 (empenho de tempo, pessoal, viaturas; retenções de trânsito, riscos para os policiais etc.) se justificam pela simples finalidade de tornar mais visível a presença da polícia nas ruas. Se os recursos aí empregados não poderiam ter destinação mais racional e mais eficaz. Ou, caso contrário, se não se deveria investir mais seriamente na *qualidade* dessas abordagens, desses encontros entre a polícia e os cidadãos não-criminosos — já que se admite serem eles a "clientela" preferencial das blitzes no Rio de Janeiro.

Como o nosso levantamento mostrou, quase metade do total de entrevistados avalia que a PM do Rio é *pouco ou nada* eficaz e tem *pouco* ou *nenhum* respeito pelos cidadãos; 68% classificaram-na como *muito* corrupta e 57% como *muito* violenta. Tais opiniões não se referem necessariamente a experiências pessoais, nem especificamente às blitzes, mas indicam que o apoio da maioria da população carioca à continuidade dessas operações longe está de significar aprovação majoritária do trabalho desenvolvido pela PMERJ, altos níveis de confiança na polícia ou ausência de juízos negativos sobre o comportamento dos seus agentes.

As sugestões a seguir enfatizam a necessidade de repensar a pertinência e os efeitos da mera repetição de blitzes nas ruas da cidade, quer pela adoção de mecanismos de monitoramento de resultados e avaliação de custo-benefício, quer pelo foco na qualidade das abordagens, em instrumentos capazes de maximizar sua percepção, da parte da população e da polícia, como uma experiência de cidadania e de segurança, melhorando a imagem da PM e reduzindo danos objetivos e subjetivos que freqüentemente resultam desses encontros. Seria a nosso ver recomendável que a PM:

1) utilizasse mecanismos de monitoramento e avaliação de eficácia das operações de abordagem, exigindo: (a) o preenchimento efetivo e

regular da ficha, já existente, de controle de veículos parados em qualquer tipo de abordagem; (b) a anotação detalhada, ao lado das informações previstas na ficha (local, data, tipo de veículo e placa), do resultado da abordagem (prisão; apreensão do veículo, de documentos e/ou de material ilícito; irregularidades, infrações, contravenções ou crimes detectados; encaminhamento de ocorrências à delegacia); (c) a elaboração e a divulgação de relatórios periódicos com informações sobre recursos empenhados nas A-Rep 3 e resultados das operações;

2) ampliasse internamente, nas instâncias apropriadas (incluindo cursos de formação policial), a discussão das funções de cada modalidade de policiamento ostensivo e a valorização da análise técnica dos seus resultados;
3) adotasse procedimentos capazes de favorecer e universalizar, como norma, a "boa experiência" entre policiais e cidadãos na oportunidade da abordagem, estabelecendo regras claras a serem seguidas pelo(a) policial, cobrando o seu cumprimento e retomando projetos de melhoria da qualidade dessas interações, como, por exemplo, a distribuição da *Cartilha de direitos e deveres do cidadão numa abordagem*, instituída em 2002 e abandonada logo depois;
4) estudasse a hipótese de incluir regularmente policiais femininas nas equipes de A-Rep 3, visto ser generalizada no Rio de Janeiro a opinião de que a presença delas aumenta a qualidade, a eficácia e a confiabilidade dos contatos entre cidadãos e polícia.

FILTROS DA SUSPEITA

A abordagem é uma situação muito discutível,
porque a abordagem é uma coisa subjetiva.
Às vezes uma coisa pode ser suspeita para mim,
mas pode não ser suspeita para outra pessoa,
vai depender do ponto de vista.

Porque nós não temos um detector de bandido, seria
muito bom. A gente entrava num ônibus
ou parava um veículo: "Olha, o bandido é aquele lá".
Não tem como, bandido não tem cara.

(Oficiais da PM entrevistados pela pesquisa)

Apesar da prevalência de respostas favoráveis à continuação das blitzes no Rio de Janeiro, a maioria da população considera as abordagens policiais, de modo geral, seletivas, ou mesmo abertamente discriminatórias: cerca de 60% acreditam que a polícia escolhe pela aparência física quem será abordado(a), incluindo aí cor da pele (40,1%) e modo de vestir (19,7%); na opinião de 80% dos cariocas, os jovens são mais parados que as pessoas mais velhas; para cerca de 60%, os negros são mais parados que os brancos e os pobres mais do que os ricos. Além disso, 43% da população classificaram a PM fluminense como *muito* racista e 30% afirmaram que ela é *mais* racista que o restante da sociedade.

Os resultados gerais da pesquisa não permitem dizer se há de fato sobre-representação, no total de pessoas abordadas pela PM, dos grupos que o senso comum aponta como alvos prediletos da suspeição policial. Quando se considera a simples experiência de ter sido parado(a) alguma vez e o número de abordagens sofridas, há uma correlação consistente com gênero e idade, mas não com raça, renda ou escolaridade, o peso dessas variáveis só aparecendo quando se diferenciam tipos de abordagem e tipos de tratamento que a polícia dispensa aos cidadãos. A dificuldade de generalizar um perfil "típico" de suspeito deriva, entre outras coisas, do fato de a última experiência de abordagem registrada em maior proporção pela pesquisa ter ocorrido em veículos particulares, já estando portanto previamente filtrada por certos condicionantes demográficos e sociais, como idade mínima para dirigir, renda mínima para possuir um veículo e, muito provavelmente, raça/cor branca — se considerarmos, como aproximação grosseira, os dados do Censo 2000, mostrando que apenas 2% dos domicílios cariocas com responsáveis "pretos" e 7,4% daqueles com responsáveis "pardos" possuíam automóvel para uso particular. Mesmo não havendo como estimar a dimensão e composição da parcela de pessoas que possui e/ou dirige veículos particulares, sabemos que ela não se distribui de forma aleatória pelos grupos etários, raciais ou econômicos da população carioca. Logo, qualquer comparação entre o total de pessoas paradas pela polícia (sendo mais de 50% em abordagens automobilísticas) e o total de moradores da cidade tenderá a sub-representar, no primeiro grupo, os muito jovens e o segmento mais pobre da população, no qual se incluem, majoritariamente, as pessoas negras. A política de intensificação das blitzes da PM nos últimos anos e a própria estratégia da nossa pesquisa de buscar o detalhamento da experiência mais recente de abordagem, para minimizar lapsos ou confusões de memória, impuseram, assim, certa seletividade ao perfil das pessoas paradas nas ruas do Rio de Janeiro, enviesando-o na direção dos maiores de idade e também das pessoas brancas e de nível socioeconômico superior à média da população.

A falta de informações sobre tamanho e composição da parcela que dirige veículos particulares não possibilita verificar se há nas blitzes cariocas algo análogo à "filtragem racial" (*racial profiling*) detectada em abordagens policiais nas rodovias dos EUA, onde se constatou de forma inequívoca que motoristas negros são muito mais parados que brancos, tomando como referência seu peso no total de motoristas em trânsito durante os períodos em observação. Nossos dados mostram, ao contrário, uma sub-representação dos negros parados em blitzes, relativamente ao seu peso na população carioca, mas, se eles forem uma parcela muito pequena dos motoristas amadores que transitam pela cidade, podem até estar fortemente sobre-representados entre os que a PM parou nos 12 meses anteriores à realização da pesquisa. Só um monitoramento detalhado permitiria investigar se há ou não esse tipo específico de seletividade na ação policial.

Tudo indica, de qualquer modo, que não é na experiência de ser abordado(a) em veículo particular que se configura a "típica" experiência de discriminação racial pela polícia. Nesse sentido, não caberia uma transposição literal ao nosso caso da problemática norte-americana do *racial profiling*, circunscrita sobretudo aos relativamente numerosos motoristas negros de classe média — como descreve o artigo de Paul Amar incorporado ao final deste livro. Aqui, a pobreza da esmagadora maioria dos negros "poupa-os" desse tipo específico de discriminação, servindo também, aliás, para mascarar a própria existência de racismo na sociedade brasileira. Entretanto, há outras situações de abordagem policial típica e predominantemente "racializadas", além de filtradas (em sentido inverso ao das blitzes) por gênero, idade, território e classe social. Os dados da pesquisa quantitativa indicam que ser parado(a) andando a pé na rua ou em transporte coletivo é uma experiência que de fato incide desproporcionalmente sobre os negros e, no caso da abordagem de pedestres, também sobre os jovens e as pessoas de baixa escolaridade. Este último tipo de abordagem, além do mais, foi registrado em proporções bem maiores na Zona Oeste, nos subúrbios e na região centro-norte do que na Zona Sul da cidade.

Indícios ainda mais claros de seletividade racial e social surgem quando se examina a incidência de revistas corporais, um procedimento não muito comum nas blitzes em veículos particulares (correspondendo a 19% dos casos descritos), mas registrado em quase metade das abordagens no interior de ônibus ou trem, e praticamente obrigatório nas abordagens de pedestres (77% dos casos). Mais da metade (55%) das pessoas autoclassificadas como pretas e metade dos jovens de 15 a 24 anos parados pela polícia, a pé ou em outras situações, disseram ter sofrido revista corporal, contra 33% do total de brancos parados e 25% de pessoas na faixa etária de 40 a 65 anos. As pessoas com renda mensal até cinco salários mínimos sofreram revista em mais de 40% dos casos, enquanto aquelas com renda superior a cinco salários, somente em 17% dos casos. Parece confirmar-se, assim, a idéia de que a polícia não só pára menos transeuntes brancos, mais velhos e de classe média (sobretudo quando circulam por áreas "nobres" do Rio de Janeiro), como tem maior pudor em revistá-los — um procedimento muito fortemente associado à existência de suspeição e considerado em si mesmo humilhante.

Embora, num nível maior de detalhamento, a rarefação da amostra não permita extrair dados estatisticamente representativos, há indicações, também, de que, numa abordagem policial, a probabilidade de se sofrer ameaça, intimidação, coação e violência física ou psicológica é maior para os jovens, para os negros e para os pobres do que para os brancos, para os mais ricos e para os mais velhos. Essas experiências foram registradas em dimensões relativamente pequenas no nosso *survey*, mas, ainda assim, reforçam a impressão de um "modelo" discriminatório de abordagem, já evidenciado pela desproporcional incidência de revistas corporais sobre os mesmos segmentos da população. Seu impacto, além disso, parece transcender muito as situações diretamente vividas e as pessoas ou grupos diretamente atingidos, somando-se a outros elementos (como imagens veiculadas na imprensa) para alimentar ou confirmar a percepção genérica da população sobre o caráter seletivo tanto da escolha de "suspeitos" quanto do tratamento dado a eles pela polícia.

Retomaremos esse tema logo a seguir. Cabem antes algumas considerações sobre os objetivos "oficiais" da abordagem de transeuntes pela PM do Rio de Janeiro. Como vimos, mesmo as A-Reps 3 (abordagens de veículos), que passam por rigoroso planejamento, não se orientam pelo critério de fundada suspeita ou por resultados comprovados na prevenção/repressão do crime, buscando, quando muito, aumentar a visibilidade da polícia em certas áreas do município. E a revista de pessoas que circulam a pé ou em transporte coletivo? Há justificativa técnica para esse procedimento? Ele se baseia em fundadas suspeitas? Existem sobre ele diretrizes claras, que definam normas, objetivos, funções e resultados esperados? Há alguma avaliação do seu custo-benefício, de seus efeitos na redução da violência ou no aumento da sensação de segurança? Há mecanismos institucionais de monitoramento e controle capazes de detectar e minimizar práticas abusivas e discriminatórias nessa modalidade de ação policial?

As entrevistas com praças e oficiais da PM revelaram que não só é negativa a resposta para todas as perguntas acima, como nem sequer existe um discurso minimamente articulado sobre critérios de construção da suspeita que explique com nitidez o que leva um policial a abordar e revistar alguém num ônibus ou na rua. Falas quase sempre evasivas, defensivas, sugerem a prevalência de critérios individualizados, "subjetivos", "intuitivos", não regulados institucionalmente — vale dizer, a ausência de parâmetros, até mesmo conceituais, que norteiem as decisões num espaço tão aberto ao exercício da discricionariedade policial.[28] Mais do que uma *orientação* deliberadamente discriminatória, o que se percebe, assim, é a delegação dessas decisões à cultura informal dos agentes, a renúncia a impor-lhes balizas institucionais e, em conseqüência, um bloqueio de qualquer discussão interna ou externa sobre estereótipos raciais e sociais intervenientes no exercício cotidiano da suspeição.

Adiando um pouco a questão específica do racismo, as sugestões abaixo vão no sentido de institucionalizar na PM a noção de *fundada suspeita* e de estabelecer parâmetros nítidos para a abordagem de transeuntes. Seria fundamental que:

1) em documentos escritos, e em cursos de formação e de reciclagem, fossem definidos clara e detalhadamente os critérios norteadores da *fundada suspeita* e as justificativas técnicas para a abordagem e revista corporal de transeuntes, levando em conta diferentes situações-tipo enfrentadas no trabalho cotidiano dos policiais;
2) fossem estudadas formas adequadas de monitoramento e controle das abordagens e revistas corporais efetuadas em modalidades ordinárias de policiamento ostensivo, capazes de identificar e corrigir a incidência de estereótipos e preconceitos nos critérios de suspeição;
3) se estabelecesse como uma das metas do treinamento policial banir o recurso à revista corporal como mecanismo de humilhação, subjugação ou intimidação;

[28] A falta de clareza sobre o que seja *fundada suspeita* é especialmente surpreendente quando se consideram não apenas os marcos jurídicos como o alto prestígio desfrutado, na própria cultura policial, pela "arte de suspeitar". Ver, sobre esse tema, Muniz (1999).

4) tal como no caso das blitzes em veículos, fossem instituídos mecanismos de avaliação de resultados e análise de custo-benefício das abordagens de pessoas nas ruas, em transporte coletivo e em outras situações.

NEGRO OU AZUL? O TABU DA COR NA PM

É mole de ver / que em qualquer dura / o tempo passa mais lento pro negão. Quem segurava com força a chibata / agora usa farda / engatilha a macaca / escolhe sempre o primeiro / negro pra passar na revista.

(Marcelo Yuka, *Todo camburão tem um pouco de navio negreiro*)

A cor, num primeiro momento, pode ser importante para a abordagem. Num primeiro momento, na primeira observação, mas o mais importante é a apresentação pessoal.

Veja bem, tudo isso é muito conceitual. Em primeiro lugar, a nossa população é basicamente mestiça. Por exemplo, eu me definiria como negro, como pardo ou como moreno? Vai muito do que as pessoas conceituam como negro ou branco.

(Oficiais da PM entrevistados pela pesquisa)

Talvez por falta de elementos suficientes, como já dito, não se detectou "filtragem racial" (*racial profiling*) nas abordagens automobilísticas efetuadas pela PM carioca ao longo dos 12 meses anteriores ao *survey*. Mas, como também já vimos, há fortes indicações de que esse filtro está presente em outras modalidades de abordagem e em certos tipos de procedimentos, além de constituir uma referência sistemática nas percepções da população acerca dos critérios que orientam a suspeita policial.

Cabe sublinhar aqui o paradoxo de a PM, uma instituição com presença maciça de negros nos seus quadros, praticar discriminação racial, ser percebida como muito racista por boa parte da sociedade e, ainda assim, esquivar-se defensivamente de qualquer questionamento, de qualquer debate, interno ou externo, sobre o problema. Paradoxo até certo ponto explicável pela lógica uniformizadora da cultura militar (*"PM não tem cor, tem farda"*), ou pela própria natureza diluidora, "antropofágica", do padrão tradicional de relações raciais no Brasil — como sugere Marcelo Paixão no texto de referência em anexo. Mas, ao mesmo tempo, o efeito bumerangue dessa "cegueira racial", dessa estratégia de denegação e de fechamento à temática da raça e do racismo, parece abater-se em cheio sobre a polícia, mais talvez do que sobre outras instituições. Primeiro, porque, trabalhando na prática com estereótipos, ela aceita ser um "operador" explícito de preconceitos que a sociedade prefere disfarçar e, não questionando a validade de tal "missão", carrega solitariamente todo o seu ônus. Segundo, porque se condena ao que os próprios PMs definem como "enxugamento de gelo": repetição infindável de procedimentos automáticos, naturalizados, desprovidos de qualquer inteligência (na acepção policial do termo), sabidamente inócuos e ineficazes para o controle da criminalidade. Procedimentos que apenas facultam exercícios gratuitos de subjugação, corrompendo o conceito de autoridade, gerando violência de retorno, degradando a imagem da instituição e lesando a autoestima dos verdadeiros profissionais de polícia.

Como ressalta Paul Amar, no texto de referência em anexo, essas foram motivações fortes para a mudança de atitude de algumas polícias norte-americanas com relação ao *racial profiling*:

> Uma das reviravoltas mais interessantes no desenvolvimento da política da criação de perfil racial nos Estados Unidos a partir do final da década de 1990 é a liderança cada vez mais entusiástica que algumas corporações policiais exerceram, defendendo a coleta de dados, o monitoramento e a reforma de práticas e atitudes racistas. Mais legitimidade, melhores

> tecnologias e mecanismos de coleta de dados, assim como melhores relações com a comunidade são claramente interesses próprios de muitos policiais. Algumas corporações reconheceram que o fim da filtragem racial acarretaria uma maior facilidade nas investigações, menor exposição dos policiais à violência, mais informações, maior cooperação da comunidade e aumento da auto-estima. Depois de resistir à crítica durante décadas e de insistir na discricionariedade ilimitada, no ano 1999, a Associação Internacional de Chefes de Polícia aprovou resoluções em apoio à coleta de dados em abordagens de veículos.
>
> Os próprios policiais começaram a perceber que o fim da filtragem racial discriminatória faz parte do desafio maior de aumentar sua capacidade de reduzir os delitos ligados à droga, os comportamentos de alto risco e a violência. Começaram também a conscientizar-se do fato de que o racismo institucional incorporado à discricionariedade policial orienta os recursos para o policiamento de hierarquias raciais, e desvia tempo e verbas do policiamento da verdadeira criminalidade. Os policiais realmente interessados em combater o crime perceberam que esse desvio constitui uma alocação de recursos errada e desastrosamente irracional, além de uma contradição profissional.

Finalmente, a "cegueira" para a temática do racismo também bloqueia o debate coletivo sobre discriminações de que são vítimas policiais negros dentro e fora da corporação — como se o azul do uniforme e a hierarquia militar de fato apagassem os outros critérios de classificação e hierarquização presentes na sociedade. Tudo indica que é, pelo contrário, a problematização do racismo, a suspensão desse "tabu da cor" e de outros interditos corporativos, que permitiria abrir alguns caminhos para a democratização (interna e externa) da PM, construindo pontes de diálogo e solidariedade com a população.

"Destampar" o debate sobre Raça & Polícia não constitui, obviamente, uma tarefa simples, nem é dos policiais, sozinhos, que se podem esperar avanços nesse sentido. Nossas recomendações aqui se dirigem, portanto, não apenas à PM, mas também a pesquisadores, ativistas do movimento negro e outros setores capazes de contribuir para a ampliação do conhecimento e da discussão sobre o tema. Sugerimos:

1) que a PM adote, na classificação da "cor" (ou "cútis", como lá se denomina) dos seus funcionários, as categorias oficiais empregadas pelo IBGE, que têm notórios problemas, mas ao menos possibilitam comparar a composição racial de instituições e segmentos sociais diversos, enquanto o arremedo de sistema classificatório hoje utilizado pela PMERJ, sem ser melhor que o oficial, impede qualquer análise precisa do perfil do seu contingente (vale ressaltar que algumas polícias militares brasileiras já utilizam o sistema do IBGE, inclusive no que se refere ao método de autoclassificação dirigida, partindo do conjunto fixo de cinco categorias raciais — branca, preta, parda, amarela e indígena);
2) que se retomem atividades, já experimentadas com sucesso, embora assistematicamente, nos anos 1980 e 1990, de debate de temas raciais na PMERJ (aulas, palestras, seminários) e que se criem novos espaços para discutir, por exemplo, a "negritude" da corporação, o racismo interno e externo, as relações entre orgulho racial e orgulho policial, os impactos negativos da "cegueira racial" na eficácia e na legitimidade do trabalho desenvolvido pela PM;
3) que se adotem procedimentos objetivando dissolver ou minimizar suspeitas da população quanto à natureza discriminatória das abordagens policiais; por exemplo, "cotas" nas blitzes em transporte coletivo (para cada negro abordado, um branco, com idêntico procedimento), explicação aos transeuntes e passageiros sobre o motivo de cada abordagem ou revista corporal e assim por diante;
4) que os pesquisadores de ambas as áreas — relações raciais e segurança pública — invistam mais em estudos que articulem esses dois temas; que a PM acolha a realização, dentro dos seus quadros, de *surveys*, grupos focais e entrevistas, coordenados por pesquisadores externos, entendendo-os, não como "inimigos", mas como auxiliares na coleta de subsídios para informar suas políticas institucionais;
5) que o movimento negro assuma como seu o tema Racismo & Polícia, não apenas de uma perspectiva de denúncia (embora esta continue sendo fundamental), mas também como canal de solidariedade com policiais negros e abertura de caminhos para superar preconceitos e discriminações na instituição e na ação policial.

JUVENTUDE E POLÍCIA: PROFECIAS AUTOCUMPRIDAS

Procurem melhorar sua apresentação pessoal e melhorar a dicção. Arrancar o boné da cabeça, pentear o cabelo, vestir uma roupinha melhor e saber falar. Se ele [o jovem] tiver essa boa educação, não vai ser parado. Ele tem que (...) ter menos o biótipo do marginal, ter mais o biótipo de cidadão.

(Oficial PM entrevistado pela pesquisa)

A viatura foi chegando devagar / e de repente, de repente, resolveu me parar. / Um dos caras saiu de lá de dentro / já dizendo: aí, compadre, você perdeu! (...) Era só mais uma dura / Resquício da ditadura.

(Marcelo Yuka, *Tribunal de rua*)

A pesquisa específica com jovens indicou que, independentemente de extração social, a juventude representa os policiais e os procedimentos de abordagem como discriminatórios, intimidatórios, humilhantes, injustos e duvidosos. Por sua vez, o levantamento quantitativo com toda a população carioca confirmou, de modo bastante consistente, a presença de filtragem etária em certos tipos de abordagem, mostrando também que, de todos os grupos considerados, o segmento jovem é aquele que expressa as piores avaliações da polícia. Eis alguns exemplos: mais da metade dos entrevistados com idade inferior a 30 anos diz ter pouca ou nenhuma confiança na instituição; entre os adolescentes (15 a 19 anos), a média das notas dadas à PM foi mais baixa e o número de notas zero foi muito mais alto do que em outros segmentos etários; nessa e em outras faixas da juventude, registraram-se as maiores freqüências de avaliações negativas da PM quanto a respeito ao cidadão, violência, corrupção e racismo, assim como as menores percentagens de avaliações positivas sobre a utilidade ou eficácia das abordagens policiais.

Isso aponta para a necessidade de se reconhecer explicitamente a existência de um verdadeiro problema na relação entre juventude e polícia — problema decerto mais grave quando se trata de jovens negros de comunidades carentes, mas com um impacto considerável nas experiências e/ou percepções de *todos* os jovens, independentemente de raça ou de classe social. A política de "guerra às drogas" adotada nas últimas décadas, concentrando-se na ponta do consumo e do tráfico varejista, seguramente contribuiu para a "demonização" policial dos jovens e para a conseqüente "satanização" da polícia pela juventude carioca dos mais variados segmentos sociais. Mas sem dúvida há outros fatores que deveriam ser mais bem pesquisados para tornar mais compreensível essa negatividade especular que se estabeleceu, de norte a sul da cidade, nas relações entre juventude e polícia.

É imprescindível, portanto, que, ao lado da questão racial, se abram espaços dentro e fora das polícias para a tematização do "problema juventude". As sugestões feitas a seguir, tal como no caso do racismo, não se dirigem de forma exclusiva à PM fluminense, mas também a outros grupos e segmentos da sociedade. Consideramos fundamental, por exemplo:

1) que se multipliquem pesquisas quantitativas e qualitativas focalizando especificamente as relações entre juventude e polícia: percepções mútuas; semelhanças e variações na experiência de distintos grupos de jovens e de diferentes grupos de policiais; visões da sociedade sobre o problema, e assim por diante;
2) que se formulem ações e programas tematizando essas relações e contemplando sua imbricação com questões de gênero, raça, território, classe e subculturas urbanas; um exemplo é o projeto-piloto que o AfroReggae implantou em batalhões da PM de Minas Gerais, com o objetivo de reduzir distâncias e criar solidariedades entre juventude e polícia, por meio da música;[29] outro seriam ações localizadas de "pacificação" em espaços particularmente marcados por conflitos entre a PM e os jovens;

[29]Ver descrição do projeto "Juventude, cultura e polícia", no *site* do CESeC: http://www.ucamcesec.com.br).

3) que se abram na PMERJ canais de diálogo direto com jovens, sobretudo, mas não apenas, de comunidades carentes, em que se problematize, entre outras coisas, a experiência dos policiais mais novos enquanto policiais e enquanto jovens (antes e depois de entrar para a PM); que esses diálogos tenham uma pauta ampla, voltada não só para reduzir a "satanização" mútua e as práticas discriminatórias da polícia, como também para aumentar o conhecimento da juventude sobre o trabalho policial e suas dificuldades, discutindo questões relativas a autoridade, respeito, limites admissíveis da rebeldia juvenil e assim por diante.

GÊNERO E GEOGRAFIA: MÍNIMOS E MÁXIMOS DA SUSPEIÇÃO

"(...) nada impede que o policial faça revista dos pertences [de uma mulher], se ele tiver uma fundada suspeita, mas ele não faz."

"(...) no morro todos são suspeitos (...), mesmo sabendo que tem gente boa lá..."

(Oficiais da PM entrevistados pela pesquisa)

Se há algum "consenso" atravessando percepções e experiências dos policiais, dos jovens e dos cariocas em geral ouvidos na nossa pesquisa, ele gira em torno da baixa probabilidade de as mulheres serem paradas e revistadas pela polícia. No levantamento quantitativo, 84% dos entrevistados, tendo ou não sido abordados alguma vez, garantiram que a polícia pára mais os homens do que as mulheres — percepção que se confirma na estatística das experiências vividas: os homens, que representam 47% da população carioca, são 74% dos que disseram ter sido abordados alguma vez, enquanto as mulheres, 53% da população do município, representam 26% das pessoas alguma vez abordadas. Considerando a última experiência e os diferentes tipos de abordagem, verifica-se uma distância um pouco menor nas blitzes em veículos particulares (69% homens, 31% mulheres) do que em transporte coletivo (73 a 27%), e uma diferença gigantesca nas abordagens a pé (89 a 11%). Só 12% das mulheres paradas disseram ter sofrido revista corporal, contra 46% dos homens; estes representavam mais de 91% dos revistados e as mulheres, menos de 9%.

Interessante observar também que, nas figuras de "suspeitos-padrão" desenhadas pelos grupos focais de jovens, a única personagem feminina retratada era uma jovem branca de classe média, mas portadora de nítidos signos "rebeldes" ou "desviantes". Como descreve a legenda do desenho:

> A Liz tem *piercing*, um olhar que assusta, é toda tatuada e vai ser parada pela polícia (...), é um tipo mais *punk* (...), é também meio anarquista (...). A polícia, provavelmente, vai se aproximar dela pela atitude, pela questão do comportamento. A polícia vai querer provocar alguma reação nela. Depois de provocada uma reação nela, eles vão ter razão para revistá-la.

O que o perfil acima parece indicar, e outras pesquisas indiretamente sugerem, é que as mulheres não se tornam suspeitas aos olhos da polícia somente pelos estereótipos que indicariam potencial "perigo" nos homens, como raça, idade e classe social, mas por certas "atitudes" ou por estigmas adicionais de pertencimento ao mundo do desvio ou do crime. Assim, enquanto algumas categorias femininas (*punks*, prostitutas, meninas de rua, adolescentes em conflito com a lei, adultas infratoras etc.) seriam alvo freqüente de desconfiança, arbitrariedade, desrespeito e violência,[30] as mulheres em geral tenderiam a ser excluídas dos critérios e práticas da suspeição, pelo menos nas situações ordinárias de policiamento ostensivo.

O interdito legal aos policiais masculinos de revistarem mulheres e o ínfimo número de policiais femininas em atividades-fim de policiamento devem pesar bastante na explicação desse fenômeno.[31] Mas, conside-

[30] Ver, por exemplo, Minayo *et al.* (1999); Soares (2002).

[31] A pesquisa coordenada pelo CESeC sobre mulheres na PM mostra que a Polícia Militar do Rio de Janeiro não só tem uma proporção de policiais femininas (4%) abaixo da média nacional (7%), como aloca a maioria delas em tarefas internas, muitas vezes meramente burocráticas ou "decorativas" (cf. Soares e Musumeci, 2005).

rando a facilidade com que se quebram regras em nome da "guerra contra o crime", não deixa de surpreender que a norma do Código de Processo Penal seja sistematicamente cumprida e que a deferência ante o "sexo frágil" (ou o pressuposto da baixa periculosidade feminina) iniba os PMs de fazerem até o que a lei não proíbe, como abordar mulheres e revistar seus pertences. Se o fenômeno surpreende, pode também fornecer pistas importantes para a geração de outras regras de respeito universal. É um tema, de qualquer modo, que merece mais detalhamento em pesquisas futuras.

No extremo oposto, um outro "consenso" aponta o território da favela e seus habitantes como alvo da máxima suspeição e da máxima "licença" para quebrar regras e desrespeitar direitos civis. A frase ouvida de um oficial da PMERJ — "no morro, todos são suspeitos" — resume bem o peso do território (e de suas marcas sociais) na lógica seletiva da polícia, fazendo eco à convicção dos cariocas de que esse é o segmento mais fortemente discriminado pela sociedade e pela ação policial. Numa das perguntas da pesquisa quantitativa, oferecia-se uma lista heterogênea de 15 grupos (incluindo negros, prostitutas, idosos, nordestinos, homossexuais etc.) e pedia-se que os entrevistados definissem graus de preconceito/discriminação sofridos por cada um deles. Moradores de favelas encabeçaram o *ranking* das vítimas, com 88% de respostas para a alternativa *muita* discriminação.

O tema também surgiu com força nos grupos focais de jovens, que distinguiram em dois blocos as motivações e características das abordagens na Zona Sul da cidade e nas periferias ou favelas: a polícia pararia jovens de classe média sobretudo para encontrar drogas e extorquir dinheiro do usuário (ou seus responsáveis); já os jovens pobres seriam percebidos pelos policiais como traficantes ou assaltantes, como potenciais bandidos, logo "merecedores" de tratamento intimidatório, humilhante e violento. Diferença expressa não só no plano das percepções, mas também no das situações vividas e narradas: entre adolescentes da Zona Sul e universitários, abundaram relatos de extorsão ou tentativa de extorsão, feita geralmente sob ameaça de encaminhamento à delegacia, enquanto entre os jovens negros, muitos deles moradores de bairros pobres ou favelas, e entre os da Zona Oeste, prevaleceram as histórias de abordagem com "esculacho" — gíria para humilhação, violência e agressão verbal.

Discutir a fundo o tema das "duas cidades" e das "duas polícias" transcenderia muito os objetivos deste trabalho, que privilegiou o contexto da abordagem policial, não explorando diretamente aspectos mais dramáticos da atuação da polícia nas áreas pobres, manifestos em "confrontos", ocupações, violações de domicílio, execuções sumárias e intimidação permanente. Mas não poderíamos deixar de mencioná-los como expressão-limite do que tem caracterizado, com poucas exceções, as políticas de "combate" ao crime no estado e do que se constatou, também, na lógica rotineira das abordagens: o predomínio de estereótipos sobre a inteligência policial, dos filtros discriminatórios sobre a investigação, da seletividade social sobre a fundada suspeita. Embora o retumbante fracasso dessa estratégia fale por si, parece-nos adequado transcrever, como fecho para as nossas conclusões, a proposta de um dos grupos focais de jovens para melhorar o desempenho das polícias e das políticas de segurança no Rio de Janeiro:

> Descaracterizar a favela como único lugar da criminalidade. Então, você quer acabar com o tráfico de drogas, quer acabar com o tráfico de armas? Vamos começar a pegar os graúdos mesmo!

Bibliografia

ABRAMOVAY, Miriam *et al.*, orgs. *Gangues, galeras, chegados e rappers. Juventude, violência e cidadania nas cidades de periferia de Brasília.* Rio de Janeiro: Garamond, 1999.

ALMEIDA, Maria Isabel Mendes e TRACY, Katia Maria de Almeida. *Noites nômades: espaço e subjetividade nas culturas jovens contemporâneas.* Rio de Janeiro: Rocco, 2003.

BAYLEY, David H. *Padrões de policiamento.* São Paulo: Editora da Universidade de São Paulo, 2001.

CALDEIRA, Teresa Pires do Rio. "Direitos humanos ou 'privilégio de bandidos'? Desventuras da democratização brasileira." *Novos Estudos CEBRAP*, n. 30, julho de 1991, pp. 162-74.

CANO, Ignácio. *Letalidade da ação policial no Rio de Janeiro.* Rio de Janeiro, Iser, 1997.

DAVIS, C. Robert. *The use of citizen surveys as a tool for police reform.* Nova York, Vera Institute of Justice, 2002.

LEMGRUBER, Julita; MUSUMECI, Leonarda; CANO, Ignacio. *Quem vigia os vigias? Um estudo sobre controle externo da polícia no Brasil.* Rio de Janeiro: Record, 2003.

MEEKS, Kenneth. *Driving while black.* Nova York, Broadway Books, 2000.

MINAYO, Cecília *et al. Fala galera: juventude, violência e cidadania na cidade do Rio de Janeiro.* Rio de Janeiro, Garamond, 1999.

MINAYO, Cecília *et al. Missão investigar: entre o ideal e a realidade de ser policial.* Rio de Janeiro, Garamond, 2003.

MUNIZ, Jacqueline. "Ser policial é, sobretudo, uma razão de ser: cultura e cotidiano na Polícia Militar do Rio de Janeiro". Tese de doutorado. Iuperj, 1999.

MUSUMECI, Leonarda e MUNIZ, Jaqueline. *As instituições de segurança pública no Estado do Rio de Janeiro.* Relatório de pesquisa. Projeto "Reforma do Estado e proteção social", subprojeto "Segurança Pública", vol I, parte II. Rio de Janeiro, IE/UFRJ-Mare-Capes-CNPq, 2000.

MUSUMECI, Leonarda; SOARES, Barbara Musumeci e BORGES, Doriam. "Raça e gênero no Sistema de Justiça Criminal brasileiro: perfil dos operadores e da população carcerária". Texto para o Relatório de Desenvolvimento Humano Brasileiro 2004. Rio de Janeiro, CESeC/PNUD, setembro de 2004.

NOVAES, Regina Reyes e MELLO, Cecília Campello. "Jovens do Rio". *Comunicações do Iser*, ano 21, nº. 57, ano 21. Rio de Janeiro: Iser, 2002.

PMERJ. *Diretriz geral de operações (DGO) da Polícia Militar do Rio de Janeiro*, Seção III. Rio de Janeiro, Polícia Militar, 1983.

RAMOS, Silvia (org.). *Mídia e racismo*. Rio de Janeiro, Pallas, 2002.

SANSONE, Livio. "Fugindo para a Força: cultura corporativista e cor na Polícia Militar do Estado do Rio de Janeiro". *Estudos Afro-Asiáticos*, ano 24, n. 3, 2002, pp. 513-32.

SOARES, Barbara. *Prisioneiras. Vida e violência atrás das grades*. Rio de Janeiro, Garamond, 2002.

SOARES, Barbara e MUSUMECI, Leonarda. *Mulheres policiais: Presença feminina na polícia militar do Rio de Janeiro*. Rio de Janeiro, Civilização Brasileira, 2005.

SOUZA E SILVA, Jailson e FONTES, Adriana. "Decifra-se ou nos devoramos: considerações sobre a juventude do / no Rio". *In: Jovens. Cadernos Rio de Janeiro: Sociedade e Trabalho*, ano 1, n. 1, 2001.

VENTURI, Gustavo (coord.). *Preconceito de cor e discriminação racial no Brasil*. Fundação Perseu Abramo e Instituto Rosa Luxemburg Stufting, 2003. [Disponível em http://www.fpa.org.br/nop/racismoVenturi, Gustavo & Recamán, Marisol (coord). *Juventude, cultura e cidadania (Perfil de jovens das regiões metropolitanas do Brasil quanto à concepção de cultura e cidadania)*. Núcleo de Opinião Pública (NOP) da Fundação Perseu Abramo. http://www.fpa.org.br/nop/: 1999.]

VENTURI, Gustavo e RECAMÁN, Marisol (coords). *Juventude, cultura e cidadania (Perfil de jovens das regiões metropolitanas do Brasil quanto à concepção de cultura e cidadania)*. Núcleo de Opinião Pública (NOP) da Fundação Perseu Abramo, 1999. [disponível em http://www.fpa.org.br/nop].

TEXTOS DE REFERÊNCIA

I. Táticas e termos da luta contra o racismo institucional nos setores de polícia e de segurança

Paul Amar*

*Professor Assistente do Programa "Justiça, Direito e sociedade" da University of California Santa Barbara e professor visitante de Relações Internacionais na Universidade Federal Fluminense.

ESBOÇO DAS HISTÓRIAS POLÍTICAS, DAS GEOGRAFIAS URBANAS E DAS RELAÇÕES INTERNACIONAIS DE "FILTRAMENTO RACIAL" E "CEGUEIRA RACIAL" NOS ESTADOS UNIDOS E SUAS RELAÇÕES COM O BRASIL*

O presente artigo visa a elucidar a especificidade histórica e política de lutas recentes contra o racismo institucional nos setores de polícia e de segurança nos Estados Unidos de um modo que possa ser útil para observadores e aliados no Brasil e em outros contextos internacionais. Avaliarei a importância de três termos críticos que foram adotados por reformadores nos EUA no intuito de articular conceitualmente os mecanismos do racismo e de mobilizar consciência reformadora. O primeiro termo, *racismo institucional*, refere-se a práticas discriminatórias que não estão explicitamente definidas na lei ou codificadas na política, mas são reproduzidas (intencionalmente ou não) nas rotinas, administrações, normas, hábitos e práticas profissionais de instituições de educação, controle social, tecnociência ou cultura. O segundo termo, *filtramento racial* (*racial profiling*, em inglês), descreve o uso pela polícia de meios racialmente tendenciosos para identificar suspeitos e/ou buscar e capturar cidadãos. O terceiro termo, *cegueira racial*, refere-se à maneira como as instituições negam a existência de práticas raciais ao reenquadrar as

*Traduzido do original inglês por Sieni Campos. "Filtramento racial" foi a melhor aproximação encontrada em português para a expressão norte-americana *racial profiling*. A tradução literal para *profiling* seria "perfilamento "(desenho de, ou encaixe em, um perfil), mas optou-se por "filtramento" devido à existência de um significado muito mais usual, na linguagem corrente, para o verbo "perfilar": alinhar ou aprumar o corpo diante de um superior. (Nota da coordenação.)

realidades raciais dentro dos discursos "neutros" tecnicoprofissionais, projetando percepções raciais em fatores de risco étnicos ou comportamentais ou identificando erroneamente as próprias análises conscientes da questão racial como racistas.

Além de definir mais cabalmente esses três termos nos contextos histórico-políticos em que surgiram, este trabalho analisará o modo como fatores sociopolíticos e institucionais dos EUA se cruzaram para proporcionar o espaço no qual essas formas de identificação racial de suspeitos e de negação racial foram questionadas e reformadas nos setores de polícia e de segurança dos Estados Unidos. Essas variáveis são agrupadas em três conjuntos de fenômenos: as normas da polícia, as restrições impostas pela cultura política e as especificidades simbólicas da geografia social. Primeiro, analisarei esses três fenômenos: a elaboração das normas tecnoprofissionais de "filtramento" a partir da década de 1980; a repressão dos movimentos de massa radicais contra o racismo institucional; o isolamento do movimento anti-racista de classe média a partir da década de 1970 e a reestruturação de uma geografia específica de segregação e um léxico simbólico da cidadania nos Estados Unidos nessa época "pós-direitos civis."

Na segunda parte do artigo, examinarei como esses fatores, nos EUA, têm limitado possibilidades de enfrentamento de outros problemas urgentes de racismo institucional nos setores de polícia e de segurança. Em seguida, descreverei as particularidades das reformas feitas nos Estados Unidos no âmbito do sistema judicial, da academia, dos meios públicos de comunicação e das administrações presidenciais. Por fim, esboçarei o que o Brasil pode aprender com a experiência dos EUA, as precauções importantes que devem informar nossa comparação entre os casos dos EUA e do Brasil e as agendas que podem catalisar o desenvolvimento de "relações internacionais" emancipatórias das lutas do Estado, da polícia e da sociedade civil contra o racismo institucional no setor de polícia e segurança. Mas devemos começar definindo cuidadosamente os termos-chave.

Racismo institucional

Os textos jurídicos e constitucionais do mundo inteiro hoje insistem nos direitos iguais de todos à cidadania, independentemente de raça. Princípios universais relativamente novos, codificados na legislação de muitas nações, proclamam que as distinções raciais não podem ser utilizadas ou produzidas como ferramentas para a discriminação negativa, a privação de direitos civis ou o tratamento desigual perante a lei.

Em suas formas mais literais, o racismo foi banido da letra das leis e das constituições do mundo inteiro. Contudo, nas ruas e no funcionamento cotidiano das instituições de controle social, o racismo sobreviveu em formas muitíssimo menos conspícuas, menos fáceis de visualizar e mais resistentes à reforma. Os reformadores do setor privado na Austrália definiram o termo: "O racismo institucionalizado é um processo indireto e em grande medida invisível que pode ser comparado ao nepotismo ou a uma barreira de ascensão social. É um termo que abrange as barreiras e procedimentos de seleção/promoção, muitas vezes não-intencionais, que servem para colocar em desvantagem os membros de grupos étnicos minoritários."[32] No Reino Unido, uma pesquisa governamental sobre o assassinato, pela polícia, de Stephen Lawrence, jovem negro britânico, destacou o termo: "O racismo institucional consiste no fracasso coletivo de uma organização na prestação de um serviço adequado e profissional a determinadas pessoas em virtude de sua cor, cultura ou origem étnica. Pode ser visto ou detectado em processos, atitudes e comportamentos que constituem discriminação através de preconceito, ignorância, desconsideração e uso de estereótipos racistas inadvertidos que colocam em desvantagem pessoas pertencentes a uma minoria étnica".[33]

Howard Winant explica que essa proteção da perpetuação do racismo contra a intencionalidade consciente não é um fenômeno novo:

[32] Human Resource Management Guide, "Racism at Work — institutional racism". HRMguide.net (1997).

[33] British Council, "Race and Ethnicity: Diversity and Equality Issues in Employment." www.britishcouncil.org.

> Ah, mas isso não é racismo! Não é discriminação intencional, somente bons negócios! Claro que afirmações semelhantes foram feitas nas fases "esclarecidas" do velho colonialismo europeu, quando os colonialistas invocavam objetivos tutelares e quando o "fardo do homem branco" estava muito presente nas mentes oficiais. Gostaríamos de pensar que hoje já superamos a idéia ingênua de que, para desenvolver práticas racistas, é preciso ter a *intenção* de tratar as pessoas de forma diferente conforme sua identidade racial; mas é claro que este ainda é o "senso comum" racial, especialmente nos EUA. Assim, para ter-se uma compreensão séria do racismo, é preciso entender que são as práticas em si que contam. O racismo tem de ser entendido em termos de suas conseqüências, não como uma questão de intenções ou crenças.[34]

Ao contrário do racismo estatal formalmente codificado, o racismo institucional gera hierarquias através de práticas profissionais tecnocientíficas ou rotineiras "neutras" dentro de instituições públicas ou privadas (tais como a mídia, *shoppings* ou firmas de segurança privada) que controlam espaços públicos, serviços ou imagens.

Há racismo institucional quando uma organização ou estrutura social cria um fato social racial hierárquico — um estigma visível, identidades incorporadas e geografias sociais — mas desloca as implicações raciais deste processo. Em vez de reconhecer raça e racismo, referem-se ao reino das práticas profissionais cotidianas, "técnicas", que só estão ligadas à raça por "coincidência". Por exemplo: a publicidade pode vender produtos combinando imagens positivas de brancos de classe média e imagens aviltantes, sexualizadas ou criminalizadas de negros. No entanto, a mídia alega que esta prática não passa de uma infeliz coincidência do funcionamento técnico da economia do *marketing*, não do racismo. Outro exemplo: um governo municipal pode não fornecer transporte público a bairros cuja população é de maioria negra. Mas essa prefeitura afirmará que se trata de um problema fiscal ou de infra-estrutura, não de uma forma racial de privação dos direitos civis. Ou um sistema escolar pode educar apenas

[34]Howard Winant, *New racial politics: globalism, difference, Justice* (Minneapolis: University of Minnesota Press, 2004).

alunos brancos, alegando ser este o resultado técnico das notas que obtiveram em um exame de seleção. Não enfrentam o fato de que o sistema educacional subsidia sistematicamente o desempenho dos alunos brancos, ao passo que o sistema não oferece estrutura adequada e degrada alunos negros a vida toda. As desculpas tecnocráticas do racismo institucional permitem que essas organizações continuem a esquivar-se de assumir a responsabilidade pelo racismo e a bloquear a tomada de consciência do papel que cumprem na perpetuação e intensificação do racismo. Entre as formas mais preocupantes de preconceito institucional talvez estejam as formas globais e locais de racismo que foram redesdobradas no contexto das "guerras urbanas contra o crime", recentemente articuladas às "guerras de segurança" transnacionais e com elas reidentificadas.

Durante as décadas de 1960-1980, movimentos comunitários, redes globais, elites reformadoras e profissionais conscientes das próprias instituições de controle social lutaram arduamente para desmantelar os regimes jurídico-políticos formalmente racistas do *apartheid*, do colonialismo e das ditaduras militares; isto ocorreu nos EUA, na Europa, na África e na América Latina. Lutas em vários níveis conseguiram apagar o racismo da maioria dos códigos formais e práticas "legíveis" de poder estatal. Ao mesmo tempo, contudo, muitas das mesmas práticas e brutais discriminações começaram a reemergir até no contexto da democracia formal, nas esferas menos conspícuas, mais estigmatizadas e mais pesadamente armadas do poder de coerção do Estado. O centro de gravidade do racismo deslocou-se das páginas da lei para os aparatos de segurança, policiamento e penal, passando do reino do racismo explicitamente legalizado para formas rotineiras, porém altamente coercitivas e intimidantes, de racismo institucional.

Nas escalas urbana, nacional e global, os setores de policiamento e de segurança sofreram transformações notáveis durante as décadas de 1960-1980, ao mesmo tempo que lutas contra leis e regimes racistas conquistavam seus maiores sucessos. O que costumava ser chamado de "aplicação da lei", que antes era a questão local de cuidar do desviante, se metamorfoseou em um conjunto totalmente militarizado de operações locais e transfronteiriças de segurança contra traficantes, terroristas e gangues racialmente marcados. Neste contexto urbano-transnacional, as identidades da polícia também mudaram, e com elas métodos, culturas organizacionais e geografias criminológicas. Os valores profissionais ligados a "aplicação da lei", "segurança cidadã" e "resolução de conflitos" foram suplantados por novas identidades policiais. O racismo institucional mudou qualitativamente: agora, os policiais muitas vezes vêem a si mesmos como tecnocratas gestores de risco que trabalham com espaços e populações perigosas, ou como tropas militares que ocupam favelas e periferias perigosas de suas próprias cidades como se estivessem em território inimigo, ou como especialistas de vigilância que encaram e registram marcas de diferença social como sinais de suspeita, subversão ou inimizade. Esta nova cultura policial, fundindo gestão de risco, ocupação militar e análise visual-comportamental, deu luz às novas normas de filtramento.

Filtramento racial

Kenneth Meeks, jornalista e escritor afro-americano, define o filtramento racial como "a tática de mandar alguém parar só por causa da cor da pele e de uma vaga suspeita de que a pessoa esteja tendo um comportamento delitivo". O dicionário *Webster's new collegiate* define o filtramento racial de forma mais limitada, em relação a barreiras de trânsito: "política policial maçiça de deter e revistar veículos conduzidos por pessoas de determinadas raças".[35]

Para os fins do presente capítulo, o filtramento racial será descrito em relação à maneira como hoje é utilizado na esfera pública nos Estados Unidos: assim, "filtramento racial" refere-se a práticas de racismo institucional no setor de polícia e segurança que provieram da histórica tolerância americana em relação à impunidade e a "discricionariedade" policiais em questões relacionadas ao controle das hierarquias raciais; consiste em práticas racialmente tendenciosas de identificação de suspeitos usadas em específico no contexto dos motoristas que são parados nas

[35]Kenneth Meeks, *Driving while black: how to fight back if you are the victim of racial profiling* Nova York: Broadway Books, 2000, pp. 4-5.

rodovias. Durante a década de 1990, as políticas de filtramento racial foram aplicadas à seleção de motoristas, tema que analisaremos criticamente. Examinaremos também as relações entre o filtramento racial e outras formas de filtramento de perigo.

O termo contemporâneo *profiling* tem duas genealogias, que se cruzam para gerar o termo politizado "filtramento racial" (*racial profiling*). A primeira genealogia encontra a origem de *profiling* na determinação psicológica de tipos criminosos violentos, particularmente no contexto da perseguição a assassinos em série (*serial killers*). Esta tradição romantizada talvez tenha mais produzido romances e filmes do que elucidado crimes, e diz-se que data da investigação dos homicídios de "Jack o Estripador," na Londres do século XIX. Neste caso notório, especialistas em saúde mental criaram perfis divergentes do assassino jamais capturado: um perfil dizia que "Jack" era um "tipo gênio do mal", inglês branco, cirurgião ou cientista, que era ligado ao *establishment* vitoriano e tentava livrar a metrópole de sua vergonha. Outro perfil afirmava que "Jack" era apenas um representante genérico das classes inferiores londrinas, perigosas e racializadas — judeu monstruoso ou imigrante irlandês, envolvido em mobilizações anarquistas e que cometia crimes sexuais quando estava bêbado.

A atual técnica de filtramento do FBI reproduz essa dualidade. O FBI estuda locais de crimes, vítimas e padrões de violência com a finalidade básica de discernir a qual dos dois tipos o criminoso pertence: "organizado" ou "desorganizado". A primeira categoria, do *criminoso organizado*, é associada a "inteligência acima da média", "trabalho especializado", "pai com trabalho estável", "emoções sob controle durante o crime", "mobilidade com carro em boas condições". O perfil do *criminoso desorganizado*, por sua vez, é de "inteligência abaixo da média", "sexualmente incompetente", "pai com trabalho instável", "ansioso durante o crime" etc.[36] A primeira categoria, a do assassino em série tipo gênio do mal, é associada à masculinidade branca e suscitou uma espécie de culto ao anti-

[36]Wayne Petherick, *Criminal profiling: how it got started and how it is used*, Court TV's crimelibrary.com/criminology (2004).

herói entre legistas especializados e também na cultura popular, como evidenciam filmes como *O silêncio dos inocentes.* A segunda categoria, a do "perfil de criminoso desorganizado", cai com bastante facilidade em estereótipos raciais e de classe, não associados a gênios monstruosos individuais, mas a grupos de população desfavorecida e disfuncional cujo perfil é tipificado como sendo psicologicamente predisposto ao crime violento.

Uma segunda genealogia do discurso sobre *profiling* vem do setor de finanças e seguros. A partir da década de 1980, o setor de policiamento privado, que está a serviço dos interesses corporativos e protege suas propriedades e investimentos, expandiu-se a ponto de atingir, em muitos países, quase o tamanho dos serviços de polícia pública. A mesma época assistiu à penetração dos discursos neoliberais de eficiência e gestão de risco nos órgãos estatais. Além disso, o aumento do número de policiais que trabalham um segundo expediente como seguranças particulares serviu de ponte entre os interesses, discursos e técnicas privados e do setor público. Nesse contexto, as normas profissionais de "controle de risco" associadas à cultura corporativa financeira e atuarial foram traduzidas na "fórmula privilegiada da polícia para tornar as populações [criminalizadas] conhecidas".[37] Como explica George Rigakos, "a natureza do fornecimento de segurança na modernidade tardia é caracterizada pela venda de controle social, transformado em mercadoria, a mercados de risco criados pelo medo. Este processo é ampliado pela lógica da produção capitalista tardia e pela persistente transformação dos cidadãos em consumidores".[38]

Assim, o "filtramento racial" de hoje emergiu na problemática interseção dos legados de duas formas de racismo institucional: *filtramento psicológico*, que tipificava minorias raciais e de classe como "criminosos desorganizados" propensos à violência, e um novo tipo de *filtramento financeiro e atuarial*, voltado para a proteção de consumidores e propriedades, e que tipifica as populações de risco ou perigosas que são identificadas com o medo e como ameaça aos circuitos do consumo e dos lucros das propriedades corporativas.

[37]George Rigakos, *The new parapolice: risk markets and commodified social control.* Toronto: University of Toronto Press, 2002, p. 5

[38]Rigakos (2002), p. 25.

Cegueira racial

O filtramento racial e o racismo institucional nos setores de segurança e de policiamento certamente não são invisíveis sob o ângulo de suas vítimas racializadas. Tampouco o são as dimensões raciais das novas práticas de polícia e de segurança para os cientistas sociais e pesquisadores das questões públicas que testaram essas instituições e encontraram evidências chocantes de discriminação racial, tendenciosidade e violência racial regularmente perpetuadas através de funções supostamente "neutras".

No entanto, do ponto de vista da lei, da lógica tecnocrática da gestão de risco e da jurisprudência liberal nos Estados Unidos, o racismo na polícia continua não sendo problematizado. Ao jogar o bebê fora junto com a água do banho, os profissionais das áreas jurídica e tecnocrática baniram a consciência do racismo e a análise do racismo institucional, pensando erroneamente que essas práticas emancipatórias devem ser banidas junto com as codificações opressivas de raça. Essas entidades públicas continuam "cegas à raça", recusando-se a ver através da lente da análise racial e ignorando as hierarquias raciais, a não ser quando estas são explicitamente marcadas e enfrentadas pela instituição em questão. Esses atores públicos e analistas que sofrem de "cegueira racial" aceitam sem questionar todas as neutralizações, mascaramentos ou deslocamentos institucionalizados de raça para outra categoria de identidade social (p. ex: para as categorias de criminoso, pobre, não educado, malcomportado, não nacional, jovem etc.).

Tal como analisa Eduardo Bonilla-Silva,

> (...) o racismo da cegueira racial rearticulou elementos do liberalismo tradicional (ética do trabalho, recompensa por mérito, igualdade de oportunidades, individualismo etc.) com fins não-liberais. Os brancos hoje se baseiam mais em tropos culturais do que biológicos para explicar a posição dos negros neste país. Não percebem a discriminação como fator central que plasma as oportunidades de vida dos negros (...). [Enquanto muitos autores] ainda estão enredados na problemática do preconceito e, assim sendo, interpretam as idéias raciais dos atores como pendores *psicológi-*

> *cos individuais* (...), meu modelo, ao contrário, não está ancorado nas tendências afetivas dos atores. Baseia-se, em vez disso, em uma interpretação materialista das questões raciais e, portanto, vê as idéias dos atores como correspondentes à sua localização sistêmica (...). Para a maioria dos brancos, o racismo é preconceito, ao passo que, para a maioria das pessoas de cor, é sistêmico ou institucionalizado.[39]

Para piorar as coisas, os atores que sofrem de "cegueira racial" tendem a considerar os que levantam questões de raça como se eles mesmos fossem racistas. Assim, desqualificam os pesquisadores, militantes ou policiais e funcionários do Estado que tentam lidar com as implicações raciais do viés institucional. Os que levantam a questão da raça e fornecem provas da racialização são acusados de "forçar" a inclusão da raça na análise, como se conjurassem racismo e atitudes racistas. Esses ataques contra análises que incluem a questão racial visam a incitar os próprios militantes anti-racistas a adotarem uma estratégia de "cegueira racial" e a desistirem do movimento de conscientização em relação ao racismo institucional. A partir da década de 1980, contudo, alguns movimentos conseguiram desmantelar até certo ponto a resistência dessa ideologia da "cegueira racial" e formar coalizões que reconhecem o racismo institucional e se comprometem com a reforma, estratégia que tem sido chamada de "consciência de raça" ou, por Lani Guinier e Gerald Torres, de "raça política".[40]

A partir da década de 1980, as lutas contra o racismo têm dado, no mundo inteiro, respostas diferentes a esta virada histórica em que se passou da Guerra Fria à Guerra contra o Crime, a este deslocamento do centro de gravidade do racismo das políticas estatais formais para os racismos institucionais recodificados das práticas de segurança e de policiamento. Os movimentos que haviam obtido muito sucesso com o "alvo fácil" das constituições e políticas raciais explicitamente codificadas agora desen-

[39]Eduardo Bonilla-Silva, *Racism without racists: color-blind racism and the persistence of racial inequality in the United States*. Lanham: Rowman & Littlefield Publishers, 2003, pp.7-8.

[40]Lani Guinier e Gerald Torres, *The miner's canary: enlisting race, resisting power, transforming democracy* (2001).

volvem formas novas e criativas de lidar com o problema orgânico, mutável e cultural e psicologicamente abjeto do racismo institucional.

O problema político do racismo institucional deriva do fato de que, quando as normas e funções de uma instituição são codificadas como técnicas, neutras, "cegas" à raça, se torna muito mais difícil responsabilizar essa instituição pelos resultados racialmente desviados de suas ações e políticas. Não ouça o mal, não diga o mal, não veja a raça. Portanto, o racismo institucional pode cometer formas conseqüentes, e até violentas e estruturalmente catastróficas de racismo sem necessariamente ter consciência disso, sem assumir a responsabilidade por isso e sem que leis e movimentos democráticos possam impedi-lo. Nos setores de polícia e de segurança, esta tendência gera as mais graves conseqüências.

Quando se trata do problema das instituições fortemente armadas e onipresentes dos setores de polícia e de segurança, o racismo institucional constitui uma ameaça fundamental para o Estado de direito, a constituição da cidadania e a sobrevivência de organismos e comunidades. Mas o racismo nos setores de polícia e de segurança continua sendo frustrantemente difícil de apreender e de reformar em todos os países e contextos em que é praticado.

As soluções técnicas baseadas na "cegueira racial" são a fonte dos problemas de racismo institucional: não é provável que gerem soluções. Mais adiante abordarei as lutas pela identificação e a reforma do racismo institucional nos setores de polícia e de segurança, particularmente na prática de identificação racial de suspeitos. Nos Estados Unidos, a politização dessa forma de racismo institucional tornou-se conhecida como filtramento racial (*racial profiling*). A mobilização contra esta forma de racismo centrou-se basicamente nos embates entre policiais e motoristas de classe média nas principais rodovias dos EUA, ou seja, a criminalização *de facto* da situação de "dirigir sendo negro". Então, como a política do filtramento racial nos EUA acabou assumindo sua forma atual? Para responder a esta pergunta, examinarei três fatores que condicionaram o sucesso desse questionamento do racismo institucional:

1) normas técnicas de filtramento policial nos EUA;
2) cultura política de militância (neo)liberal anti-racista a partir da década de 1970;
3) geografia social de circulação e segregação nos EUA de hoje.

Normas tecnoprofissionais

Nos EUA, como em muitos outros países, os setores de polícia e de segurança são instituições que, embora saturadas de raça, sofrem de cegueira racial. A prática do "filtramento" (identificação racial de suspeitos) incorpora essa contradição. Nos Estados Unidos, as normas profissionais modernizadoras tendem a incentivar os policiais a criarem perfis de suspeitos de determinados crimes ou de tipos que se acredita que cometam crimes específicos. Tais perfis incluem marcadores visuais e comportamentais que designam um indivíduo como tendo uma probabilidade de ser ligado a um grupo cultural ou social *criminogênico* (produtor de crime). Essa ligação criminogênica é encarada como uma espécie de *etnicidade visível*, não explicitamente como raça, mas como constructo cultural que opera como um *mix* de estereótipos subnacionais, de classe, sexuais, de gênero e de cultura jovem. Essas tipificações estão identificadas com culturas da pobreza, normas étnicas e, cada vez mais, no sentido mais técnico, com "fatores de risco". Através do filtramento, a racialização é reproduzida, mesmo se negada e deslocada, reenquadrada como uma "mera" formação subcultural de comportamento, como uma perigosa etnicidade, como um registro científico de traços criminogênicos, tudo isso quantificado e catalogado como "fatores de risco".

Este processo de mensuração e observação afasta das instituições que medem e produzem esses fenômenos a responsabilidade pela injusta identificação racial de suspeitos e pela criminalização racial. Os discursos tecnoprofissionais a respeito do filtramento transferem a responsabilidade do aparato coercitivo que observa para o indivíduo de alto risco observado. O filtramento mapeia a criminogênese (o "perigo") no próprio alvo, afastando a causalidade para longe dos fatores institucionais ou estruturais. Na perspectiva da própria instituição, os serviços de polícia e segurança estão apenas cumprindo suas funções tecnoprofissionais de medir a etnicidade, a cultura, a diferença, as realidades demográficas e a variação comportamental no contexto urbano e transnacional, e de registrar esses elementos como *quanta* de risco, suspeita e perigo que são então decalcados como "perfil" das propriedades empíricas do invidíduo-alvo. O perfil é um retrato naturalizado e tecnificado, composto de fatores de risco, do indivíduo. Mas, quando se somam dois mais dois e se olha a prática através de uma lente mais crítica, o que se vê não são as propriedades de um indivíduo não-racial de alto risco, e sim as propriedades da dominação institucional deslocando e intensificando o racismo segundo formas novas e que não podem ser identificadas como tal.

A moderna palavra "filtramento" tornou-se especialmente visível como prática policial decisiva durante a década de 1980, à medida que a criminologia e o comportamentalismo forense começaram a adotar muitas das ferramentas poderosas, prestigiosas e socialmente inconspícuas do setor globalizado de seguros e finanças. Administrar o *perfil* de uma pessoa significava especificamente equilibrar, reduzir e controlar o risco associado à carteira de títulos e dívidas de uma empresa ou indivíduo prósperos. Não foi por coincidência que as formas mais sofisticadas desse mesmo processo de gestão de risco vieram a ser chamadas de "securitização" pelos setores de seguros e finanças. As ciências atuariais e financeiras são, afinal de contas, uma mescla de ciências econômicas altamente positivistas e comportamentalistas que evoluíram como subcampo da criminologia no início do século XIX. Nesse contexto, não nos deveria surpreender que a ciência atuarial-financeira do *profiling* tenha voltado ao regaço da ciência criminológica moderna.

Cultura política

As mutantes categorias de raça e cultura, assim como as nítidas divisões de classe e de região, criam configurações de controvérsias dentro das quais atuam os movimentos anti-racistas nos Estados Unidos. As políticas de filtramento racial e de resistência ao racismo institucional incorporam essas variações e os diferentes tipos de acesso e tática ao fragmentado movimento anti-racista.

O desafio tem sido separar as questões destacadas de raça e racismo das práticas supostamente técnicas e despolitizadas de controle, exclusão e/ou punição de indivíduos de alto risco e classes e "etnicidades" criminogênicas. Durante a década de 1970, o movimento Black Power, os nacionalistas *chicanos*, os movimentos de indígenas americanos, bem como os grupos de estudantes e os intelectuais aliados elaboraram críticas ao racismo em uma perspectiva global, visando às injustiças nos setores de segurança, informações e policiamento/abordagem policial nos Estados Unidos. Para esses militantes, não existem etnicidades criminogênicas ou tipos que sejam naturalmente de alto risco. Afirmam, em vez disso, que a realidade é composta de nações raciais colonizadas, populações racializadas de prisioneiros políticos e formas estatais de exploração e expropriação que são disfarçadas de tecnocracia, profissionalismo, desenvolvimento econômico e prática científica. Esses movimentos aliados insistiam em que a luta contra os racismos nacional e global, particularmente nos setores de segurança e justiça penal, deve fazer do racismo institucional a sua prioridade, não aceitando o estreitamento do escopo da reforma a questões de lei e de codificações e declarações explícitas.

Na década de 1970, contudo, o governo dos EUA prendeu líderes desses movimentos, inclusive a líder da luta contra o racismo nos setores de polícia e Justiça, Angela Davis. A CIA infiltrou-se nos movimentos dos Black Panthers, dos *chicanos* e dos indígenas. Uma rebelião na prisão nova-iorquina de Attica, cujos líderes vinculavam especificamente a reivindicação da reforma da polícia/do sistema carcerário a lutas globais anti-racistas e anticoloniais, foi reprimida de forma extraordinariamente sangrenta. A década de 1970 marcou o ponto alto desse esforço abrangente, multiclasse e multirraça, feito nos Estados Unidos no combate ao racismo institucional nos setores de segurança e de policiamento. O retrocesso começou logo após o caso Davis e a rebelião de Attica.

O governador do estado de Nova York, Nelson Rockefeller, o presidente americano Gerald Ford e o então governador da Califórnia, Ronald Reagan, elaboraram novas e rigorosas leis antidrogas, códigos antiinsurgência, e fizeram cortes orçamentários que bloquearam a expansão e a democratização das instituições estatais; além disso, insistiram em políticas que recriminalizavam os grupos pobres e dissidentes entre as populações minoritárias. Nas décadas de 1970 e 1980, novas leis antidrogas, códigos de contra-insurgência e "reformas" institucionais transformaram o Estado, a esfera pública e a noção de cidadania, concentrando-se na privatização, na austeridade, na tecnificação, na disciplina punitiva e na racionalização. Essas medidas despolitizaram forçosamente as culturas institucionais dos estados, nos planos tanto nacional como local, e reduziram o espaço da esfera pública disponível para discutir a questão da injustiça racial. A estrutura da oportunidade política para as políticas raciais emancipatórias foi reduzida, militarizada, globalizada e recondicionada como uma questão de controle da criminalidade a ser tratada *não* como objeto de criação de emprego keynesiana, de investimento em capital humano ou em sua reabilitação, mas como objeto de guerras de segurança promovidas pelo surgimento em massa de novas leis, recursos, dispositivos de condenação, prisões privatizadas e empresários privados de segurança, bem como pela proliferação de operações de vigilância e de informações.

Na década de 1980, a nova rede estatal e transnacional de militarização e policiamento reprimiu boa parte do dinamismo dos movimentos de massa contra o racismo institucional e estrutural. No entanto, frações desses movimentos continuaram a sobreviver nas margens mais distantes das esferas públicas urbanas/transnacionais, em seletas comunidades urbanas e acadêmicas, na subcultura codificada do *rap* e do *hip-hop*, nas artes plásticas e na literatura. Nesse contexto, os elementos menos radicais e nitidamente de classe média dos movimentos liberal e neoliberal de direitos civis, assim como as organizações mais progressistas de ajuda jurídica, tiveram de enfrentar mais ou menos sozinhos o ressurgimento do racismo institucional. A política do filtramento racial nos EUA hoje espelha as vitórias, bem como as limitações, dessa cultura política recentemente restringida e dessa esfera pública truncada que sobreviveram à era do ressurgimento racial. É nesse contexto que analisamos a política do filtramento racial nos EUA de hoje e o sucesso, diante de limitações consideráveis, no desenvolvimento de táticas para medir o viés racial das práticas financeiras/atuariais e outras técnicas de filtramento aparentemente neutras em relação à raça.

Geografia social

A política do filtramento racial nos EUA veio a focalizar-se nas abordagens e revistas de motoristas em rodoviárias estaduais e a apontar isso como fenômeno que pode ser medido criticamente, atrair a simpatia do público e revelar formas de racismo institucional nos setores de policiamento e segurança. O movimento contra o filtramento racial é taticamente específico e limitado, e, até pouco tempo atrás, não se concentrava em outras questões em destaque, tais como o fato de deter pessoas "com cara de estrangeiras" (particularmente as que tivessem aparência mexicana ou muçulmana) perto das fronteiras, o controle e a revista corporal de jovens pertencentes a minorias em campanhas pela "qualidade de vida", ou os racismos que estruturam as invasões policiais a guetos e as operações contra o narcotráfico. No entanto, a natureza liberal e de classe média do movimento anti-racista "respeitável" dos EUA conduziu e plasmou os esforços de conscientização sobre o racismo institucional e estrutural nos setores de polícia e de segurança. A ênfase em preocupações universais, de classe média, levou-os a se concentrar na prática relativamente não violenta que consiste em mandar motoristas pararem nas rodovias. Aparentemente, a problematização do assédio policial contra motoristas foi uma das únicas maneiras de apelar para os elementos da esfera pública dominados pelos brancos e também multiculturais, e uma das únicas formas de lançar discussões críticas sobre o racismo sem por isso ser identificado com classes inferiores criminogênicas e satanizadas, traficantes de drogas e gangues racializadas armadas, ou sem ser acusado de simpatizar com elas. Isso talvez se deva à geografia social e à lógica simbólica particulares da cidadania respeitável de classe média, e à associação que se estabeleceu, nos EUA, entre essas geografia e lógica e o fato de dirigir o próprio carro na rodovia.

A partir da década de 1950, o fato de dirigir em uma rodovia estadual foi apresentado como um dos maiores "veículos" para a cidadania, a mobilidade ascendente, a liberdade individual, a identidade de classe média e o prazer do consumidor nos Estados Unidos. Dirigir em uma rodovia é escapar do conflito da vida urbana (racializada), transcender disputas nos espaços públicos (marcadas por classe, origem migratória, gênero e sexualidade), e entrar em um circuito exclusivo que se estabelece entre setores privados, ou seja, entre um trabalho de classe média na empresa e uma casa de classe média no subúrbio. Expressar-se politicamente em praça pública ou na esfera pública nunca foi identificado como algo essencialmente "americano". Mas o fato de dirigir em uma rodovia foi afirmado como o ato essencial de identidade cidadã e de "americanidade" — rumar para a fronteira, para longe das identidades urbanas raciais, políticas e coletivas, para longe de cidades e públicos controversos e rumo a uma privacidade despolitizada, a uma família nuclear heterossexual e a uma vida de televisão e *shopping*. O simbolismo do colonialismo do povoador branco, submetido a um remodelamento consumista, ainda domina esmagadoramente os modelos de expressão democrática pública no imaginário da cidadania nos Estados Unidos.

No final do século XX, a geografia social da cidadania normalizada nos Estados Unidos vive em contínua crise diante de realidades em mutação. Cidades cada vez maiores, mais dinâmicas e mais racial/etnicamente diversas, maioria branca minguante, classes médias decrescentes e índices de criminalidade em declínio confundiram o velho simbolismo legitimador da cidadania baseado na narrativa da classe média branca culturalmente monolítica que foge da cidade perturbada, deixando para trás a criminalidade e desfrutando a propriedade privada e o livre consumo.

Dada a atmosfera repressiva que criminalizou as minorias raciais e a militância anti-racista a partir da década de 1970, a política do filtramento racial do final da década de 1980 começou a se apoderar dessa sacrossanta instituição: a ida motorizada para o subúrbio. Os guetos e os narcotraficantes talvez possam ser infinitamente criminalizados, conforme a lógica punitiva da segurança pós-anos 70, e até espaços de educação e atenção à saúde podem ser desarticulados da cidadania e ressegregados racialmente, o que foi facilitado pelo ressurgimento do neoliberalismo e do racismo institucional. Contudo, o tráfego rodoviário nos EUA continua sendo, até na era neoliberal do Estado de segurança, uma instituição simbólica e socialmente hegemônica e que, portanto, deve ser preservada como canal de liberdade e mobilidade, não manchada pela política nem pelo preconceito. Nesse contexto, os movimentos anti-racistas de classe média seguiram uma inspiração certeira ao voltar-se para a instituição que é dirigir nas rodovias como arena onde recomeçar o debate crítico sobre o racismo institucional.

Assim, a partir da década de 1980, os movimentos anti-racistas e pelos direitos civis, a que então se somaram elementos da polícia e um punhado de órgãos do governo e do Judiciário, uniram-se para identificar, reconhecer e erradicar o racismo institucional do policiamento dos motoristas nas rodovias. O desafio é ver se essa vitória limitada contra o racismo nesse espaço particularmente sagrado (e identificado com a classe média), que é a rodovia, pode ser traduzida e transportada para uma iniciativa mais ampla de reforma capaz de enfrentar as práticas militarizadas de filtramento racial levadas a cabo em guetos, espaços públicos urbanos e regiões fronteiriças do país, onde são intensas as percepções das chamadas classes inferiores como sinônimo de cultura criminogênica e ameaça de alto risco, onde os laços simbólicos da classe média branca são fracos e onde a contra-identificação pública é forte.

Em partes do mundo onde a presença de "classes médias" pertencentes a uma minoria racial é menos evidente (p. ex.: Brasil, França, África do Sul), onde não existe um mito similar ao de dirigir na rodovia como espaço sagrado de cidadania e onde a repressão aos movimentos anti-racistas radicais e liberais se deu de outra maneira, a política de luta contra o racismo institucional nos setores de polícia e de segurança pode ser realizada de modo bem diferente.

A melhor compreensão dos aspectos específicos em que foi bem ou malsucedida a estratégia de "os motoristas primeiro" na política do filtramento racial dos Estados Unidos pode ajudar a embasar os rumos ou a iniciar um diálogo com movimentos anti-racistas em outras partes do mundo onde há contextos diferentes, porém níveis comparavelmente elevados de racismo e de negação institucional no setor de polícia e segurança. Nesta seção do trabalho, tratarei das contendas específicas em torno do filtramento racial nos Estados Unidos, primeiro através de um exame da luta contra a "cegueira racial" na jurisprudência liberal em casos da Suprema Corte da década de 1960 até hoje; analisarei estratégias de movimentos anti-racistas americanos durante a década de 1990 e depois as formas crescentes de cooperação e liderança fornecidas pela academia, pela mídia, pelos militantes e pelos próprios policiais. A seguir, passarei ao exame dos gestos contraditórios dos governos Clinton e G. W. Bush sob a influência da pressão de grupos civis, públicos e policiais para que tratassem da questão do filtramento racial, enquanto os presidentes reafirmavam seu compromisso acrítico com o policiamento de tolerância zero, ampliando programas punitivos e carcerais, e intensificando a construção de um Estado de segurança repressivo e racialmente tendencioso.

Processos judiciais nos Estados Unidos

A luta contra o filtramento racial manifestou-se muitas vezes no contexto de processos judiciais que definiram os limites do procedimento de identificação de suspeitos pela polícia em abordagens e revistas nos Estados Unidos. A problemática central nos processos judiciais americanos foi a tendência persistente dos tribunais a condescenderem com a *discricionariedade* policial em questões de identificação de suspeitos, particularmente em esferas em que se colocavam questões de viés racial. A delimitação dessa esfera de discricionariedade policial em torno de questões raciais não fez com que a tomada de decisões profissionais se tornasse mais adequada; criou, ao contrário, uma estrutura de *impunidade* que permitiu que os policiais agissem como instrumentos para a rerracialização da sociedade americana.

A tendência ininterrupta à tomada de decisões judiciais marcadas pela "cegueira racial" e a política dos tribunais de permitirem a discricionariedade policial na determinação de quem deve ser parado e revistado pode datar do caso *Terry v. Ohio*, de 1968. O caso *Terry* foi julgado pela Suprema Corte dos Estados Unidos no auge dos movimentos pelos Direitos Civis e Black Power. A decisão a favor da polícia demonstra a maneira como as ações policiais — bem como o crime e o discurso da segurança de maneira geral — permaneceriam protegidas da reforma e continuam sendo o cerne da temática da cegueira racial. Visto como difícil, caro e perigoso demais para medir e avaliar, e talvez como um mal necessário para prevenir o crime, o racismo policial não foi examinado pelo sistema da Justiça criminal, embora estivesse sendo erradicado de outras esferas da lei e da vida pública.

O caso *Terry* baseia-se em um incidente ocorrido em Cleveland, estado de Ohio, em meados da década de 1960. Martin McFadden, detetive da polícia, observou dois homens conversando em uma esquina, andando de lá para cá e olhando a vitrine de uma loja. Um terceiro homem aproximou-se e os três ficaram conversando. O detetive McFadden considerou o comportamento dos dois primeiros homens como suspeito, achou que talvez estivessem estudando a loja para a seguir assaltá-la; aproximou-se deles, agarrou o sr. Terry e o revistou, encontrou uma arma e o prendeu, assim como ao segundo homem, sr. Chilton.[41]

A Quarta Emenda da Constituição americana garante que não pode haver "busca e apreensão" — inclusive deter e revistar uma pessoa — sem que haja uma "causa provável". "Causa" aqui significa um conjunto de indícios verossímeis e uma justificativa legítima para deter e interrogar, com base em investigação e/ou testemunho direto, não em percepção subjetiva sem credibilidade. Causa provável significaria que um policial presencia o desenrolar de um delito, e/ou que foram obtidos indícios e um mandado de prisão/busca.

Na decisão relativa ao caso *Terry*, de 1968, a Suprema Corte americana introduziu uma exceção significativa às garantias constitucionais incorporadas à Bill of Rights. A Corte insistiu na necessidade de permitir que os policiais tivessem *discricionariedade*, ou seja, liberdade de ignorar ou reinterpretar a Constituição. A Corte aceitou como razoável o discernimento de um policial para determinar quem é suspeito, quem é uma possível ameaça pública, com base na avaliação subjetiva da aparência, e não na investigação e coleta de indícios e "causa provável" para justificar a verificação e o interrogatório de um indivíduo. Como argumentou Anthony Thompson, professor de direito na Universidade de Nova York (NYU), a linguagem, marcada pela cegueira racial, da decisão do caso *Terry*

[41]Anthony C. Thompson, "Stopping the usual suspects: race and the fourth amendment". *New York University Law Review*, 74 (1999).

eliminou um fato importante: a percepção do detetive McFadden de que o sr. Terry era uma pessoa suspeita guardava uma correlação direta com a percepção que o policial tinha de raça. A atual interpretação da Constituição pela Suprema Corte proíbe claramente toda discriminação racial por parte de um agente do Estado.

McFadden afirmou ser "incapaz de dizer" por que percebera Terry e Chilton, dois afro-americanos, como suspeitos. No entanto, McFadden insistiu que "não gostou deles" e em que "a cara deles tinha alguma coisa de errado". O terceiro homem, que também caminhou na frente da loja e falou com Terry e Chilton, não foi detido. McFadden referiu-se repetidamente a esse terceiro homem como "branco" que, embora tivesse um comportamento muito semelhante ao dos demais, aparentemente tinha a "cara certa" no entender de McFadden, de forma que inicialmente não foi detido.

Ao decidir que a percepção especializada de McFadden, sua distinção entre "branco" e "errado" era importante e complexa o bastante para justificar a suspensão das preocupações da Quarta Emenda, a Corte criou uma imensa exceção à obrigação constitucional de que os indícios e a "causa provável" sejam avaliados antes do início da ação policial. A "cegueira racial" da Corte e de sua decisão neste caso representa uma recusa a enfrentar a natureza racializadora essencial da maneira como esse policial distingue o suspeito do cidadão. A Corte inclusive declarou que era "inútil" aplicar o princípio de não-admissibilidade da prova criminosamente obtida, previsto pela Quarta Emenda no intuito de proteger "minorias impopulares" contra assédio e revistas policiais não baseados em indícios ou sem justificativa. Aquela Corte declarou que as "minorias impopulares" não seriam protegidas por seus direitos constitucionais garantidos pela Quarta Emenda contra buscas e apreensões não razoáveis porque isso "pode representar um preço muito alto a pagar em termos de danos e frustração de esforços em prevenir o crime".[42]

Essa noção, delineada pelo caso *Terry* em 1968, abriu espaço para a intensificação do racismo na prática policial de "deter e revistar"; enquanto

[42]Thompson, (1999).

isso, a Suprema Corte erradicava o racismo de outras esferas da educação, da votação, dos transportes, da habitação etc. A atitude da Corte foi de permanecer propositalmente neutra, ou cega, à raça, diante das práticas policiais relativas à percepção de suspeitos. A Corte insistiu que deveria permitir essa discricionariedade tecnoprofissional no intuito de "evitar o crime". Essa atitude foi essencial para o processo histórico que se desenrolou a partir dessa decisão de 1968, por meio da qual o aparato de racismo e segregação recolonizou a área das guerras contra o crime e a droga, e também as campanhas a favor da pena de morte, nas quais, conforme declarou a Corte, o "racismo é permitido".

Em outro caso, *Delaware v. Prouse* (1979), a Suprema Corte decidiu *a favor* de um motorista negro, um dos milhares detidos pela prática, em vigor no estado do Delaware à época, de parar carros "aleatoriamente" para verificar os documentos do veículo e a carteira de motorista do condutor. Mas o tribunal não enfrentou a questão racial, que era central; em vez disso, confirmou sua fé na "cegueira racial" ao deslocar o debate para uma análise da inadequação dos procedimentos técnicos do serviço policial do Delaware. A Corte julgou que era ilegal parar carros de forma "aleatória", pois, acreditando na palavra dos próprios peritos da polícia, desagradava-lhe sua irracional aleatoriedade; a Corte recusou-se a sondar abaixo da superfície para ver se a aleatoriedade tecnoprofissional era uma máscara para o racismo. A Corte insistiu que a polícia deveria informar o local, o comportamento e outros marcadores de suspeita que fossem não-aleatórios e razoáveis.

Em *United States v. Martinez-Fuente* (1976), a Suprema Corte enfrentou a questão de raça e etnicidade, mas apenas para dela se afastar no interesse de um argumento geográfico, de segurança da fronteira, que ganharia cada vez mais relevância na esteira da decisão. O sr. Martinez-Fuente, cidadão americano e residente na Califórnia, próximo à fronteira mexicana, fora repetidamente detido por policiais e pela Patrulha da Fronteira — não na fronteira, mas bem dentro do território dos EUA — para verificação de passaporte. Essas paradas perturbavam sua vida e o submetiam a renovadas humilhações e desconforto. Mas a Corte decidiu que esse procedimento era permitido, embora a polícia admitisse que a identificação da "aparência mexicana" fosse uma das razões básicas por que parara aquele motorista. Mas a Corte fugiu da questão da raça ao considerar que a "aparência" era percebida pela polícia não como raça, mas como fator geográfico. Ou seja, a proximidade da fronteira tornava a aparência de não-nacional, de "forasteiro", algo tecnicamente pertinente. Uma vez mais, a Corte tinha estado cara a cara com o racismo e insistido em não vê-lo, recusando-se a medir ou avaliar a percepção policial da aparência racial, simplesmente lhe dando outro nome: "fator de risco geográfico". Enquanto a polícia continuasse a ter o mínimo trabalho de basear o perfil de aparência racial por ela criado em outros critérios técnicos de risco, como por exemplo o comportamento ou a localização geográfica, a Corte poderia se esquivar da questão da raça e criar *de facto* mais espaço para que as práticas de segurança racializadoras se alastrassem como âmbito onde reina a exceção à proteção constitucional.

Steve Martinot insta-nos a reconceitualizar o reino da discriminação policial em questões raciais não como espaço livre neutro para a tomada de decisões profissionais, mas como um reino de impunidade que constitui um regime racial com suas próprias leis e práticas brutais que permaneceram "invisíveis" por deferência da Corte à discricionariedade.

> A "impunidade" não decorre simplesmente do fato de corporações policiais prestarem solidariedade interna aos agentes que agem com brutalidade ou criminalizam pessoas. O termo nomeia o contexto hiperpolítico em que os policiais não apenas estão acima dos regulamentos policiais e das proibições legais (...), como se tornam uma lei em si, à qual exigem obediência (...). Dado que a criminalização ocorre de antemão, tanto a responsabilidade policial como o recurso judicial por parte de sua vítima são impedidos por esse senso de "dever". Não só cada policial pode ajustar a lei à sua própria medida, como a polícia se torna uma lei em si (...). Em vez de ser encarada como um problema criminal, a impunidade policial se torna uma função sociopolítica que faz alastrar-se a criminalidade que vai reestratificar e rerracializar a sociedade (pois os meios de criminalização são visuais). Como toda racialização, espelha um *ethos* cultural que pretende determinar quem será humano e quem não, com base em quem é perceptível e quem passa despercebido, quem será criminalizado de antemão e quem

> terá seu crime concreto descriminalizado (...). O filtramento policial constitui uma estrutura de racialização (...). A criminalização da raça é invertida e passa a ser racialização do crime. O comportamento negro, ilegal ou não, passa a ser considerado criminoso, ao passo que a violência racista branca, processada ou não, torna-se simples comportamento.[43]

Em meados da década de 1990, os militantes anti-racistas e os envolvidos em batalhas judiciais contra o filtramento racial já se haviam dado conta de que precisavam fazer com que a polícia e os tribunais reconhecessem, medissem e avaliassem as dimensões especificamente raciais da discricionariedade policial, analisassem criticamente as percepções tecnoprofissionais ou "de peritos" sobre quem é suspeito e quem é cidadão respeitável, quem tem "alguma coisa de errado", quem deve ser detido "aleatoriamente", quem é "forasteiro" em uma faixa fronteiriça ou barreira de segurança. Na década de 1990, o filtramento racial colocou-se como termo crítico nos Estados Unidos; os militantes usaram os meios, as mensurações e os testemunhos de vítimas respeitáveis de classe média e celebridades para estimular a polícia, os tribunais e o discurso predominante na sociedade a ultrapassarem a cegueira racial e avançarem para uma consciência de raça mais crítica. No caso *Whren v. United States* (1996), contudo, a Suprema Corte manteve sua posição: mesmo se começasse a reconhecer que a raça influencia a suspeita policial, qualquer outra tênue justificativa, quando *somada* à raça, é suficiente para legitimar as revistas e abordagens policiais e permite que o tribunal contorne a questão do racismo.

No caso *Whren*, a polícia deteve e revistou um carro dirigido por dois jovens negros. Os policiais admitiram que não tinham visto aqueles homens tendo qualquer comportamento criminoso, e que não havia "causa provável" para parar o carro. Alegaram que eles, além de serem negros, eram jovens, que o carro tinha licença provisória e havia parado à noite por vinte segundos em uma placa de sinalização e depois se afastara rapidamente da esquina. Então a polícia parou o

[43]Steve Martinot, "The Militarisation of the Police." *Social Identities* 9/2 (2003), p. 212-13.

carro, encontrou cocaína no colo de um dos jovens e o prendeu. O sr. Whren tentava afastar as provas de porte de cocaína, alegando que haviam sido obtidas inadequadamente e que ele estava protegido pela Quarta Emenda.

Contudo, o tribunal recusou-se a avaliar a dimensão racial da suspeita policial no caso. Será que a polícia teria pensado que dois jovens *brancos* que tivessem se demorado em uma placa de sinalização eram suspeitos de delito, uma ameaça pública? Será que a polícia já parara e revistara um número muito maior de jovens negros do que de jovens brancos em condições similares, provando assim que os critérios raciais não permissíveis constituíam uma motivação primária, e não um fator não pertinente ou incidental da decisão policial de deter os jovens? Mesmo neste caso, já de 1996, a polícia apresentou fundamentos não específicos de raça que eram muito tênues para justificar a suspeita policial — nesse caso, "vagar perto de uma placa de sinalização" foi assinalado como uma espécie de avaliação, formulada no jargão policial, do desrespeito, da indisciplina étnica e de fatores de risco micrológicos dos jovens. No entanto, a Corte desviou sua atenção e ponderou com toda seriedade sobre um "comportamento suspeito junto à placa de sinalização", aceitando que o perfil de risco fora criado de forma não-racial e tecnoprofissional. A Corte fixou-se neste critério e permitiu a discricionariedade policial, persistindo em sua cegueira racial: não interrogou nem exigiu nenhum tipo de mensuração da pertinência da percepção de raça neste caso.

As decisões da Suprema Corte em relação à Quarta Emenda tratam a raça como um tema que pode ser antissepticamente removido de uma audiência destinada a determinar se a prova foi obtida ilegalmente, na qual o juiz analisa se o policial teve causa provável para a abordagem ou busca sem mandado, ou suspeita razoável para deter e revistar. As decisões dos tribunais imaginam um mundo no qual alguns policiais não são de forma alguma afetados por considerações raciais e até policiais tendenciosos emitem juízos objetivamente válidos, filtrados por práticas tecnoprofissionais de criação de perfis, que os tribunais podem manter apesar das motivações raciais subjacentes do policial em questão.[44]

A jurisprudência liberal manteve sua fé na "cegueira racial" nos âmbitos da discricionariedade policial, da luta contra o crime e da pena capital, ao passo que os mesmos tribunais se tornaram mais conscientes da questão racial e mais sensíveis no terreno da educação, da votação, do desemprego e da habitação (em sua ação afirmativa e decisões relativas a igualdade de acesso). Assim, nesta chamada era pós-segregação e pós-racismo, o policiamento e a guerra contra o crime se tornaram poderosos refúgios em que o racismo, a segregação e a privação dos direitos civis são autorizados a expandir-se e a tomar conta de um número maior de aspectos da vida cotidiana. A crítica ao "filtramento racial" surgiu como uma estratégia para insistir no reconhecimento dos meios raciais, e portanto inconstitucionais e incorretos, pelos quais a polícia vinculava indivíduos e suspeita, interrompendo suas vidas e dignidade. Mas, na década de 1990, os militantes descobriram que não podiam confiar na justiça nem na sabedoria dos tribunais; precisariam usar novos meios, testes, ferramentas de mensuração e argumentos para estimular a esfera pública e o Estado a verem a natureza racial da suspeita policial.

Conquistas da academia e dos movimentos sociais

Diante de tribunais racialmente cegos e de agentes públicos condescendentes com a discricionariedade policial, era preciso reunir outras formas rigorosas de provas para demonstrar ao público, aos tribunais e aos próprios policiais que o viés racial da polícia espelhava uma conexão, mais do que uma coincidência, com outros fatores. No início da década de 1990, o dr. John Lamberth, professor de psicologia comportamental na Temple University, foi um dos primeiros a desenvolver nos EUA um método estatístico rigoroso para determinar se a *raça* do motorista — e não outros fatores, tais como comportamento ao volante ou perfil demográfico dos condutores em geral — estava relacionada com a freqüência com que a polícia rodoviária os fazia parar no estado de Nova Jersey. Sua metodologia

[44] Thompson, (1999).

era tão rigorosa e reveladora que se impôs como modelo para a pesquisa na área de filtramento racial e merece extensa citação aqui:

> Lamberth elaborou uma metodologia de pesquisa destinada a determinar duas coisas: primeiro, o índice de abordagem, multa e/ou prisão de negros no trecho em questão da rodovia; segundo, a porcentagem de negros entre os que passavam por aquele mesmo trecho. Para levantar os dados relativos à abordagem, multa e/ou prisão de negros, Lamberth estudou e reconstruiu três tipos de informação estatal aceitos como provas: relatórios de todas as prisões resultantes de abordagens policiais na rodovia entre abril de 1988 e maio de 1991 (inclusive), registro de atividades de patrulha em dias selecionados aleatoriamente entre 1988 e 1991 (inclusive) e registros de rádios da polícia também em dias selecionados aleatoriamente entre 1988 e 1991 (inclusive). Muitos desses registros identificam a raça do motorista ou do passageiro. A seguir, Lamberth procurou medir a composição racial do público que trafega por ali; para tanto, procedeu a um censo populacional da rodovia — observação direta feita por equipes de assistentes de pesquisa que contavam os carros na rodovia e tabulavam quando o motorista ou outro ocupante do veículo parecia ser negro (...). Para maior precisão, Lamberth também elaborou outro procedimento de censo: um censo de respeito às leis do trânsito na rodovia. Esta foi uma pesquisa volante feita por equipes de observadores em carros que circulavam pela rodovia com o controle de cruzeiro calibrado e ajustado para oito quilômetros por hora acima do limite de velocidade. As equipes observavam cada carro que passava ou que os ultrapassava, anotavam a raça do motorista e também se o motorista estava ou não trafegando acima do limite de velocidade. As equipes registraram dados sobre mais de 42 mil carros. Com base nessas observações, Lamberth conseguiu fazer uma comparação entre os percentuais de motoristas afro-americanos que eram detidos, multados e presos, por um lado, e sua presença relativa na estrada, por outro lado. De posse desses dados, pôde testar de forma cuidadosa e rigorosa se os negros, ao serem parados, de fato estavam sendo desproporcionalmente alvos.[45]

[45]David A. Harris, "The stories, the statistics, and the law: why 'driving while black' matters." *Minnesota Law Review*, 84 (1999), baseado em John Lamberth, Plaintiff's Expert, "Revised statistical analysis of the incidence of police stops and arrests of black drivers/travelers on the New Jersey Turnpike Between Exits or Interchanges 1 and 3 from the Years 1988 Through 1991", em *State v. Pedro Soto*, 734 A.2d 350 (N.J. Super. Ct. Law. Div. 1996).

Seus métodos foram rigorosos, seus padrões de dados quantitativos, claros e seus resultados, chocantes. O estudo revelou que o índice de violação das leis do trânsito é exatamente o mesmo entre motoristas negros e brancos. As normas etnoculturais, se é que existem e realmente são baseadas na identidade racial, não afetavam o comportamento ao volante nem o "risco" de violar normas relativas a excesso de velocidade e negligência. No entanto, 73,2% dos detidos e presos eram negros, ao passo que apenas 13,5% dos carros que trafegavam na estrada tinham motoristas ou passageiros negros.[46] As chances de que isso fosse uma mera coincidência foram medidas: "menos de uma em um bilhão". Diante dessa evidência, Lamberth conclui: "Posso dizer, com grau razoável de probabilidade estatística, que a disparidade aqui traçada é fortemente compatível com a existência de uma política discriminatória, oficial ou *de facto*, que consiste em visar os negros como alvos a serem detidos e investigados".[47]

Essas mensurações abriram os olhos da cegueira racial. Em 2001, menos de dez anos depois do estudo de Lamberth, 12 estados introduziram leis que obrigam a polícia a coletar dados sobre a raça dos motoristas detidos pelos policiais, mas a aplicação dessas leis varia muito. Algumas só determinam a participação das polícias estaduais, outras contemplam apenas a inclusão *voluntária* da polícia municipal, o que gera fragmentação de dados e de práticas policiais no território e nas rodovias. Nem toda legislação determina que se faça um registro abrangente dos dados relativos à busca, o que incluiria data, hora e local das buscas, raça, idade e gênero do motorista, razão por que foi detido, resultado do procedimento e dados relativos a buscas.[48] E — talvez este seja o aspecto mais importante — essas leis limitam o registro da identificação racial de suspeitos pela polícia às abordagens policiais de motoristas em rodovias, não incluindo paradas/abordagens/revistas de pedestres, nem as realizadas em comunidades de "alto risco", tampouco o trato da polícia com jovens ou gangues racializadas etc.

[46]Harris, op cit.

[47]Lamberth, *op cit.*

[48]Institute on Race & Poverty, University of Minnesota, "Components of racial profiling legislation (Policy report for senator Linda Berglin, senator Jane Ranum, and representative Greg Grey, 5 March 2001)".

O aperfeiçoamento da legislação que orienta a coleta de dados pela polícia será falho se não estabelecer também mecanismos obrigatórios de controle externo. Tal como recomenda David Harris, a análise e o comunicado dos dados deve vir de fora da polícia. Os dados não podem ser analisados pelo mesmo organismo que está sendo examinado no que diz respeito ao filtramento racial. Além disso, devem ser implementados pontos aleatórios de verificação-surpresa, "iscas" e auditorias dos registros para se ter certeza de que os policiais estão coletando os dados com exatidão e repassando-os adequadamente aos monitores. Também é preciso coletar dados de forma permanente e contínua para que sirvam de ferramenta útil de gerenciamento e facilitem a participação e a supervisão comunitárias; a coleta de dados não deve ser um "teste" feito uma única vez para detectar o racismo. Sugeriu-se a montagem em suporte rígido de câmeras de vídeo e assistentes digitais na parte dianteira de carros de polícia como equipamento padrão destinado tanto a coletar provas como a proteger os policiais contra falsas acusações e a monitorar a raça dos que são detidos e interrogados pela polícia.[49] Os motoristas também deveriam receber uma explicação clara sobre cada abordagem e deveriam ser tratados como cidadãos, não como suspeitos. Muitos também sugeriram que o policial deveria entregar ao motorista um recibo em que constassem os dados coletados, o nome do agente e informações pertinentes a respeito da razão da abordagem, além dos direitos da pessoa que é parada pela polícia.

Vídeos realizados por documentaristas amadores e pela mídia também têm sido ferramentas importantes que ajudam a revelar a verdade sobre o filtramento racial nas estradas americanas. Em um caso notável ocorrido na Flórida em 1992, o jornal *Orlando Sentinel* conseguiu fitas gravadas por câmeras da polícia, montadas dentro do painel de viaturas, com registros de abordagens e prisões na auto-estrada. Análises de 148 horas de vídeo revelaram que

[49]David Harris, "Symposium: law enforcement's stake in coming to grips with racial profiling". *Rutgers Race & the Law*. Review 3 (2001). pp.35-36.

> Cerca de 5% dos motoristas naquela rodovia eram negros ou hispânicos, ao passo que quase 70% das pessoas paradas eram negras ou hispânicas, e mais de 80% dos carros revistados eram dirigidos por negros e hispânicos. As abordagens de motoristas negros e hispânicos duravam em média o dobro das dos motoristas brancos. Gravações das abordagens em vídeo reforçaram as estatísticas. Em uma delas, um negro perplexo explicava aos policiais estaduais que aquela era a sétima vez que o paravam; em outra, um negro abana a cabeça porque aquela era a segunda vez em alguns minutos que o detinham. Em uma das relativamente raras abordagens de um motorista branco, o guarda Dale Anderson pergunta ao motorista como ele ia. Quando o homem responde "Não muito bem", Anderson replica: "Poderia ser pior — poderia ser negro".[50]

Estudos estatísticos extraordinariamente rigorosos sobre filtramento racial e incontáveis horas de vídeo compiladas geraram uma massa crítica de provas de que o racismo institucional de fato existe, pelo menos no contexto das abordagens de veículos em rodovias. Mas como os militantes e reformadores chamam a atenção da esfera pública para essas evidências e elevam a questão do racismo policial às primeiras filas da agenda pública?

Nos Estados Unidos, celebridade vende. Ao centrar a questão na vitimização de estrelas e importantes figuras públicas negras, suscitou-se a identificação e a curiosidade do grande público, conseguindo-se levantar a questão do racismo policial no final da década de 1990. Por exemplo: Danny Glover, astro de cinema afro-americano, foi alvo do filtramento racial — como passageiro, não como motorista. No final da década de 1990, táxis vazios passaram várias vezes por ele e sua família para depois pararem para passageiros brancos na cidade de Nova York. O ator deu queixa contra a prefeitura e divulgou a queixa através da mídia, que deu prioridade à matéria por causa da celebridade do autor da ação. A visibilidade pressionou a polícia de Nova York e a comissão de táxis e limusines da cidade, que passaram a monitorar os taxistas para ver se havia discri-

[50]David Cole, *No equal justice: race and class in the american criminal justice system*. New Press: Nova York, 1999 pp.36-37.

minação racial na seleção de passageiros. "Em 1998, mais de 320 taxistas foram declarados culpados de recusar serviços, sofrendo sanções que foram de U$ 320 de multa à cassação da carteira de motorista."[51]

Em outro caso bastante conhecido, Johnny Cochran — advogado *superstar*, ex-procurador-geral adjunto de Los Angeles, afro-americano articulado de classe média — foi parado pela polícia no Sunset Boulevard quando não dirigia em excesso de velocidade nem violava lei alguma. Os policiais sacaram as armas e se aproximaram do carro, apavorando os dois filhos pequenos de Cochran. Acusaram Cochran de estar dirigindo um carro roubado e começaram a revistar o veículo ilegalmente (sem autorização do motorista nem mandado judicial). Quando descobriram que Cochran era procurador adjunto, os policiais fugiram. Este incidente foi uma das razões por que Cochran deixou o cargo que ocupava na polícia de Los Angeles e começou a defender negros contra o racismo policial, inclusive no notório caso de O. J. Simpson. Este incidente de filtramento racial com Johnny Cochran teve muito destaque na imprensa da Califórnia e na mídia nacional como lição-chave, não apenas em termos de filtramento racial, mas quanto às formas específicas como o filtramento racial de motoristas pode catalisar consciência crítica na classe média negra e chamar a atenção do público em geral para a questão do racismo institucional na polícia.[52]

O fato de focalizar celebridades afroamericanas e negros de classe média alta como motoristas e passageiros atrai a atenção do público e da mídia porque sua classe social e seu *status* profissional os protegem de ser automaticamente identificados com as classes trabalhadoras criminogênicas, as populações racializadas associadas à droga ou os bairros que configuram guetos. Como estratégia para canalizar o interesse do público para o racismo institucional, este tipo de "política da respeitabilidade" tem seus custos e limitações. Ao ligar a crítica do filtramento racial aos motoristas, e a vítimas que são celebridades ou de classe média, a crítica corre

[51]Kenneth Meeks, ***Driving while black: how to fight back if you are the victim of racial profiling.*** Nova York: Broadway Books, 2000, pp. 219-20.

[52]Harris (1999), p. 266, extraída de "Cochran & Grace: Johnnie Cochran — Driving while Black" (CourtTV, 23 de març de 1997).

o risco de resvalar para uma política de privilégio de classe, mais que de justiça racial.

De fato, no contexto de uma campanha centrada na respeitabilidade, as formas mais flagrantes de racismo institucional — praticadas pelos agentes de polícia, de segurança e correcionais em áreas pobres, segregadas e assoladas pela criminalidade, bem como dentro do próprio aparato da justiça criminal — podem permanecer imunes à crítica ou à reforma. Na verdade, parece que esta estratégia leva as pessoas preocupadas com a respeitabilidade na esfera pública a fazer esforços adicionais para *não* vincular sua causa e identidade aos negros da classe trabalhadora e outras minorias que enfrentam mais diretamente os desafios das guerras da droga, da vida no gueto e do encarceramento em massa. Vejamos a análise de Randall Kennedy, professor afro-americano de direito em Harvard:

> Profundamente enraizada na cultura política afro-americana, a política de respeitabilidade também é propensa a excessos que limitam sua atratividade. Em primeiro lugar, alguns de seus proponentes têm demonstrado um medo descabido de entrar em antagonismo com brancos... Segundo, o desejo que têm alguns negros de serem vistos como respeitáveis tem sido tão esmagador que os tem levado a evitar, pateticamente, qualquer coisa que pudesse ser remotamente associada a "maus crioulos"... Terceiro, a preocupação com a respeitabilidade levou alguns analistas a subestimarem o poder das forças que empurram as pessoas submetidas a privações graves para a conduta criminosa... Quarto, alguns proponentes da política da respeitabilidade não consideraram as redes das comunidades pobres que ligam os criminosos a membros honestos das comunidades... Quinto, a obsessão com a reputação racial às vezes suscita uma notória tolerância para com ataques racistas que implicam uma ameaça a *todos* os negros, não apenas aos "maus crioulos".[53]

[53]Randall Kennedy, *Race, crime, and the law.* (New York: Vintage Books, 1997), pp.18-19. Ver Evelyn Brooks Higginbotham, *Righteous discontent: the women's movement in the black Baptist Church, 1880-1920* (1993), e Regina Austin, "The black community, its lawbreakers, and a politics of identification." *Southern California Law Review* 65 (1992).

Dessa forma, a política da respeitabilidade, centrada em motoristas de classe média nas rodovias respeitáveis ou em incidentes com celebridades, permite que a cegueira racial persista enquanto, ao mesmo tempo, cria uma pequena janela de crítica consciente da raça apenas lá onde as questões de racismo fazem uma interseção não ambígua com os mais seguros espaços e interesses de classe média e universais. Será que este é um primeiro passo rumo a uma crítica mais abrangente? Ou será o resultado de um multiculturalismo de classe média que não dispõe de meios nem de vontade para lidar com a real estrutura da desigualdade? Será que a política do filtramento racial — voltada para as auto-estradas, preocupada com a respeitabilidade — pode ser ampliada e vir a mapear os territórios da narcomilitarização e da ressegregação, e enfrentar a tática da violência institucional e do racismo nos setores de polícia e de segurança, que vai além do mundo do cidadão de classe média que trafega todos os dias pela auto-estrada na ida e na volta do trabalho?

Iniciativas da polícia contra o filtramento racial

Uma das reviravoltas mais interessantes no desenvolvimento da política da criação de perfil racial nos Estados Unidos a partir do final da década de 1990 é a liderança cada vez mais entusiástica que algumas corporações policiais exerceram, defendendo a coleta de dados, o monitoramento e a reforma de práticas e atitudes racistas. Mais legitimidade, melhores tecnologias e mecanismos de coleta de dados, assim como melhores relações com a comunidade são claramente interesses próprios de muitos policiais. Algumas corporações reconheceram que o fim do filtramento racial acarretaria uma maior facilidade nas investigações, menor exposição dos policiais à violência, mais informações, maior cooperação da comunidade e aumento na auto-estima. Depois de resistir à crítica durante décadas e de insistir na discricionariedade ilimitada, no ano de 1999, a Associação Internacional de Chefes de Polícia aprovou resoluções em apoio à coleta de dados em abordagens de veículos.[54]

[54]Associação Internacional de Chefes de Polícia, CVI Conferência Anual, 3 de novembro de 1999.

Os próprios policiais começaram a perceber que o fim do filtramento racial discriminatório faz parte do desafio maior de aumentar sua capacidade de reduzir os delitos ligados à droga, os comportamentos de alto risco e a violência. Começaram também a conscientizar-se do fato de que o racismo institucional incorporado à *discricionariedade* policial orienta os recursos para o policiamento de hierarquias raciais, e desvia tempo e verbas do policiamento da verdadeira criminalidade. Os policiais interessados de fato em combater o crime perceberam que esse desvio constitui uma alocação de recursos errada e desastrosamente irracional, além de uma contradição profissional.

Numerosos estudos recentes — de acadêmicos, policiais e auditores independentes — revelaram que os dados relativos a prisões por crimes vinculados à droga e por crimes violentos não espelham a realidade que está por trás das atividades criminosas, assim como as abordagens rodoviárias não são representativas do verdadeiro comportamento dos motoristas negros. As cifras sobre prisão e condenação não são, em absoluto, um reflexo das "subculturas" criminogênicas de negros e minorias, mas espelham, isto sim, as atividades de aplicação da lei e as escolhas políticas das instituições que são o Estado, a polícia e a justiça criminal. Estudos demonstram que lançar mão do crime não é uma "preferência" de alguma raça ou grupo subcultural mais que de outros. Na verdade, buscas efetuadas em viajantes em aeroportos, em pontos de controle urbanos, bem como em motoristas em rodovias revelam níveis praticamente iguais de "achados" de drogas e armas com negros e brancos *em termos de percentual do número total de indivíduos daquela categoria racial que foram detidos*. Mas os negros são detidos em muito maior número do que os brancos, são processados mais severamente e condenados com mais rigor, de forma que o número de "criminosos condenados" entre os negros se torna proporcionalmente muito mais elevado que entre os brancos.[55] O ex-procurador-geral do estado de Nova Jersey chamou este fenômeno de "lógica perversa" do filtramento racial. Ou seja, quando uma determinada categoria de

[55]Harris (2001). p.12-14.

pessoas é visada e revistada em proporções grosseiramente desequilibradas, nada mais lógico que o índice de prisão e encarceramento dessas pessoas ser incomensuravelmente alto.[56] Enquanto isso, a correlação proporcional entre negros, droga e violência, na população *não condenada*, permanece em torno do mesmo percentual reduzido da população branca. Essa prática de policiamento revela a contradição central do racismo institucional e particularmente do funcionamento racial da discricionariedade policial — afinal de contas, assegura e intensifica as hierarquias e desigualdades raciais, enquanto distorce e desvia ativamente recursos dos reais padrões de criminalidade e risco.[57]

O racismo institucional é mau policiamento e significa deixar de lado, em grande medida, os crimes violentos e relacionados com a droga cometidos por brancos; além disso, ignora a criminalidade em espaços não marcados pelos códigos de raça e classe. O racismo institucional impõe uma interpretação irracional das evidências e contextos essenciais para a realização de investigações adequadas e a criação, em larga escala, de medidas sérias para o controle da criminalidade. O que o racismo institucional consegue é produzir hierarquias raciais, geografias de segregação, ressentimento e estruturas de violência social; contudo, sua importância parece ser apenas secundária quando se trata de lidar com as realidades transraciais do crime, do narcotráfico e da violência. Muitos policiais estão bastante conscientes dos custos e da violência que esta contradição acarreta. Os policiais pagam o preço da violência e da contradição todos os dias em sua vida profissional.

Os policiais de Boston e San Diego foram pioneiros no desenvolvimento de formas de cooperação com membros da comunidade; criaram técnicas de investigação mais sensíveis e completas e mapearam a criminalidade e a violência (não só em guetos). Essas corporações se concentraram na investigação cuidadosa e corajosa dos poderosos cabeças que

[56]Reginald Ashford, "Civil rights in the next millennium: any way you slice it: why racial profiling is wrong." *St Louis Public Law Review* 18 (1999), p. 378.

[57]Angela Davis, "Prosecution and race: the power and privilege of discretion," *Fordham Law Review* 13 (1998).

estão por trás do contrabando de armas e do narcotráfico. Esta estratégia elimina a necessidade de controles e assédio aos cidadãos, visando, em vez disso, a gerar confiança, a descobrir indícios e a seguir pistas. As polícias de San Diego e de Boston obtiveram notável sucesso na redução dos índices de criminalidade e, ao mesmo tempo, conseguiram maior integração racial, menor número de *prisões*, auto-estima mais elevada, melhor remuneração, ambiente de trabalho mais agradável e legitimidade institucional.

Alguns chefes de polícia até foram além, pois viram que o racismo é um dos crimes mais importantes que têm a combater. William Bratton, que liderou a reforma policial em Boston e na cidade de Nova York e hoje é chefe da polícia de Los Angeles, instituiu a coleta obrigatória de dados raciais, demográficos e contextuais pelos policiais em todas as circunstâncias em que detinham, não só motoristas, mas também pedestres, assim como no contexto da ocupação de guetos e no de campanhas contra narcotraficantes e gangues. Bratton diz: "Acho que, se pudermos reformar a polícia em termos de mudar tanto a percepção como a realidade da maneira como os policiais interagem com as comunidades, particularmente as de minorias, será possível avançar muito na problemática de lidar com o racismo existente na cidade e em nossa sociedade (...) Sou otimista em relação à possibilidade de reformar a polícia. Os policiais podem realmente ser a vanguarda na geração de uma mudança naquela situação e no aperfeiçoamento das relações raciais".[58]

Nunca se pode deixar de processar policiais racistas e práticas de filtramento racial como uma das estratégias destinadas a gerar reforma e consciência. Mas os processos podem ser contraproducentes quando os reformistas investem muito pesadamente neles. Para ir aos tribunais, é preciso adotar uma postura de adversários, o que força os policiais a permanecerem na defensiva. Ao serem interpelados dessa maneira, os policiais se sentem impelidos a fazer o possível para ocultar dados e experiências, para continuar a articular argumentos baseados na cegueira

[58]Travis Smiley, "Interview: LAPD Chief William Bratton on what he hopes he can do for the city of Los Angeles as the new police chief". *National Public Radio* (4 de dezembro de 2002).

racial e para ignorar seu próprio interesse de erradicar o racismo institucional.

Mais recentemente, os defensores da eliminação do filtramento racial começaram a trabalhar, fora do contexto dos tribunais, com elementos simpáticos à idéia nos setores de polícia e de segurança. Começaram a perceber que o trabalho dentro da polícia, da segurança, da justiça criminal e dos aparatos legislativos do Estado não é "colaboração". É cidadania radicalmente comprometida. Da mesma forma, trabalhar diretamente com instituições não obriga os reformadores a brigarem para obter níveis inatacáveis de provas nem a insistirem na respeitabilidade (de classe média) que as aparências dos tribunais tradicionalmente exigem. O autor da ação ou, neste caso, o reformador participante, não tem de provar um "dano *de facto*" decorrente de racismo, que é sempre muito difícil de provar "de forma indubitável" perante um tribunal.[59] Para participar da reforma junto com a polícia só é preciso investir tempo e energia, além de ter sensibilidade em relação aos debates e setores de dentro da polícia que abrem oportunidades de cooperação.

O foco estratégico do reformador comprometido visa a desenvolver, de forma participativa, métodos que ajudem os policiais a medirem a forma como o racismo institucional afeta sua vida profissional e a descobrirem que ferramentas os ajudarão a discernir evidências e suspeitos sem que se introduza um viés racial. A observação participativa da sociologia e da etnografia bem como os métodos participativos de treinamento policial não estão limitados pelas mesmas restrições político-culturais da "política de respeitabilidade" dos tribunais e da mídia, o que pode levar mais rápida e organicamente a questões relativas à forma como a polícia lida com traficantes, droga e geografias de segregação em gueto, em vez de ficar restrito às rodovias com o tema da abordagem policial de veículos.

[59]Sean Trende, "Why modest proposals offer the best solution for combating racial profiling." *Duke Law Journal* 50. p. 342 e Harris (2001), p. 242.

Administrações presidenciais diante do filtramento racial

As campanhas contra o filtramento racial centradas no policiamento de motoristas negros nas rodovias obtiveram seu sucesso mais visível durante o governo do presidente William J. Clinton (1993-2000). Clinton foi o primeiro presidente dos EUA a reconhecer a prática do filtramento racial e a convocar uma consulta nacional sobre como deveria ser combatido. Em 9 de junho de 1999, Clinton inaugurou uma conferência nacional sobre "O fortalecimento das relações entre polícia e comunidade" (*Strengthening Police-Community Relations*), que reunia líderes da polícia, grupos de direitos civis e representantes do governo. Durante a conferência, o presidente chamou o filtramento racial de "prática moralmente indefensável, profundamente corrosiva. Na verdade, é o oposto de um bom trabalho policial, em que as ações se baseiam em fatos concretos, não em estereótipos. É errado, é destrutivo e deve acabar".[60]

A procuradora-geral de Clinton, Janet Reno, começou promovendo as coletas de dados como estratégia básica do governo para enfrentar e vencer o filtramento racial. Ela ofereceu assistência técnica a corporações estaduais e municipais no bojo de uma estratégia abrangente de reforma destinada a aperfeiçoar a tecnologia da informação como ferramenta de profissionalização e como um mediador racional que facilita a criação de relações produtivas entre a polícia e a comunidade. O relatório do Ministério da Justiça do ano 2000 informou que

> "forças policiais comprometidas com o aperfeiçoamento da legitimidade acham que a mensuração da atividade policial é um passo essencial para chegar ao gerenciamento efetivo; a coleta de dados constitui uma mensagem clara de que o filtramento racial é incompatível com o policiamento eficaz e a igualdade de proteção; o fato de dispor de dados põe termo à conversa retórica e às acusações dentro da comunidade, propiciando um debate sobre maneiras efetivas de usar os recursos policiais; em vez de ser

[60]Deborah Ramirez, Jack McDevitt, Amy Farrell. "A resource guide on racial profiling data collection systems: promising practices and lessons learned". (Ministério da Justiça dos EUA, novembro de 2000).

> um conjunto rígido de diretrizes, a abordagem baseada na coleta de dados permite que se determine com fluidez e no plano local a maneira como devem ser usados os recursos alocados à aplicação da lei; além disso, o processo de coleta de dados começa a mudar o comportamento de agentes de patrulhamento e de supervisores.[61]

A era Reno/Clinton concentrou-se na assistência técnica a corporações policiais e alocou mais recursos para a polícia, proporcionando-lhe tecnologia e prestígio profissional; ao mesmo tempo, dava aos grupos comunitários uma ferramenta importante de monitoramento da discricionariedade policial e do racismo institucional. Segundo seus próprios termos, esta iniciativa do governo federal foi um grande sucesso. Centenas de corporações estaduais e municipais aderiram à campanha de mensuração de critérios demográficos de motoristas detidos em barreiras e de limitação e "profissionalização" da discricionariedade dos policiais. Em outro plano, contudo, a estratégia de coleta de dados centrada nos motoristas reproduziu as limitações da própria campanha de filtramento racial em termos de sua geografia de aplicação e da cultura política de suas prioridades. A coleta de dados focalizou o comportamento dos policiais que detinham motoristas nas rodovias — trata-se de proteger o direito de ir e vir dos americanos não-brancos no percurso trabalho no centro/casa no subúrbio, de proteger o direito dos americanos não-brancos de possuírem bons carros sem serem acusados de tê-los roubado e de garantir que todos os cidadãos possam entrar em bairros "brancos" de carro sem serem acusados de estar no lugar "errado".

A ênfase na proteção dos motoristas negros em rodovias públicas ou em bairros brancos deixa de lado a questão mais urgente, e racialmente saturada, do comportamento do setor de polícia e segurança em áreas urbanas que são *de facto* identificadas com minorias e segregadas racialmente. As mesmas mensurações *quantitativas* usadas para monitorar a polícia rodoviária não vão funcionar nessas áreas, pois a população ali é esmagadoramente não-branca, de classe trabalhadora, jovem ou desem-

[61]Ramirez, et al. (2000), p. 55.

pregada, não de classe média. E a população é de pedestres, não de motoristas. É claro que a maioria das pessoas que cometem delitos ou são presas nessas áreas segregadas pertence a uma minoria ou é negra, pois ali praticamente não há brancos. Assim sendo, não teria sentido contar as proporções raciais nas barreiras policiais neste caso, e esforçar-se para corrigir ou "equilibrar" as proporções de negros e brancos detidos nessas áreas. As dimensões *qualitativas* do racismo institucional nessas áreas são mais difíceis de representar através de estatísticas ou metodologias técnicas, e só podem ser diminuídas através de uma profunda análise estrutural, histórica e socioinstitucional de como a segregação é reproduzida e de como o comportamento policial é militarizado nessas áreas. Além disso, as análises qualitativas devem ser vinculadas à tomada de consciência da parte da rede de legislações, procedimentos judiciais e dispositivos de sentença que incentiva formas daninhas de discricionariedade policial e reações exclusivamente punitivas do Estado à criminalidade e aos distúrbios nessas áreas urbanas específicas.

O pacote de reformas Clinton/Reno fez avançar audaciosamente a crítica do racismo institucional dentro da faixa importante, embora estreita, das barreiras rodoviárias. Reproduziu, no entanto, o viés de classe média e de "respeitabilidade" da política de filtramento racial em geral, centrando-se na imagem de uma classe média multicultural que desfruta mobilidade e circulação. Paradoxalmente, ao mesmo tempo que atacava o filtramento racial, a era Clinton/Reno presidia uma radical expansão das taxas de encarceramento de não-brancos, uma contínua militarização de policiamento irresponsável em guetos e uma escalada da ressegregação e desigualdade raciais. Esses problemas não foram tratados por meio das soluções tecnoprofissionais e quantitativas incorporadas à coleta de dados sobre o policiamento na rodovias.

O governo de George W. Bush (2001-....) pôs fim ao debate nacional crítico sobre raça que o governo Clinton iniciara. O governo Bush ordenou a expansão irrestrita do policiamento militarizado, a desregulação da discricionariedade policial e a volta à cegueira racial. Ordenou também que a polícia *intensificasse* o filtramento racial de populações de minoria em áreas fronteiriças e aeroportos, assim como entre qualquer grupo (particularmente de imigrantes) que pudesse representar ameaça à segurança nacional. As geografias sociais de cidadania e circulação e os termos político-culturais de debate em torno de raça e segurança mudaram rapidamente. E os movimentos pela reforma foram desbaratados.

A era Clinton preocupara-se com a mobilidade vertical de uma nova classe média multicultural e multirracial — simbolizada pelas auto-estradas de prosperidade em torno das principais cidades americanas. Mas a era George W. Bush estava mais preocupada com a imobilização horizontal da alteridade racial e étnica — simbolizada pelas prisões extralegais de "forasteiros", suspeitos de serem "combatentes inimigos",[62] em aeroportos, comunidades de imigrantes, guetos e "*sleeper cells*".* O racismo institucional no setor de polícia e segurança conseguiu tirar partido da esfera ampliada de discricionariedade imposta por este novo regime de segurança para reintensificar antigos racismos e articulá-los com "novas" maneiras de criar perfis contra cidadãos árabes, muçulmanos, sul-asiáticos e imigrantes. No entanto, determinadas corporações policiais, como as de Los Angeles, Detroit e New Haven, resistiram ao retrocesso de Bush e continuaram a ampliar e implementar as políticas da era Clinton, ou até projetos mais radicais de monitoramento e reforma contra o filtramento racial.

Em junho de 2003, o presidente George W. Bush enviou ao Ministério da Justiça uma diretiva proscrevendo o filtramento étnico e racial em todos os setenta organismos federais que têm poderes para aplicar a lei, inclusive o FBI, a Drug Enforcement Agency e o Homeland Security Department.** Essa diretiva proibia a polícia de visar, revistar e/ou deter pessoas pertencentes a minorias raciais apenas porque a cor da sua pele as ligava superficialmente a uma lista de atributos visíveis que compunham o "perfil" de um tipo suspeito.[63]

[62]David Cole, ***Enemy aliens: double standards and constitutional freedoms in the war on terrorism.*** Nova York: New Press, 2003, p. 39.

*"Grupos de espiões, sabotadores ou terroristas plantados em um país inimigo que ali vivem como cidadãos cumpridores da lei até serem acionados por um sinal previamente combinado" (www.thefreedictionnary.com) (*N. T.*).

**DEA: agência antidroga dos EUA; HSD: departamento de segurança interna dos EUA.

[63]"Racial profiling forbidden by new Bush policy". *Jet* (7/7/2003), 104/2.

Contudo, ainda que parecesse proscrever o racismo policial, a diretiva Bush estreitava agressivamente o significado e a aplicação crítica do conceito de filtramento racial. Na verdade, ordenou a ampliação da prática de identificação racial de suspeitos. Durante os dez anos anteriores, tribunais americanos haviam proibido a polícia de usar a raça como *única* justificativa para identificar alguém como "suspeito".[64] No entanto, esta proibição pouco fez para deter o racismo na prática da polícia ou da justiça criminal, pois rotineiramente são gerados perfis com múltiplos atributos, inclusive muitos outros marcadores de risco, que não a raça, para evitar uma forma pura de seleção de suspeitos com base apenas na raça. A polícia refere-se a atributos além da raça ao criar um perfil de suspeito; estabelecerá, por exemplo, uma identificação entre suspeita e um indivíduo que está "fora do lugar" em um bairro branco, que se comporta erraticamente em espaços públicos, que sai ou chega a uma fronteira nacional ou centro de transportes, que veste roupas associadas a uma subcultura criminalizada etc. Nesse contexto, lutou-se nos Estados Unidos, durante os dez últimos anos, não para eliminar uma forma "pura" inexistente de filtramento racial (em que somente a raça é usada para identificar uma população suspeita), e sim para fazer com que policiais e funcionários do governo parassem de usar a raça como *critério básico* para vincular, solidificar e sobredeterminar outros critérios geográficos, subjetivos e comportamentais espúrios. A nova diretiva de Bush proibia essa forma "pura" e inexistente de filtramento racial, não eliminando nada além dela. Na verdade, impôs implicitamente a extensão e a relegitimação de práticas cotidianas de filtramento racial.

Além disso, a diretiva Bush ordenou a extensão do filtramento racial para além da categoria, chamada de "justificada e necessária", das questões da droga e do controle de migrações, atingindo os âmbitos da segurança nacional e da luta contra o terrorismo. Em todas essas áreas de aplicação da lei, bem como em espaços geográficos de fronteiras nacionais, portos, litorais e centros de transporte, o filtramento racial foi de-

[64]David Cole. *No equal justice: race and class in the american criminal justice system* The New Press: Nova York, 1999, p.50.

clarado uma medida de segurança não apenas permissível como também necessária. Fundiram-se práticas policiais racializadas associadas à guerra da droga (que visa desigualmente afro-americanos e latinos), ao controle de imigração (que visa desigualmente mexicano-americanos e os descendentes de caribenhos) e às campanhas antiterrorismo (que visa desigualmente americanos de origem árabe, sul-asiática e muçulmana); assim, assinar esta diretiva paradoxal — que insistia na cegueira racial e proibia somente uma forma restrita e inexistente de filtramento racial — foi sinônimo de dar ordem para que o racismo institucional fosse estendido ao âmbito nacional e revigorado. Como forma nova e agressiva de doutrina estatal que sofre de "cegueira racial", essa diretiva integra aparatos antes distintos de filtramento racial e estreita radicalmente a parcela de cidadãos não-brancos livres do estigma de serem "suspeitos" por natureza.

Ademais, a Diretiva sobre Filtramento Racial (Racial Profiling Directive), de 2003, foi reforçada por outro memorando emitido secretamente pelo Ministério da Justiça mais ou menos no mesmo momento, e que constituiu um marco. Nesse memorando, o governo federal inverte a histórica política de que o FBI e os órgãos estaduais e municipais da lei não devem cuidar da aplicação das leis de *imigração*.[65] Essa diretiva estendia a discricionariedade não submetida a regulação — real impunidade sob a forma de jurisdição não regulada — ao mais amplo espectro de aparatos de aplicação da lei, ordenando-lhes que detivessem pessoas que tivessem "aspecto ilegalmente estrangeiro" — ou seja, que se encaixassem em um perfil de risco associado ao *status* de imigrante sem documentos, que havia passado da categoria de "uso econômico/ameaça" para a de "risco para a segurança nacional". Essa diretiva permitia que o racismo institucional transbordasse das barreiras que separam diversas instituições federais de segurança; um vasto conjunto de novos protagonistas institucionais foi incorporado às estruturas de formações racializadoras. Interesses, recursos e discricionariedade reuniram-se sob este novo impulso para implementar o filtramento racial contra todo tipo de populações não-brancas. Ao abandonar o interesse pela coleta de dados e pelas relações entre polícia e co-

[65]David Cole, "Driving while immigrant". *The Nation* (12/05/2003), 276/18.

munidade, o governo Bush gerou uma nova agenda de policiamento, guiada pela segurança nacional, que permearia todos os níveis da aplicação da lei sem implementar nenhuma nova estrutura de treinamento, monitoramento, coleta de dados ou responsabilização. Este aparato integrado de polícia e segurança baseia-se na ordem de criar perfis raciais para unir as táticas díspares das campanhas antiterror, das guerras contra a droga e dos controles de imigração.

O Brasil pode fazer as coisas de outro modo, e melhor

Durante a era Clinton, a política do filtramento racial dos Estados Unidos representou a vitória de uma campanha taticamente sofisticada, cuidadosamente focalizada e estreitamente coordenada contra o racismo institucional. Essa campanha surgiu na interseção de (1) um crescente interesse na tecnoprofissionalização das normas e práticas policiais (ou seja, o movimento de "filtramento"), (2) a repressão de agendas radicais e a sobrevivência isolada de agendas do movimento anti-racista liberal e legalista de classe média em uma esfera pública cada vez mais repressiva e elitista, e (3) uma geografia urbana muito americana e o léxico social de cidadania da era Clinton, que determinava que as rodovias para os subúrbios brancos eram espaços sagrados de mobilidade ascendente que devem ser salvos do preconceito e liberados para a nova classe média multicultural e multirracial.

Especificamente, a campanha americana contra a criação de perfis obteve sucesso ao (1) corroer gradualmente a fé da Suprema Corte na cegueira racial e promover seu interesse na consciência de raça e na análise racial, através de uma série de casos marcantes que introduziram (apenas parcialmente) um argumento construtivista sociorracial na jurisprudência liberal; (2) desenvolver métodos estatísticos sofisticados que, por seu caráter útil e revelador, atraíam tanto a polícia quanto os militantes comunitários; (3) centrar-se em "respeitáveis" celebridades negras e motoristas e passageiros de classe média alta para suscitar uma identificação universal e atrair o interesse da mídia, e (4) conquistar o apoio de Bill Clinton e de Janet Reno para a agenda taticamente limitada do filtramento racial que atraía dois grupos de eleitores do Partido Democrata: brancos de classe média que se identificavam com motoristas destratados e comunidades de minoria em ascensão social que eram atraídas pela insistência de Clinton na consciência e na inclusão raciais.

No entanto, a tática da luta contra o filtramento racial nos Estados Unidos não conseguiu promover a reforma do policiamento em áreas de gueto segregadas, e não se traduziu em uma crítica da natureza mais ampla do racismo institucional incorporado às práticas do encarceramento em massa, da aplicação da lei contra o narcotráfico ou da pena de morte. A política do filtramento racial também não preparou nem a política nem as comunidades para as implicações raciais do virtual "estado de emergência" declarado pelo governo George W. Bush. O fato de o movimento contra o filtramento racial ter sido centralizado no motorista em ascensão social e nos cidadãos da classe média multicultural de fato sugou boa parte do impacto crítico dessa campanha. Entretanto, esse pode ter sido um sacrifício necessário para manter viva a política da emancipação racial durante uma era neoliberal repressiva e militarizada.

Pode ser útil para o Brasil ponderar sobre os sucessos, e também sobre as limitações, da luta dos EUA no transcurso do desenvolvimento e da expansão de suas próprias estratégias para lidar com o racismo institucional nos setores de polícia e de segurança.

Seria bom para a crítica da identificação racial de suspeitos no Brasil procurar um espaço análogo de importância simbólica identificado com o cidadão universal (branco) de classe média no Brasil? Seria bom medir o comportamento da polícia na criação de perfis em um circuito específico de "cidadania essencial"? E esse espaço cidadão seria uma rodovia? A figura do cidadão ideal seria identificada com a do motorista?

As estratégias e contextos provavelmente são diferentes no caso brasileiro. A estratégia americana, centralizada no motorista das rodovias, baseia-se no laço de classe média sentido por indivíduos de diferentes raças que compartilham a identidade de motoristas em ascensão social. Dada a ausência, até hoje, de uma numerosa classe média não-branca no Brasil, assim como a inexistência do mesmo culto da rodovia como fronteira, esta estratégia seria muito provavelmente fadada ao fracasso, ou sua aplicação permaneceria muito mais limitada que no caso dos EUA.

Surgiu recentemente no Brasil uma campanha com espírito de classe média, centralizada em diferentes tipos de movimento e acesso, que guarda certos paralelos com a campanha americana contra o racismo nas rodovias. Essa mobilização critica a utilização de "detectores de negros", isto é, detectores de metal em bancos, que *não* funcionam automaticamente, mas são operados por seguranças *privados* que, pelo visto, costumam agarrar clientes negros nas portas giratórias de bancos do Brasil inteiro. Pessoas negras são pegas de forma humilhante no cilindro de plástico transparente das portas de entrada giratórias, submetidos a vigilância visual e a interrogatório via intercomunicador; a seguir, muitas vezes lhes ordenam que tornem a sair do banco. Este degradante processo de exclusão impede essas pessoas de pagarem suas contas e descontarem cheques no caixa, operações essenciais para o estilo de vida do trabalhador da economia formal ou para o cidadão consumidor de classe média.

No entanto, o léxico simbólico da cidadania ativa no Brasil é muito mais rico politicamente do que na versão altamente privatizada hoje existente nos EUA. No Brasil, os cidadãos não apenas dirigem carros e consomem produtos, mas também lutam contra ditaduras militares, resistem a doutrinas de segurança nacional, combatem a corrupção da elite do Estado e criticam as desigualdades internacionais.

No Brasil, o grande público é muito mais consciente dos problemas da militarização e da politização do discurso militar de segurança, pois o país saiu há pouco de uma era autoritária. Quando os Estados Unidos construíram subúrbios e auto-estradas, e passando da consciência de raça à cegueira racial, o Brasil vivia sob uma ditadura militar que reprimia tanto as aspirações da classe média como o movimento negro e a política antiracista. O Brasil talvez possa continuar ampliando novas linhas de pesquisa que revelam a política racializadora da ditadura militar e do regime autoritário varguista das décadas de 1930-1940. Esses governos podem não ter criado leis de *apartheid*, mas com certeza funcionaram como Estados explicitamente racializadores. Durante essas eras, o Estado brasileiro delimitou com mão de ferro esferas, degradantes e de segunda classe, de "cidadania de samba" para os negros; ampliou vários tipos diferentes de políticas de policiamento, habitacional, religiosa, de erradicação de favelas e clientelistas para com cidadãos não-brancos; prosseguiu e estendeu os subsídios e as culturas políticas de "branqueamento"; puniu e silenciou defensores da ação afirmativa e da consciência racial, e criminalizou a afirmação da identidade racial como forma de traição à nação. Precisamos superar uma simplificação errônea e polarizadora segundo a qual os EUA e a África do Sul eram/são Estados racializadores, ao passo que o Brasil era/é uma cultura racializadora. Através dessa lente mais integrada, a história da luta contra a ditadura militar e o autoritarismo pode ser vista como luta incompleta contra o autoritarismo *racial* e a militarização *racial* da política e da geografia social. Essa campanha pode tirar partido do fato de que a cultura política no Brasil preservou uma forte crítica consciente do militarismo e dos setores repressivos de polícia e de segurança, encarando-os como ameaças à cidadania e à democracia. O Brasil é muito mais crítico e consciente, nesse sentido, do que os EUA.

E a esfera pública no Brasil também é muito mais consciente de questões que estão além das abordagens policiais de veículos. O brasileiro tem mais consciência dos horrores do encarceramento em massa do que o público americano, como atestam a constante cobertura pela mídia brasileira de rebeliões em presídios e o sucesso estrondoso, em 2003, de *Carandiru*, filme bastante crítico que humanizava os detentos condenados, retratando-os como o coração subalterno de uma nação brasileira multirracial, pansexual e brutalizada. Uma vez que a esfera pública no Brasil já está centralizada na militarização do policiamento nas favelas e em questões raciais/de classe relativas ao encarceramento em massa, pode não ser necessário, como foi nos Estados Unidos, começar a reforma pelo espaço "inocente" e despolitizado do tráfego rodoviário. No Brasil, a crítica do racismo institucional pode começar lá onde é mais candente: na crítica da militarização institucional e do controle social repressivo.

No entanto, os movimentos conscientes da questão racial no Brasil e nos EUA têm em comum uma necessidade de assimilar interesses públicos "brancos" e de incentivar sua identificação com a origem e o impacto dessas formas de militarização e racismo. Nesse contexto, talvez seja útil que o Brasil se concentre na mensuração e na difusão pública do preço que a classe média branca paga — em termos de perda de recursos e do aumento do perigo decorrentes da persistente impunidade de que gozam mandantes de crimes e culpados de violência de alto nível. Estudos e campanhas poderiam destacar, qualitativa e quantitativamente, os principais atores que contrabandeiam armas, lavam dinheiro e acumulam lucros na cúpula da indústria da droga. Em vez de visar os pequenos traficantes negros e os comandantes de classe média, o foco deve voltar-se para as elites brasileiras que acionam o controle remoto e as operações transnacionais que extorquem dinheiro dos favelados, suscitam paranóia e racismos fora de lugar entre o público em geral e se aproveitam das extorsões dos policiais e dos negociantes de armas.

Nesse contexto, o Brasil pode exigir *mais* filtramento, e não menos — porém não de motoristas negros. Em vez disso, os reformadores podem apoiar o filtramento pela polícia da raça, da nacionalidade, da classe e das ligações com o Estado dos verdadeiros promotores da miséria e da violência das favelas: a elite financeira, os negociantes criminosos, os traficantes de armas com base na polícia/nas forças armadas, corporações internacionais, lícitas e ilícitas, e funcionários públicos corruptos. Esse tipo de filtramento quantitativo e qualitativo será uma tarefa profissional muito mais séria e audaciosa para os serviços de informação e investigadores policiais. Mas teria como conseqüência maior legitimidade, apoio da comunidade, eficácia policial e uma lógica democrática de cidadania no setor de polícia e segurança, deslocando a atual lógica de segregação racial que estrutura o comportamento policial — separação de brancos e negros, ricos e pobres, favela e asfalto. Além disso, as reformas que fizessem o filtramento dos verdadeiros protagonistas do crime, de alto nível, acabariam conduzindo ao afastamento desses atores verdadeiramente criminosos e poderosos que mantêm as estruturas que estão por trás do narcotráfico e da criminalização da vida dos jovens e da favela. Assim, também, a polícia cultivaria interesses e consciência em relação a como esse tipo de investigação séria só seria extraviado e obstruído pela tática militarista de invasão de favelas, punição coletiva e segregação racial implementada por muitas operações da Polícia Militar no Brasil de hoje.

Na cultura política brasileira, a noção de cidadão ideal ainda não foi "privatizada" na figura do mero motorista ou consumidor. No Brasil, o conceito de cidadania ainda se lembra de seu recentíssimo nascimento na luta contra a ditadura militar. Mas esses cidadãos precisam saber que a ditadura ainda não acabou para as vítimas do racismo institucional nos setores de polícia e de segurança.

O Brasil também depende menos das batalhas nos tribunais. Os movimentos anti-racistas dos Estados Unidos mantêm uma dependência esmagadora em relação a processos judiciais contraditórios e a uma cultura legalista, o que não é um problema em si, salvo quando inviabiliza oportunidades de aliar-se a parcelas dos setores de polícia e de segurança. O trabalho com parcelas solidárias da polícia e da segurança, juntamente com grupos comunitários, permite que os reformadores promovam reformas mais profundas e estruturas duradouras de responsabilização e cooperação, em vez de trabalhar contra a polícia para punir e sancionar policiais nos tribunais, o que muitas vezes leva a um retrocesso defensivo e a um aumento no sigilo dentro da polícia.

É verdade que o Brasil tem um sistema judicial mais fraco que o dos Estados Unidos, com menos legitimidade e influência; além disso, seus juízes têm-se esforçado pouco em aplicar, ou em aprofundar na prática, as cláusulas anti-racistas da nova Constituição brasileira de 1988. Consideremos também que os militantes anti-racistas do Brasil foram pioneiros no trabalho direto, crítico e construtivo com os setores de polícia e de segurança desde o final da ditadura. E os reformadores brasileiros encontraram aliados em muitas jurisdições e estruturas organizacionais fragmentadas da Polícia Militar, da polícia investigativa (Polícia Civil), da Guarda Municipal e da Polícia Federal.

Os Estados Unidos têm muito a aprender com as relações complexas, porém muitas vezes surpreendentemente bem-sucedidas, entre militantes anti-racistas, acadêmicos e ONGs brasileiras e corporações policiais. Essas parcerias têm implementado projetos-modelo que obtiveram resultados notáveis na redução dos índices de criminalidade e no incentivo à melhora das relações comunitárias. Mobilizações contra o racismo institucional nos setores de polícia e de segurança no Brasil estão trabalhando para fazer avançar e reunir os resultados positivos desses projetos-modelo. Uma via aponta para a criação de uma estratégia nacional coerente para convencer o público, o Estado federal e a mídia de que a militarização policial da "guerra do narcotráfico" é, em si, uma forma residual de ditadura militar racializada. Esta forma extrema de racismo institucional constitui um legado autoritário persistente. O fato de que a militarização, o encarceramento em massa e a segurança nacional sejam questões altamente politizadas e debatidas, encaradas pelo grande público como ameaças diretas à cidadania, já coloca o Brasil em uma categoria diferente da dos EUA. Na cultura política americana, essas questões são, ao contrário, despolitizadas. Nos EUA, a crítica é emudecida por uma concepção autoritária de patriotismo que é comumente aceita e por uma tendência à imobilidade diante da repressão e da militarização em tempos de insegurança.

As atuais relações internacionais do anti-racismo

O que o Brasil e os EUA têm em comum neste momento é uma necessidade premente de entender as novas articulações transnacionais do racismo institucional e as novas relações internacionais de doutrinas de segurança racializadas que intensificam os "velhos" racismos contra negros, povos indígenas e migrantes e os ligam aos "novos racismos" gerados em torno das imagens de terroristas, traficantes, imigrantes perigosos, violência globalizadora e epidemias transfronteiriças. No Brasil, o racismo institucional não é apenas a ocupação militarizada de favelas, identificadas com negros, e o assédio a jovens negros nas ruas, embora este seja, com razão, o alvo número um da reforma.

Hoje o racismo institucional no Brasil está absorvendo as tendências internacionais e se espalhando: brutaliza migrantes chineses sem documentos que trabalham na economia informal no país; participa, incitado pelos EUA, de uma questionável guerra antiterror contra comerciantes brasileiros de origem sírio-libanesa nas grandes cidades e na "Tríplice Fronteira"; visa migrantes e refugiados angolanos, congoleses e moçambicanos; e militariza o controle da bacia amazônica, criando um perfil dos povos indígenas e camponeses ali residentes como se fossem possíveis colaboradores dos militantes das Farc colombianas.

Os reformadores e a mídia no Brasil também poderiam divulgar e estimular o debate a respeito da influência de consultores internacionais de polícia, enviados ao Brasil pelo governo federal dos EUA, por Israel, pela França e por firmas de segurança privada. Esses consultores, negociantes de armas, instrutores paramilitares e "peritos" em tecnologia de vigilância vendem policiamento com tolerância zero e outras formas de impunidade, militarização e políticas de alta discricionariedade que sabidamente já reproduziram racismo institucional e violência, mas não reduziram a criminalidade.

Nas frentes internacionais, a luta contra o racismo institucional no Brasil deve ser cosmopolita. Precisa comprometer-se simultaneamente com comunidades locais de pessoas que cruzam fronteiras, favelados e imigrantes racializados. Deve fazer avançar noções brasileiras particulares de cidadania e elaborar críticas claras às doutrinas internacionais contemporâneas de segurança. Hoje essas doutrinas estão inventando e globalizando novas formas de discricionariedade racial da polícia e da segurança, e o fazem brutalmente, agora recorrendo maciçamente a tecnologias, dinheiro e força.

Nessas frentes, os militantes anti-racistas americanos e brasileiros podem fazer mais do que comparar observações: podem e devem trabalhar juntos.

II. Antropofagia e racismo: uma crítica ao modelo brasileiro de relações raciais

Marcelo Paixão*

*Professor do Instituto de Economia da Universidade Federal do Rio de Janeiro, Doutor em Sociologia pelo Iuperj e coordenador do Observatório Afro-brasileiro. O autor agradece a Leonarda Musumeci, que colaborou na redação da versão final deste artigo e com quem partilhou algumas das reflexões aqui expostas.

Só a antropofagia nos une. Socialmente.
Economicamente. Filosoficamente.

Oswald de Andrade, *Manifesto Antropofágico*

Um dos principais debates da história do pensamento social brasileiro gira em torno da nossa modalidade de relacionamentos inter-raciais. Decerto alguns aspectos desse debate acabaram caducando ao longo do tempo. Por exemplo, salvo uma ou outra opinião isolada, as angústias quanto ao nosso futuro como povo e nação, derivadas da crença em maldições genéticas, não estão mais presentes na nossa reflexão teórica e acadêmica. Todavia, isto não implica que o tema em seu conjunto tenha se tornado anacrônico. A discussão acerca dos nossos traços culturais comuns, das peculiaridades do padrão brasileiro de interação entre grupos étnicos e raciais dessemelhantes, e do nexo entre desigualdades sociais e desigualdades raciais, perdura até hoje. No atual cenário de esgarçamento de nosso tecido social, essa agenda de reflexões ganha um novo vigor, trazendo consigo controvérsias e disputas em vários terrenos.

Foi e ainda é amplamente disseminada entre nós a convicção da benignidade do modelo brasileiro de relações raciais, por ser ele de caráter assimilacionista e não segregador. Os diferentes povos e etnias que aqui estavam ou aqui chegaram teriam sido permanentemente integrados num grande cadinho que os mesclou em uma mesma totalidade e, graças a isso, nosso modelo seria mais tolerante, integrativo e generoso que aqueles vigentes em outras searas marcadas pela xenofobia e pelas formas explícitas e convictas de racismo. O intelectual austríaco Stefan Zweig, no seu *Brasil país do futuro*, livro publicado aqui em 1941, diria:

> Ao passo que na Europa agora mais do que nunca domina a quimera de quererem criar seres humanos "puros", quanto à raça, como cavalos de corridas ou cães de exposição, a nação brasileira há séculos assenta no princípio da mescla livre e sem estorvo, da completa equiparação de preto, branco, vermelho e amarelo (Zweig, 1941:16).

Vários cientistas sociais norte-americanos que visitaram e estudaram o Brasil nos anos 1940 e 1950, tendo como pano de fundo as práticas segregacionistas brancas contra os negros de seu país, nutririam igual admiração pela "solução" brasileira para o problema racial (cf. Park, 1950; Pierson, 1967 [1942]; Landes, 2002 [1947]). Hoje, porém, uma parcela crescente dos que refletem sobre a nossa realidade manifesta sérias dúvidas sobre a capacidade integradora dessa "solução", ou do que já se convencionou chamar de *mito da democracia racial brasileira.*

Este artigo tece algumas considerações críticas acerca do padrão brasileiro de relações raciais, dos seus limites intrínsecos e das suas conseqüências para o desenvolvimento econômico e social, assim como para o avanço do processo de democratização do país. Pretende, na forma de ensaio, traçar um panorama abrangente que sirva como pano de fundo à discussão específica sobre polícia e racismo desenvolvida nos capítulos anteriores, repertoriando importantes contribuições teóricas para o conhecimento do nosso modelo assimilacionista — sobretudo aquelas de natureza qualitativa, situadas no campo socioantropológico. Embora não dialogue diretamente com os resultados da pesquisa sobre abordagem policial expostos no livro, este ensaio sinaliza pontes possíveis entre as temáticas da segurança pública e dos direitos humanos, de um lado, e de outro a questão das desigualdades sociais e raciais no país.

Nossa chave para a leitura aqui empreendida é a *antropofagia*. Comecemos então explicitando o paralelo entre o ritual de devoração de seres humanos e a "solução" encontrada no Brasil para o "problema" do perfil multirracial da população.

A arte de comer gente

Cientistas sociais contemporâneos, como Roberto DaMatta (1984), viram no significado pátrio do ato de comer uma associação não apenas com a alimentação em si, mas com uma pletora de significados extras nos planos sexual, cultural e mesmo existencial. Tornando-se transitivo, o verbo comer, em todos aqueles planos, associar-se-ia com o desejo dos brasileiros de incorporar, absorver, integrar o outro. Segundo o antropólogo, a força do verbo residiria no nosso próprio modo de ser, em suma, na própria matriz assimilacionista que moldaria uma das identidades culturais básicas deste país.

Na história brasileira, o ritual da comilança não foi uma novidade trazida nem pelos brancos portugueses, nem pelos negros africanos. Quem a cultivava de um modo todo próprio eram algumas nações indígenas aqui existentes que praticavam a antropofagia. Para essas tribos, a nobre arte de devorar seres humanos não estava associada a uma necessidade alimentar. Na verdade, eram devorados os inimigos presos em combate. Considerando que buscavam não apenas destruir o inimigo, mas também aproveitar as suas melhores propriedades, esses índios demonstravam nutrir uma profunda admiração pelo objeto de sua aversão. Aqui não há espaço para o ódio puro e simples entre os diferentes. Embora envolva a destruição física do inimigo, tal prática, no fundo, não deixa de ser um modo de adorar o outro.

Os índios que havia no Brasil, antropófagos ou não, foram desaparecendo ao longo dos cinco séculos após o Descobrimento. Seu aporte cultural (nome dos rios e cidades, hábitos necessários à vida confortável no meio tropical brasileiro, conhecimento das trilhas e lugares, reconhecimento e modo de preparo dos alimentos, meio de defesa contra animais perigosos e plantas venenosas) acabaria incorporado pelos brancos colonizadores. Se, em 1500, estima-se que somassem pelo menos 2 milhões de pessoas (e, naturalmente, 100% da população local), no Censo de 2000, os autodeclarados indígenas formavam 701.462 almas, minguado 0,4% do total da população brasileira (Petruccelli, 2002).

Esse indicador demográfico elide, porém, um importante aspecto da realidade quanto ao destino histórico dos indígenas. O geneticista Sérgio Danilo Pena e sua equipe (Pena *et al.*, 2000) pesquisaram uma amostra de brasileiros e brasileiras autoclassificados como brancos e verificaram que 90% das patrilinhagens desses brasileiros eram de origem européia, enquanto mais de metade das suas matrilinhagens eram de origem ameríndia (33%) ou africana (28%). Ou seja, a herança genética dos índios (melhor dizendo, das índias) hoje corre nas veias de mais de 1/3 dos atuais brasileiros brancos — a rigor, portanto, mamelucos. Assim, a realidade das coisas é que, seja em termos culturais ou mesmo genéticos, a energia, o conhecimento, a força vital dos antigos indígenas como que se transferiram para seus algozes. Essa é a ironia da história. De modo invertido, o antigo rito canibal dos tupinambás se atualizou ao longo dos séculos. Os índios é que acabaram sendo devorados.

Mas a reflexão aqui desenvolvida não focalizará especificamente as populações indígenas — o que demandaria outro artigo —, e sim seus colegas de martírio histórico, os negros e negras, descendentes dos africanos compulsoriamente "imigrados" para o Brasil e também canibalizados pelo modelo brasileiro de relações etnorraciais. Só que, ao contrário dos ameríndios, os negros e negras, mesmo "devorados", continuaram sendo um importante contingente demográfico, econômico, social e cultural no seio da população brasileira. Não menos tormentosas que as relações entre brancos e índios, aquelas que se estabeleceram entre brancos e negros se prolongaram no tempo e no espaço, impedindo que o drama nelas contido possa ser hoje qualificado como exótico, anacrônico ou localizado. Em suma, o ritual antropofágico prosseguiu e prossegue ainda hoje sob os nossos olhos.

"A carne mais barata do mercado..."

Não há como negar que o padrão brasileiro de relações raciais guarda fortes dessemelhanças em relação aos modelos vigentes em outros países. Decerto há processos históricos singulares e irreprodutíveis que devem ser levados em consideração, por lançarem suas influências até o presente, diferenciando os sistemas culturais e, junto com eles, as formas de lidar com as diferenças étnicas e/ou raciais. Essa premissa não elimina, porém, a questão central de saber se a nossa singularidade faz jus ou não aos símbolos e valores que lhe foram e lhe são culturalmente atribuídos.

Para fins analíticos, a reflexão aqui proposta poderia ser sumarizada com o uso de indicadores sociodemográficos dos distintos grupos de raça/cor que integram a sociedade brasileira. Já existem hoje vários estudos nessa linha, a maioria dos quais de boa qualidade e razoavelmente conhecida. Todos convergem para a constatação de que as desigualdades sociorraciais entre brancos e negros no Brasil estão presentes em todas as regiões geográficas e se expressam em todos os indicadores de comparação disponíveis (mercado de trabalho, escolaridade, acesso a bens de uso coletivo, rendimento, nível de pobreza e indigência, qualidade de vida, mortalidade infantil, esperança de vida e assim por diante). Séries estatísticas mostram, além disso, que as desigualdades sociorraciais brasileiras raramente se reduzem e, em certos casos, aumentam ao longo do tempo (cf. Oliveira *et al.*, s/d; Hasenbalg e Silva, 1988; Silva e Hasenbalg, 1992; Henriques, 2001, Paixão, 2003a e 2003b, Telles, 2003).

Esses estudos quantitativos têm uma importância fundamental no desvendamento dos abismos sociorraciais em nosso país, mas podem e devem ser complementados por análises qualitativas capazes de levar em conta os valores, os sentidos morais e as apreensões subjetivas que pontuam as relações raciais em nosso meio cultural. Privilegiamos no presente artigo a leitura de trabalhos que adotam o recorte qualitativo, socioantropológico, tendo sempre em mente, porém, os resultados da mensuração, cada vez mais ampla e sofisticada, das desigualdades raciais no Brasil. Como procuraremos mostrar, mesmo a nossa tradição culturalista, em estudos hoje tidos como clássicos, reforça a convicção quanto à íntima relação entre o modelo assimilacionista, antropofágico, de relações raciais e o lugar ocupado por brancos e negros no interior da hierarquia social brasileira.

Um dos principais aportes ao conhecimento do padrão de relações raciais no Brasil foi o do sociólogo paulista Oracy Nogueira, que, como outros autores, o contrastou ao modelo norte-americano, mas não extraiu dessa comparação um entusiasmo acrítico pela "solução" brasileira, e sim categorias analíticas, típico-ideais, que ajudaram a lançar luz sobre as diferenças constatadas entre os dois países, e a elucidar a natureza específica da discriminação racial entre nós (1998 [1955]; 1985 [1979]). Segundo Nogueira, a modalidade de preconceito contra os negros vigente no Brasil seria o que ele classificou de *preconceito racial de marca*, enquanto nos EUA prevaleceria uma modalidade distinta, definida como *preconceito racial de origem*.

A diferença central consistiria no peso maior ou menor explicitamente atribuído aos antepassados dos indivíduos. No caso norte-americano, alguém cuja origem reconhecidamente contivesse uma pessoa negra seria automaticamente segregado(a) para o grupo racial negro, mesmo que suas características físicas o(a) aproximassem mais do tipo caucasiano. Qualquer que fosse sua aparência, essa pessoa poderia sofrer discriminações e dificuldades específicas nos seus propósitos de mobilidade física e social, embora, naturalmente, portadores de atributos físicos marcadamente *negróides* tivessem chance maior de ser discriminados, ou mesmo de ser duplamente discriminados, pela origem e pela aparência. Naquele país, dada a definição binária e rígida dos grupos raciais, a discriminação seria inflexível, sem mediações intersubjetivas. Por isso o contato entre os membros dos diferentes grupos não passaria do plano *categórico*. Pelo mesmo motivo, o modelo norte-americano alimentaria ódios entre os grupos, tornando comuns atos explícitos de violência e conflitos especificamente raciais. Em contrapartida, por força mesmo da situação de apartação e segregação, os negros teriam mais estímulos à organização coletiva, ao desenvolvimento de associações políticas, comunitárias, assistenciais e religiosas fundadas especificamente sobre parâmetros de pertencimento racial.

Já no Brasil, a intensidade do preconceito se reportaria ao fenótipo de cada indivíduo, vale dizer, às suas características aparentes: cor da pele, tipo de cabelo, formato da maçã do rosto, do nariz, dos lábios. Quanto mais presentes os traços pessoais de tipo *negróide*, maior a probabilidade de essa pessoa ser discriminada ao longo de seu ciclo de vida; quanto mais a aparência do indivíduo mestiço se aproximar do padrão caucasiano, menor a probabilidade de que venha a sofrer alguma sorte de discriminação racial. Logo, para Oracy Nogueira, o preconceito brasileiro contra os negros seria mais contra a "cor" (termo sintético para o conjunto das marcas) do que contra a "raça", uma vez que o fator determinante do preconceito não seria a "impureza de sangue", mas a aparência física das pessoas. Em nosso país, contrariamente ao que ocorreria nos EUA, uma pessoa com caracteres físicos próximos ao tipo caucasiano, mesmo tendo ascendência negra reconhecida e até imediata (pai ou mãe negro/a), poderia ser aceita socialmente como branca — ou seja, tornar-se *socialmente branca*, livre das marcas que mobilizam o preconceito. Conseqüências desse modelo, em contrapartida, seriam o baixo estímulo à formação de identidades e organizações coletivas baseadas em pertencimento racial, e o alto estímulo a variadas estratégias — individuais, familiares ou sociais — de *branqueamento*.

Na visão de Nogueira, o *preconceito racial de marca* possui forte componente situacional, apreensível em duas dimensões. Primeiro, ele permite a pessoas afro-descendentes, que não tenham características tão marcadamente africanas, e/ou através da ascensão social, um certo ou total branqueamento, seja pela transformação de traços físicos (alisamento de cabelo, uso de cosméticos, operações plásticas etc.), seja pela alteração de determinados costumes (mudança de local de residência, seleção mais rigorosa dos tipos humanos que freqüentarão seus círculos íntimos de relacionamentos, adesão a e/ou abandono de grupos religiosos, clubes, hábitos de consumo e lazer etc.). A segunda dimensão desse componente situacional é o fato de que mesmo uma pessoa aberta ou veladamente preconceituosa pode manter contatos *simpáticos* (empatia, consideração, coleguismo, amizade, amor) com uma quantidade restrita de pessoas pertencentes aos grupos de raça/cor de sua habitual aversão. Ademais, dentro de um contexto de hegemonia racial branca no Brasil, a grande maioria das pessoas, no contato pessoal (mesmo com um estranho, à primeira vista), evitaria identificar alguém, identificar-se e ser identificada com o "pior" extremo do contínuo da cor, que viria a ser o grupo negro. Por negros ou pretos, com o conjunto de estereótipos que em princípio os definem, seriam designados os membros do grupo racial ou de cor que não estivessem no círculo de relações da pessoa em questão. Assim, diante de indivíduos com inequívoca tez escura e/ou com outros traços fenotípicos da marca racial negra, consistiria grave mácula falar explicitamente da sua cor/raça ou de assuntos correlatos. O modo de funcionamento do modelo brasileiro criaria, portanto, regras de etiqueta próprias para a dinâmica das relações entre os componentes dos distintos grupos raciais, desviando para *outros* motivos, que não o racismo explícito, as alegações invocadas em situações de efetiva discriminação.

Florestan Fernandes e Roger Bastide (1971 [1955]) definem como característica brasileira *o preconceito de não ter preconceito*. Isso significa que dificilmente um ato abertamente discriminatório contra um negro (mais provável por parte de uma pessoa socialmente branca, mas não raro também por mestiços de tez razoavelmente escura) será explicitado às claras, pois tal atitude é socialmente reprovável, sobretudo em situações rotineiras e não conflitivas. O simples fato de se chamar alguém de negro já seria motivo de constrangimento, havendo um certo consenso, que na maioria das vezes corresponderia aos desejos do próprio grupo discriminado, em utilizar expressões mais "neutras" ou eufemísticas, como "mulato(a)", "escurinho(a)", "moreno(a)" etc. Vale lembrar que o IBGE registrou, em 1976, nada menos que 135 expressões diferentes para designar raça/cor no Brasil — em marcante contraste com a classificação racial dicotômica que imperaria nos Estados Unidos. Por outro lado, essa mesma flexibilidade classificatória e esses mesmos componentes situacionais do nosso modelo seriam a chave para se entender a que serve e como opera na prática o *preconceito racial de marca* conceituado por Oracy Nogueira.

Segundo Marvin Harris (1952), cuja leitura das relações raciais se aproxima em certa medida da de Nogueira, o sistema de classificação baseado no *contínuo* de cor desempenharia, no Brasil, um papel fundamental para a acomodação de possíveis conflitos. Em caso de contato *categórico* — ou, usando um termo caro a Roberto DaMatta (1997), de contato no *mundo da rua* —, um branco tenderá a tratar um negro de modo estereotipado, subordinante e, não raro, hostil. Ou seja, o tratará como *preto*. Já no caso de contato *simpático* — isto é, no espaço da *casa*, das relações pessoais —, um negro poderá ser visto de modo mais positivo, o que, se não conforma relações totalmente igualitárias, ao menos abre a possibilidade de contato amistoso entre os diferentes. Dito de outro modo, quando incorporado ao contexto interpessoal, o negro se transfigura, na mente do potencial discriminador, em um "não-negro", sofrendo um metonímico *branqueamento*, que se expressará, por exemplo, na evitação de referências explícitas às marcas raciais e aos termos designativos de pertencimento a um outro grupo racial. O estereótipo, com todos os seus conteúdos pejorativos, continuaria existindo, mas a possibilidade de flexibilizá-lo em certos contextos das relações cotidianas permitiria a ocorrência de contatos inter-raciais mais ou menos íntimos, atenuaria possíveis conflitos e ao mesmo tempo fundamentaria a *negação* do racismo no plano individual.

Livio Sansone (1998 [1996]: 210), implicitamente trilhando as veredas abertas por Oracy Nogueira e estudando o município de Salvador, Bahia, na década de 1990, associou a maleabilidade acima a dois tipos-ideais de espaços das relações raciais: as áreas *moles* e as áreas *duras*. As primeiras seriam espaços do

> lazer, em particular o botequim, o dominó, o baba, o bate-papo com os vizinhos na esquina, o cambau, o carnaval, o São João (as quadrilhas, o forró, as visitas aos vizinhos), a torcida, a seresta e naturalmente a própria turma — grupo de "iguais" com os quais se compartilha boa parte do lazer em público.

Já as áreas *duras* corresponderiam aos espaços do trabalho e da procura por emprego, do mercado matrimonial e da paquera, e dos contatos com a polícia. Acrescentaríamos uma área *dura* não mencionada por Sansone, mas a nosso ver igualmente fundamental: o espaço escolar. Tendo em vista as teorias que enfatizam, entre as causas da desigualdade social, a deficiência de capital humano ou a segmentação do mercado de trabalho, e que conferem um papel tão destacado à escolarização formal na determinação dos níveis de rendimento e *status* ocupacional de uma pessoa, a incidência de preconceito racial no sistema de ensino não poderia ser negligenciada. De todo modo, importa frisar, na abordagem de Sansone, a percepção de que as áreas *duras* são aquelas onde o preconceito opera sem, ou com muito menos, mediações intersubjetivas e onde as categorizações raciais (mesmo que matizadas ou eufemizadas na linguagem) estabelecem linhas divisórias muito mais rígidas. Se essa percepção é válida, não fica difícil entender por que o mesmo modelo produz e reproduz, no Brasil, efeitos aparentemente tão díspares: relações inter-raciais amistosas e um verdadeiro abismo socioeconômico entre brancos e negros; negação individual do racismo e admissão de que a "sociedade" brasileira é racista;[66] condenação do preconceito como algo abominável e tolerância ou indiferença às práticas discriminatórias cotidianamente acionadas nos espaços *duros*, entre os quais o do contato dos cidadãos com a polícia, focalizado pela pesquisa que deu origem a este livro.

Outro trabalho realizado dentro dos marcos do aporte culturalista e que acrescenta interessantes reflexões sobre o padrão brasileiro de relações raciais é o do antropólogo Roberto DaMatta (1981). Segundo esse autor, a formação ideológica do povo brasileiro estaria ancorada no *mito das três raças*, cujas bases, na verdade, proviriam da primeira metade do século XIX. Em 1843 o naturalista alemão Carl F. P. von Martius venceu o primeiro concurso de monografias do recém-criado Instituto Histórico e Geográfico Brasileiro, com um estudo que definia o povo brasileiro como produto do cruzamento de três raças: branca (portuguesa), indígena e africana (Monteiro, 1998). Essa tese, popularizada em inúmeras outras obras (inclusive em livros escolares) teria longa vida no nosso imaginário coletivo e nas teorias acadêmicas sobre o Brasil.

Para DaMatta a "fábula das três raças" associa-se a um dos aspectos centrais da identidade brasileira, marcada por uma perspectiva inclusiva, ou assimilacionista. No Brasil, cada indivíduo tenderia a ser incorporado à totalidade social, ou como pertencente a um dos três grupos raciais pri-

[66]De acordo com a última pesquisa nacional feita pela Fundação Perseu Abramo (2003), mais da metade dos brasileiros, independentemente da sua raça ou cor, acreditam que, no país, existe muito preconceito dos brancos contra os negros e mais de um terço acredita que existe um pouco de preconceito. Indagados, porém, se pessoalmente tinham algum preconceito contra os negros, 95% dos entrevistados brancos e 96% dos pardos responderam que não (ver *site* da FPA, www.fpa.org.br. Visitado em janeiro de 2005).

mários, ou como pertencente a alguma categoria mestiça (caboclo, cafuzo, mulato, pardo, cabra etc.) derivada daquelas matrizes. De qualquer modo, todos pertenceriam à mesma sociedade, afinal de contas, brasileira. Novamente o contraponto são os Estados Unidos, onde, vigorando um modelo segregacionista de relações raciais, negros e brancos formariam, não uma única totalidade, mas totalidades paralelas. Aquilo que, antes da "revolução negra" dos anos 1970, era absolutamente comum e legítimo nos EUA — a existência de espaços paralelos de socialização (escolas, clubes, restaurantes, bairros residenciais, áreas de lazer etc.), *oficialmente* exclusivos de brancos ou negros —, no Brasil seria inconcebível e até mesmo ilegal.

DaMatta, confessamente desdobrando as teses originais de Oracy Nogueira, também afirma que a sociedade brasileira, não obstante sua perspectiva assimilacionista, agiria de forma a reproduzir e legitimar as hierarquias sociais, que, por sua vez, dialogariam com o contínuo de cor, localizando o tipo branco "puro" no topo da pirâmide social e os negros também "puros" na sua base. Entre os dois extremos ficariam dispostos os tipos resultantes do caldeamento racial. Esse modelo, criado no período escravista, viria sendo atualizado até o presente e permitiria a convivência da perspectiva inclusiva — somos todos brasileiros — com uma igualmente forte tradição hierarquizadora das relações sociais e raciais, que terminaria naturalizando a posição e o papel de cada grupo no interior da pirâmide social. As considerações de DaMatta parecem convergir também com as de Carlos Hasenbalg (1979), autor externo à tradição culturalista, quando este aponta o papel estruturante do racismo *made in Brazil* nas idéias sobre papéis e desníveis sociorraciais vigentes em nosso meio. O modelo brasileiro, diz Hasenbalg, faz da subcidadania dos negros uma profecia autocumprida: como só muito poucos negros e negras logram sair da posição subalterna que ocupam, confirma-se o senso comum de que seu lugar "natural" é nas camadas mais baixas da sociedade.

Mas reza o mito que o racismo e o preconceito contra os negros seriam inexistentes ou de baixa intensidade no Brasil graças à miscigenação e ao conseqüente contínuo das cores que, penetrando até no interior das famílias, impediria modalidades mais gritantes de intolerância e segregação raciais. Por esse motivo, contrariamente aos EUA, onde os negros formariam um grupo de *status* à parte (segundo Robert Park, na transição de uma casta para uma minoria nacional), o Brasil seria uma sociedade multirracial de classes. Ou seja, em nosso país, a distinção entre as diferentes camadas da sociedade seria ocasionada por fatores adquiridos (escolaridade, profissão e rendimento), não por fatores atribuídos ou inatos (especialmente raça/cor). Do mesmo modo, o evidente fato de que os negros ainda ocupam as piores posições na sociedade deveria ser creditado ao "pequeno" espaço de tempo decorrido desde o fim da escravidão em nosso país (Pierson, *op. cit.*).[67]

A extrema admiração de autores como Pierson pela paisagem racial brasileira levou a crer que a possibilidade de ascensão social para os negros no Brasil significava *igual* possibilidade de ascensão para negros e brancos. Como já salientamos, indicadores sociodemográficos mostram exatamente o contrário, ou seja, que as chances de mobilidade social não são iguais. Mesmo no interior da tradição culturalista, que quase sempre prescindiu de estatísticas, alguns enfoques também apontam obstáculos ao processo de mobilidade social ascendente dos negros em seu conjunto. Tais obstáculos, maiores que para os brancos, derivariam do preconceito racial de marca, aberto ou disfarçado, e à superposição das hierarquias raciais e sociais, que naturalizariam a permanência dos negros em posições subalternas (cf. Nogueira, *op cit.*; DaMatta, 1981; Azevedo, 1996 [1954]; 1975).

Queremos enfatizar, assim, que a percepção e a análise da desigualdade racial não ocorreram apenas aos estudiosos de estatísticas socioeconômicas. Vários autores que se debruçaram sobre as nossas relações raciais com um enfoque antropológico ou culturalista contribuíram também para o reconhecimento dessa desigualdade, acrescentando-lhe uma compreensão de como opera o *racismo à brasileira* no plano subjetivo e nos diver-

[67]Uma excelente leitura da obra de Donald Pierson e de sua concepção da sociedade baiana (e, de certo modo, da brasileira) como sociedade multirracial de classes pode ser encontrada em Guimarães (1999).

sos contextos das interações cotidianas. Queremos sublinhar, em outras palavras, que os dois tipos de abordagem se complementam, ambos indicando que, no Brasil, apesar de os negros não constituírem uma casta apartada, nem uma minoria nacional (no sentido de um povo à parte), apesar da baixa ocorrência de conflitos abertamente motivados por preconceito de cor ou raça, e apesar da miscigenação e do contínuo classificatório, nosso modelo de relações raciais impõe limites específicos à ascensão e à plena cidadania dos indivíduos socialmente classificados como negros.

Uma outra derivação da "fábula" e de sua ênfase na miscigenação leva à afirmativa de que haveria no país chances diferenciadas de mobilidade social para *pretos* e *pardos*, diferença que o brasilianista Carl Degler (1976 [1971]) definiu com a expressão *válvula de escape do mulato*. Essa afirmativa é contestada por Nelson do Valle e Silva (1980), que — diga-se de passagem — não pertence à tradição culturalista. Baseado em informações da amostra de 1% do Censo de 1960, Valle e Silva demonstrou que as diferenças nas condições de vida dos pretos e dos pardos eram bastante reduzidas, enquanto as diferenças entre *pretos* e *pardos*, de um lado, e *brancos* de outro eram invariavelmente significativas. Isso corroeu um dos pilares do mito da democracia racial, que consistia em afirmar a existência de um lugar à parte para o mulato (ou, mais genericamente, para o mestiço), e inaugurou a prática de considerar de modo agregado os indicadores socioeconômicos relativos a *pretos* e *pardos*. Assim, a despeito do gradiente de cor utilizado nas definições e autodefinições cotidianas, o agrupamento de pretos e pardos numa única categoria (*negros*, *afro-descendentes* ou *não-brancos*, este último rótulo sendo progressivamente abandonado) tornou-se defensável, pelo menos no âmbito da análise estatística.

Mas nem por isso os argumentos de Nelson do Valle e Silva derrubam a formulação culturalista de que o gradiente de cor e a maleabilidade classificatória são parte estruturante do modelo brasileiro de relações raciais. É preciso lembrar que esse modelo admite, no interior do contingente autodeclarado *branco*, muitos *brancos sociais*, ou seja, muitos mestiços socialmente *branqueados* — uma situação bem menos provável de ocorrer em outros contextos, como o norte-americano ou o sul-africano, em que a ascendência negra, mesmo longínqua, tem um peso muito maior, tornando mais difícil a passagem de um lado a outro da fronteira racial. Assim, a contestação de Valle e Silva à tese de uma saída para o *mulato* no Brasil seria válida sobretudo para os *mulatos* ou *pardos* "escuros", socialmente percebidos como *negros*, mas não para os mestiços classificados e autoclassificados como *brancos*. Em outras palavras, não se pode negar a existência de uma efetiva válvula de escape para o mestiço, manifesta na possibilidade de branqueamento social. O reconhecimento desse fato, contudo, longe de reforçar o mito da miscigenação democratizadora, aponta justamente para o seu principal limite: a forte relação entre hierarquias sociais e hierarquias raciais no Brasil, a valoração tanto mais positiva dos indivíduos quanto mais seus traços possam ser identificados aos do grupo racial e social dominante.

Em suma, as regras de etiqueta nos padrões de relacionamento intersubjetivo entre os grupos raciais dialogam com o modelo que integra todos os indivíduos numa única totalidade, desde que estruturada pela hierarquia. A ausência de conflito racial no Brasil depende em grande medida do conhecimento e da adesão dos diversos grupos de raça/cor aos seus lugares idealmente previstos, o que, em outras palavras, significa: brancos nas posições de prestígio mais elevadas e intermediárias; negros (aqueles que portam traços acentuadamente africanos) nas posições inferiores. Dificilmente, portanto, haverá conflito racial onde o negro reconheça, voluntariamente, qual é o seu lugar (Fernandes, 1978 [1965]).

Não pode ser encarado como mera coincidência o fato de a maior parte das situações em que o preconceito se explicita, isto é, em que as regras de etiqueta são rompidas, tenderem a ocorrer no mercado de trabalho (busca de emprego, promoções, demissões, definição de patamares salariais) e no ambiente escolar, não por acaso espaços cruciais para o processo de mobilidade social. Conflitos abertos também costumam ocorrer em situações de disputas e discordâncias no cotidiano — por exemplo, brigas de trânsito, discussões mais ríspidas entre vizinhos, situações em que o tipo suspeito da abordagem policial é um negro bem-vestido ou guiando um veículo de certo *status*, ou em que o(a) policial ou funcionário(a) público(a) é negro(a) e a pessoa que ele ou ela tenta disciplinar é branca —, quando se colocam em xeque as hierarquias raciais vigentes (Guimarães, 2002). É no processo de mobilidade social ascendente de uma pessoa negra, ou durante os choques pessoais do dia-a-dia, que os conflitos raciais têm maior probabilidade de vir à tona. Isto porque o mero processo de deslocamento dos negros de sua posição social original, ou suas tentativas de impor uma igualdade de fato no plano das relações humanas, já é, em si, para os padrões brasileiros, a quebra de uma importante regra de etiqueta social.

Acredita-se que, nas classes mais baixas, há um grau maior de convivência inter-racial, perpassando inclusive o campo das relações familiares e afetivas. Mas se, de fato, nas camadas populares, os relacionamentos multirraciais são mais constantes, convém lembrar que, mesmo nessas camadas, o fato de uma pessoa ser branca dá a ela um conjunto de vantagens simbólicas que as pessoas negras pobres não possuem, aumentando sua chance de colocação no mercado de trabalho, de ascensão escolar e de aceitação social nas classes médias e altas. Ademais, numa sociedade em que a valoração dos indivíduos se associa à tonalidade de suas peles e ao formato de seus rostos e cabelos, ser branco(a) entre os pobres é motivo de distinção. Desse modo, assumir que o modelo brasileiro de relações raciais funciona atualizando permanentemente as hierarquias é o mesmo que dizer que as chances de um branco ou uma branca pobre sair da pobreza são maiores que as de um negro do mesmo grupo social.

Voltando à mais forte pilastra do mito da democracia racial — a idéia de que o povo brasileiro não seria preconceituoso ou racista por causa de sua miscibilidade —, convém acrescentar algumas considerações. Ainda que evidente, o fato de grande parte da população brasileira ser composta de mestiços, resultado de cruzamentos inter-raciais, não significa que a miscigenação necessariamente anule o preconceito. Como Roger Bastide (1971 [1955]) já alertara, comentando o intercurso sexual entre senhores e escravas na época das *casas-grandes*, é um grave equívoco confundir com ausência de preconceito a mera atração física dos homens do grupo racial dominante em relação às mulheres dos grupos raciais subalternos. Comprova-se o contrário, até hoje, pela inclusão muito mais freqüente dessas relações no plano do contato sexual fugaz ou do concubinato informal que no das relações estáveis e oficiais.

Utilizando indicadores demográficos da PNAD/IBGE das décadas de 1980 e 1990, Petruccelli (1999) verificou uma altíssima taxa ajustada de endogamia racial no conjunto dos casais brasileiros (78,2%), sendo de 77,3% entre os brancos, 72,3%, entre os pardos e 85,1% entre os pretos. Tais indicadores mostram como, na prática, a sociedade brasileira se distancia do senso comum que aponta uma franca difusão do casamento inter-racial em nosso meio.

Nos anos 1950, Thales de Azevedo (1996 [1954]) constatara que as uniões inter-raciais no Brasil tendem a ser mais estáveis e formais quando envolvem um homem negro de melhor condição econômica e uma mulher branca de pior posição social, dificilmente ocorrendo o contrário. No primeiro caso, a relação implicaria uma espécie de troca entre a melhor situação financeira do homem negro e o melhor *status* social da mulher branca. Já as relações estáveis entre homens ou mulheres brancos de melhor posição social e mulheres ou homens negros de pior condição financeira seriam pouco comuns, pois neste caso, para a pessoa branca, haveria dupla redução de *status* social. A tese de Azevedo em parte se confirma, para períodos mais recentes, no referido estudo de Petruccelli (1999), que mostra que a taxa de exogamia é maior entre os pretos e os pardos do sexo masculino com maior nível de escolaridade e de rendimento.

Uma questão-chave de todo o debate aqui focalizado consiste no nexo entre o padrão brasileiro de relações raciais e a crônica ausência de políticas públicas para os afro-descendentes em nosso país. Como vimos, segundo Oracy Nogueira, esse padrão é intrinsecamente inibidor da ação e da organização políticas baseadas em pertencimento racial, e acarreta na sociedade uma baixa tolerância, para não dizer repulsa, às tentativas, que apesar de tudo existem, de politizar a experiência de discriminação, dando-lhe um significado mais abrangente. Nosso dilema racial, com toda sua complexidade, quase sempre é "resolvido" como questão doméstica e pessoal, raramente como questão pública a ser enfrentada na arena política.

Os movimentos coletivos de reivindicação dos negros tendem a ser vistos, nesse contexto, como algo estranho, bizarro, ou como importação de problemas alienígenas. Não à toa, questões especificamente relacionadas à raça e ao racismo foram secularmente olvidadas na orquestração das lutas sociais coletivas, seja pelos partidos políticos, pelos sindicatos, pelas associações de moradores ou por outras formas de organização. Não à toa, portanto, tais questões foram sempre "esquecidas" pelos formuladores de políticas públicas. Como a regra de etiqueta consiste em negar a existência do problema, não faria sentido criar políticas para uma demanda inexistente. A despeito do que mostram os indicadores empíricos já disponíveis, o fato de o dilema dos negros ter ficado tanto tempo fora da agenda da mídia, do mundo empresarial, da representação política, dos partidos, dos sindicatos, das ONGs, da luta pela reforma agrária, do combate ao trabalho infantil, da defesa dos direitos humanos etc. apenas reflete o amplo consenso de que não há um problema especificamente racial a ser enfrentado. Por que não faz sentido implementar programas de ação afirmativa para negros? Porque não há racismo no Brasil. Ou, pior, porque tais programas introduziriam o conflito racial onde ele nunca existiu, logo eles é que são racistas.

Quando esse consenso se vê parcialmente rompido — como agora, nas experiências de adoção de cotas para negros em universidades e numa exposição maior do problema da desigualdade racial —, assiste-se à infindável reiteração dos componentes centrais do modelo acima exposto: somos um povo miscigenado; não há como diferenciar negros de brancos; aqui não há racismo; o problema não é racial, mas socioeconômico, e assim por diante. Lendo os argumentos contra as cotas raciais veiculados por alguns intelectuais e editorialistas, tem-se a impressão de que só há uma resposta — o reforço do mito da democracia racial — para perguntas que "não querem mais calar": por que, quase 120 anos depois da Abolição, a esmagadora maioria dos negros continua pobre de recursos e de direitos, enquanto as elites econômicas e políticas continuam sendo esmagadoramente brancas? Como é possível termos uma desigualdade racial *superior* à norte-americana, se somos um país miscigenado, que não adotou o *apartheid* legal e onde pretensamente não há racismo?

A resposta, curiosamente, é a mesma que calou, décadas atrás, as teorias pessimistas sobre o destino do povo brasileiro, "degenerado" pela mistura com raças "inferiores", ou seja, que promoveu o esquecimento de um passado explicitamente racista na história do nosso pensamento social pós-Abolição. Quer-se agora calar com a mesma velha resposta uma pergunta totalmente distinta, a saber: como avançaremos no nosso processo de desenvolvimento e democratização se continuarmos a aceitar como destino natural a permanência dos negros nos estratos inferiores da sociedade?

"...é a carne negra"

O próprio mito da democracia racial — como convém, aliás, a qualquer mito — silencia sobre tudo que possa desmenti-lo ou revelar suas origens e funções sociais. A afirmativa de que não há e nunca houve racismo na sociedade brasileira pós-escravidão (ou, segundo alguns fanáticos, nem mesmo durante a escravidão) é um dos operadores desse silêncio, que esconde o fato de a "fábula das três raças" ter vingado entre nós justamente por oferecer uma saída para o funesto destino a que nos condenavam teorias "científicas" explicitamente racistas, abraçadas durante um bom tempo pela elite econômica e intelectual do país. Assim, para além das reflexões já repertoriadas — que, analisando indicadores socioeconômicos ou padrões culturais, questionam a ausência de racismo e a existência de uma democracia racial no Brasil —, é importante fazermos um breve recuo até as origens desse mito na história do pensamento social brasileiro.

O brasilianista Thomas Skidmore (1976 [1974]) ressalta em seu livro *Preto no branco* que, desde o fim da escravidão, tendo aderido ao ideário racista da Europa da segunda metade do século XIX, houve um amplo consenso por parte das classes dominantes brasileiras quanto à necessidade de *branqueamento* da nossa população. Seguindo a trilha de Skidmore, Célia Marinho de Azevedo (1987) questiona as explicações usuais para a intensificação da imigração européia no final do século XIX, baseadas em fatores puramente econômicos. Ou seja, a tese de que os cafeicultores e depois os industriais de São Paulo teriam optado pela importação de imigrantes europeus porque a força de trabalho aqui existente, devido às seqüelas do escravismo, não teria capacidade de atuar no mercado de trabalho em condições requeridas pelo ritmo especificamente capitalista de produção e acumulação. A autora argumenta, ao contrário, que o imigrantismo se fundamentou: a) no medo por parte da elite paulista (inclusive da nova elite do Oeste paulista) de que se generalizassem levantes e manifestações de rebeldia dos escravos, sobretudo a partir da década de 1860, quando o sistema escravista começou a se decompor moralmente e aumentou a venda de escravos do Nordeste para o Sudeste, rompendo em grande escala antigos laços familiares e de subordinação; b) nas dúvidas quanto ao grau de adesão à ordem social, rigidamente estratificada, por parte dos futuros ex-escravos, bem como num certo temor de que eles impetrassem ações coletivas de indenização por danos sofridos durante o escravismo; c) na adesão dessa elite ao ideário racista então disseminado na Europa, que a fez julgar impossível a incorporação produtiva dos ex-escravos e de seus descendentes ao novo regime de trabalho, e improvável o desenvolvimento econômico do país com base numa "ralé" formada por mestiços e negros.

A combinação desses fatores é que teria levado a elite brasileira a optar pela importação maciça de imigrantes europeus e a buscar uma mudança no perfil racial de nossa população. Por tais motivos — e não porque fosse inviável transformar a grande massa de ex-escravos, libertos e pobres livres em trabalhadores assalariados —, a população afro-descendente, após a Abolição, ficou à margem, seja do mercado de trabalho, seja da história da República, tanto no meio urbano como no meio rural. Nas cidades, os negros foram largados à penúria gerada pelo subemprego e pela falta de assistência social, sanitária e educacional. No campo, mormente nas áreas mais "atrasadas" (Norte e Nordeste), essa mesma população permaneceria submetida a regimes de trabalho semi-servis.

Longe de antecipar o otimismo de Stefan Zweig ou de Donald Pierson, o olhar que a elite euro-descendente, na passagem do século XIX para o XX, lançou sobre a população originária das senzalas combinava, portanto, um misto de medo (sendo o principal, a angústia quanto às possibilidades de reprodução no Brasil da revolução haitiana) e desprezo (afinal de contas, para essa elite, o povo era formado por semibárbaros). Ao mesmo tempo, em seu *diálogo com as grandezas do Brasil*, as classes dominantes cultivaram desde a Independência sentimentos ufanistas, que as faziam crer que este era um país cheio de potencialidades, pleno de recursos naturais a serem explorados e de lucros a serem embolsados. Mas, dada a ideologia racial vigente, levou-se a sério a noção de que o desenvolvimento econômico do país seria tolhido pelo perfil étnico-racial do seu povo. Vale dizer, que, permanecendo como um país de maioria negra e mestiça, o Brasil estaria fadado à estagnação, ou, pior ainda, condenado ao desaparecimento, conforme os maus agouros do conde de Gobineau, embaixador francês junto à Corte de D. Pedro II.

O fato de a elite euro-descendente brasileira ter incorporado as teorias racistas européias não significa, contudo, que a adesão tenha ocorrido de modo literal ou irrestrito. Na verdade, essas idéias foram sendo adequadas ao nosso contexto. Por exemplo, mesmo tipificando como crime diversas manifestações culturais características dos afro-descendentes (batuque, capoeira, samba, religiões de possessão), o Código Penal de 1890 não criou uma explícita duplicidade jurídica entre negros e brancos. Tampouco foram aprovadas no Brasil republicano leis proibindo o casamento inter-racial, ou separando explicitamente áreas residenciais de negros e brancos. Não que faltassem tais propostas. Elas chegaram a ser defendidas por Nina Rodrigues e pela Escola de Medicina da Bahia. Contudo, acabaram sendo vencidas por uma concepção mais liberal, que pregava a igualdade jurídica entre todos os indivíduos (Schwarcz, 1993).

Decerto nossos juristas do começo do século não adotaram essa postura liberal por uma concepção anti-racista *avant la lettre*. Se o fizeram foi porque seu *liberalismo*, tendo em vista as exigências de controle da população negra, mestiça e pobre, era mais realista e eficiente. Cabe indagar, então: por que as elites brasileiras, imbuídas do ideário racista europeu, não abraçaram uma filosofia de *apartheid* semelhante à adotada nos EUA desde o fim da Guerra Civil? Que projeto alternativo formularam para resolver o que Theodore Roosevelt lá definia como "o problema negro"?

Segundo Skidmore (*op. cit.*), acalentou-se no Brasil o sonho de que, a longo prazo, a população negra, tal como a indígena, iria desaparecer paulatinamente, sendo absorvida e branqueada pelo processo de miscigenação. Esse seria o nosso caminho rumo ao desenvolvimento e à civilização. Essa seria, em suma, a nossa "solução" peculiar para o referido "problema". Cabe aqui uma outra pergunta: por que as elites euro-descendentes brasileiras supunham que a miscigenação levaria a um processo de branqueamento e não ao contrário, vale dizer, a um *pardeamento* ou *enegrecimento* da população local? Mais do que à ignorância de genética, essa convicção deve ser creditada à aposta nos efeitos do afluxo maciço de imigrantes europeus e no fechamento da tradicional porta de entrada de africanos desde a extinção do tráfico de escravos em 1850. Um dos autores que explicitavam academicamente essa convicção foi Silvio Romero, em seus *Estudos sobre a poesia popular no Brasil*:

> (...) a obra de transformações das raças entre nós ainda está longe de completa e de ter dado todos os seus resultados. Ainda existem os três povos distintos em face uns dos outros; ainda existem brancos, índios e negros puros. Só nos séculos que nos hão de seguir a assimilação se completará. O que se diz das raças deve-se repetir nas crenças e tradições. A extinção do tráfico africano, cortando-nos um grande manancial de misérias, limitou a concorrência preta; a extinção gradual do caboclo vai também concentrando a fonte índia; o branco deve ficar dentro em pouco com a preponderância absoluta no número, como já a tem nas idéias (Romero, 1977 [1888]: 39).

Logo, os brancos, raça mais forte, prevaleceriam sobre os negros e indígenas, raças inferiores. Mas já se percebe nessa tese uma significativa diferença em relação ao pensamento racista dos clássicos europeus, que via na mestiçagem apenas degradação. Segundo Romero, o processo de caldeamento seria fundamental para os próprios europeus em sua adaptação aos trópicos. A trajetória brasileira rumo à civilização teria como vencedores brancos mestiçados e, por isso mesmo, preparados genética e culturalmente para suportar os rigores do meio tropical. A elite branca brasileira incorporaria o patrimônio genético dos outros grupos raciais, absorvendo suas melhores qualidades. Lograria ter a capacidade intelectual e moral dos caucasianos, e a resistência física dos ameríndios e negros. De quebra, os brancos herdariam e depurariam também as tradições culturais dos outros povos, utilizando-a na construção de uma identidade nacional própria e singular.

Apesar de Silvio Romero ter sido um autor importante para a elite euro-brasileira, o fato é que, ao longo do século XX, suas obras foram relegadas a um plano menor. Na verdade, o grande teórico do nosso modelo assimilacionista viria a ser Gilberto Freyre, autor confessadamente influenciado pela obra de Romero, mas também pela tradição culturalista norte-americana, em especial por Franz Boas, seu mestre na Universidade de Columbia. Freyre assegura que os fatores determinantes do modo de ser brasileiro estavam baseados em fatores culturais e não raciais ou genéticos.[68] Especialmente em *Casa-grande & senzala*, adota o ponto de vista de que o Brasil e seu povo eram formados pelas três raças fundamentais — branca (portuguesa), negra e indígena —, sendo os portugueses, enquanto colonizadores, a raça dominante, que se impôs no topo da hierarquia social, subjugando primeiramente os indígenas e posteriormente os negros. Mas, ao contrário do colonizador inglês, holandês, francês e, em alguma medida, do espanhol, os lusitanos teriam sido um povo especialmente aberto para o convívio amistoso com povos dominados provenientes de outras raças e etnias. Isso valeria tanto para negros e indígenas como para os europeus não-portugueses, cuja aceitação social dependia apenas de serem católicos. Devido a fatores históricos, geográficos e culturais próprios da formação lusitana, as áreas de domínio português teriam adquirido, assim, um perfil caracteristicamente assimilacionista.

Essa abertura se manifestaria no plano do intercâmbio cultural (apropriação sincrética de patrimônios culturais acumulados pelos povos subordinados) e, especialmente, no campo das relações sexuais (quase sempre

[68]Sublinhe-se que nem sempre a formulação freyriana foi coerente com a matriz culturalista. Em vários momentos o autor recorre a termos típicos da tradição racialista, sendo freqüente em seus textos a preocupação com a eugenia do povo brasileiro (ver, a esse respeito, Luiz Costa Lima, 1989). Ricardo Benzaquen de Araújo (1994) também tece interessantes observações a respeito do racialismo no interior do pensamento de Gilberto Freyre. Uma síntese do debate entre Costa Lima e Araújo pode ser encontrada em Souza (2000).

através do intercurso dos varões lusitanos com índias, negras e mestiças escravizadas e/ou subordinadas), favorecendo a miscigenação, ao invés de a apartação ou a segregação entre as raças. Por isso o Brasil — e a rigor toda área de colonização portuguesa — ter-se-ia construído paulatinamente como espaço multirracial, como sociedade de estilo holístico, com cada grupo tendo seu lugar na mesma totalidade social, jamais formando mundos paralelos ou distintos.

É em *Casa-grande & senzala* que encontramos, de modo mais acabado, as bases do mito de fundação do Brasil. Diria seu autor:

> (...) todo brasileiro, mesmo o alvo, de cabelo louro, traz na alma, quando não na alma ou no corpo — há muita gente de jenipapo ou mancha mongólica pelo Brasil — a sombra, ou pelo menos a pinta, do indígena ou do negro (Freyre, 1987 [1933]:283).

À primeira vista ficamos com a sensação de que essa sentença engloba todos os brasileiros. Seríamos todos, então, filhos de uma mesma matriz. Todavia, uma releitura mais atenta de *Casa-grande*, bem como de outras obras do autor, nos coloca diante de uma conclusão menos generosa. O sociólogo pernambucano não falava de todos nem para todos. Seus interlocutores tinham o mesmo rosto que ele: eram homens brancos, ainda que pudessem conter alguma "pinta" negra ou indígena. É possível constatar, particularmente em *Além do apenas moderno*, o quanto Gilberto Freyre compartilhava o projeto das elites euro-descendentes e o desejo histórico de Silvio Romero no que se refere ao progressivo clareamento do brasileiro:

> (...) o brasileiro eugênico do futuro será, provavelmente, no maior número de casos — dada, por um lado, a crescente miscigenação arianizante e, por outro lado, a crescente integração de gentes numa ecologia tropical também amorenizante —, amarelo-claro, amarelo róseo ou amarelo-pardo em seus cromáticos de pele; e não cor-de-rosa como um alemão da Baviera ou um holandês do Norte da Holanda. (Freyre, 1973:239).

Evidentemente, uma única citação, tendo em vista sua gigantesca obra, não é suficiente para demonstrar a adesão de Freyre a este ou àquele projeto. Mas tanto *Além do apenas moderno* quanto outros trabalhos do autor deixam pouca margem a dúvidas: o futuro antevisto por ele é de um povo brasileiro miscigenado que, se não contém pessoas "cor-de-rosa", *tampouco conterá pessoas negras.*[69]

Talvez alguns admiradores do sociólogo pernambucano considerem tal constatação um truísmo. Ora, poderiam argumentar, para um autor que viu com olhos tão ternos o processo de miscigenação, seria natural que o futuro sonhado do brasileiro fosse exatamente a uniformização de todos com um cariz mestiço. Assim, mediante intercursos sexuais, o negro viraria mulato e moreno, e o índio viraria mameluco ou caboclo, em um processo progressivo de *abrasileiramento* físico e cultural de nosso povo. Mas, infelizmente, essa leitura não esgota por completo a questão, nem considera certas conseqüências, bem menos generosas, implícitas no argumento freyriano. Vejamos por quê.

Em *Sobrados & mucambos*, Gilberto Freyre tece considerações sobre uma controvérsia teórica envolvendo estudiosos norte-americanos. Trata-se da polêmica entre Franklin Frazier e Melville Herskovits acerca do caráter assumido pela família negra e pelos ritos religiosos afro-brasileiros na cidade de Salvador, Bahia. Enquanto Frazier (1942, 1943) enfatizava o sincretismo, afirmando que o processo de colonização e de miscigenação havia criado entre os negros novos hábitos, moralidades e crenças, compartilhados também pelos brancos e não mais conectados às raízes africanas, Herskovits (1943) sublinhava pontos de contato entre os rituais do candomblé da Bahia e aqueles existentes na África (especialmente na região do Golfo de Benin), vendo o sincretismo como mera estratégia de sobrevivência e as religiões negras de Salvador como irredutíveis às práticas religiosas ocidentais. Herskovits, além disso, identificava no seio da família negra baiana fortes evidências do sistema

[69]Na edição de 1937 do livro *Nordeste*, entre as páginas 190 e 191, é possível visualizar a fotografia daquilo que Freyre julgava ser um tipo mestiço eugênico nordestino. O tipo nada contém que lembre as marcas raciais de um afro-descendente.

matriarcal africano e, portanto, uma outra diferença irredutível ao modelo cultural europeu.

Freyre não chega a explicitar sua posição pessoal na polêmica, mas apóia as conclusões de Roger Bastide e René Ribeiro, abertamente favoráveis à perspectiva de Herskovits. Ao adotar indiretamente esta última perspectiva — ou seja, de que permaneceriam traços culturais de africanidade na população negra —, Freyre acaba se enredando numa aparente contradição. Ou bem no Brasil as etnias e raças são permanentemente engolidas pela mistura, que homogeniliza as culturas originárias, sem conferir muita importância à cor ou à raça dos indivíduos — hipótese levada ao extremo por Frazier —, ou bem os antigos traços culturais permanecem vivos, tal como afirmava Herskovits, e, portanto, continuam existindo zonas de não-assimilação.

O segundo ponto de vista pode ser altamente inspirador, quer para folcloristas e antropólogos que persigam o *exótico*, quer para a militância negra que busque em raízes africanas elementos de reinvenção de uma identidade cultural, religiosa e/ou política. Mas, no âmbito do pensamento assimilacionista de Gilberto Freyre, ele conduz implicitamente à conclusão de que os negros, enquanto mantiverem marcas visíveis de africanidade no corpo e na alma, *não serão plenamente brasileiros*. Uma conclusão totalmente antropofágica, portanto: só quando desaparecerem, engolidos pela miscigenação racial e culturalmente branqueadora, os afro-descendentes poderão ser de fato integrados à sociedade, ao povo e à nação.

Tanto Franklin Frazier como, mais tarde, Guerreiro Ramos (1995) foram enfáticos em afirmar o oposto, ou seja, a possibilidade de integração social dos negros, sem que para isso precisassem deixar de ser negros. O último autor, criticando a *patologia do branco brasileiro*, dizia: *negro é povo*. Estrangeiros no seu próprio país seriam os que teimavam em tratar como *exótica* a maioria da população brasileira, descendente de africanos e em grande parte portadora de traços físicos de seus antepassados escravos. Mesmo que hoje se possam apontar limitações nas idéias de autores como Frazier e Ramos, especialmente seu eurocentrismo (que via nas manifestações culturais e religiosas africanas modos de expressão primitivos e atrasados), é inegável a importância do caminho alternativo que eles sinalizaram, ao discordarem das tentativas de alhear os negros da nacionalidade e de transformá-los em um corpo estranho. Sobretudo para Guerreiro Ramos, a assimilação deveria ser entendida como integração dos negros, enquanto negros, à cidadania.

Mas foi a formulação freyriana, antropofágica, que encontrou mais eco nos anseios da elite branca e que melhor traduziu o modelo brasileiro de relações raciais: a lenta incorporação dos afro-descendentes seria, ao mesmo tempo, o processo de seu desaparecimento. Um desaparecimento que, ao contrário do ocorrido com os índios no Velho Oeste norte-americano, não se faria sem deixar vestígios. Estes permaneceriam na música, no ritmo, na linguagem, nos gestos, na religiosidade, na ginga, na sensualidade, na culinária, na afetividade, na alegria, nas lendas, no modo de ser. Todavia, a *contribuição* dos afro-descendentes para a nacionalidade seria apropriada no processo mesmo do seu findar. Como Peter Fry ressaltava (antes de sua conversão ao mito da democracia racial), o modelo de relações raciais brasileiro produziria uma permanente transmutação dos aportes culturais dos grupos subordinados em valores e símbolos nacionais — leia-se: em ativos culturais da elite branca ou mestiça clara brasileira, a serviço do seu projeto de dominação (Fry, 1982).

Com efeito, a tese de Gilberto Freyre e o sucesso que ela alcançou guardam forte relação com as transformações econômicas e sociais que ocorreram no Brasil desde a Revolução de 1930. Vale lembrar que, quando *Casa-grande & senzala* foi publicado, simplesmente não havia nenhum país do mundo que fosse ao mesmo tempo não-branco e industrializado, economicamente desenvolvido. Pela via socioantropológica, Gilberto Freyre, mesmo involuntariamente, ajudou a construir os fundamentos ideológicos de nosso projeto nacional-desenvolvimentista, que se estendeu dos anos 1930 à década de 1980 (Ortiz, 1994 [1985]). Nas palavras de Elide Rugai Bastos (1986), a partir da obra do sociólogo pernambucano, a elite euro-descendente brasileira ganhou um povo. Mas por que teria ganhado um povo?

Operando uma superposição das variáveis racial e cultural mais sutil e sofisticada que a do velho racialismo europeu, Freyre conseguiu provar que, mesmo mestiços, os brasileiros não conformavam uma "raça" inviável. Que, mediante reformas sociais, sempre sob controle das oligarquias, seria possível ao país almejar a industrialização e o desenvolvimento socioeconômico tão sonhado — privilégio, até aquele momento, somente das nações brancas (Europa Ocidental, EUA, Austrália e, na época, Argentina, Uruguai e Chile). Embutidas nesse otimismo estavam, porém, a idéia e a esperança de que o país caminharia simultaneamente para o *branqueamento*.

Os Censos dos séculos XIX-XX (ver tabela abaixo) indicam um certo sucesso da estratégia sonhada pelas elites e apoiada pela visível mão do Estado. Em 128 anos (entre 1872 e 2000), os *pretos* passaram de 19,7% para 6,2% da população brasileira e os *pardos*, de 42,2% para 39,2%. Já a proporção de *brancos*, no mesmo período, cresceu de 38,1% para 53,8%.

Distribuição da população brasileira segundo cor ou raça (em %)

População*/Ano	1872	1890	1940	1950	1960	1980	1991	2000
Branca	38,1	44,0	63,5	61,7	61,0	54,8	51,7	53,8
Parda	42,2	41,4	19,4	26,5	29,5	38,4	42,6	39,2
Preta	19,7	14,6	14,6	11,0	8,7	5,9	5,0	6,2

Fontes: 1872 e 1890 — Recenseamento Geral da População; 1940 em diante — IBGE, Censos Demográficos.

Nos Censos de 1900, 1920 e 1970 não foi levantada a cor/raça da população.

Não estão incluídas as categorias outras (amarelos, caboclos e indígenas).

Não obstante, o processo antropofágico brasileiro falhou parcialmente em seu intento de deglutir os negros. Estes, afinal de contas, permanecem como parcela expressiva da população e como força política considerável. O que coloca, na conjuntura atual, algumas questões extremamente graves para o nosso modelo de relações raciais. Vejamos quais.

A obra de Gilberto Freyre representou um momento não somente de fundação mítica dos sentidos coletivos da nacionalidade. Ela também se imbricou com um vigoroso processo de expansão da economia brasileira. Tal processo, ao mesmo tempo que ampliou as desigualdades sociorraciais em nosso país, tendeu a dar um uso economicamente funcional (embora não raro como mera reserva de força de trabalho) para uma vasta quantidade de pessoas que constantemente chegava às grandes cidades e/ou ao mercado de trabalho em busca de oportunidades ocupacionais. Desde os anos 1980, contudo, essa realidade passou por grandes transformações. O Estado, outrora indutor do desenvolvimento, viu-se em meio a uma grave crise de financiamento das dívidas externa e interna, que reduziu sua capacidade de formulação de políticas em diversos planos. A economia brasileira, nas últimas duas décadas, não logrou crescer anualmente mais que 2,2%, sendo que, no mesmo período, nosso PIB *per capita* praticamente estagnou. Nesse contexto, o exército industrial de reserva, majoritariamente composto de negros, que antes tinha um caráter flutuante, passou a assumir cada vez mais as feições de um imenso *lumpemproletariado*.

Se o projeto desenvolvimentista teve um importante sustentáculo na fábula das três raças, o contrário não é menos verdadeiro — vale dizer, o crescimento econômico acelerado, mesmo reproduzindo desigualdades abissais, alimentava a crença de que todos estavam sendo progressivamente incorporados ao glorioso destino da nação. Com a freada nessa marcha, porém, os elementos implícitos no nosso modelo assimilacionista podem vir à tona em sua vertente mais crua e grotesca, como profetizava nos anos 1920 Oliveira Vianna, autor bem menos simpático que Gilberto Freyre às *contribuições* africanas para a formação nacional:

> (...) parte desses mestiços, sob a influência regressiva dos atavismos étnicos, é, com efeito, eliminada pela degenerescência ou pela morte, pela miséria moral ou pela miséria física. Uma outra parte, porém, minoria diminuta, é sujeita, em virtude de seleção favorável, a "apuramentos" sucessivos e, depois da quarta ou quinta geração, perde os seus sangues bárbaros — e clarifica-se (Viana, 2000 [1920]:1012).

Da antropofagia incorporadora, que supõe o desaparecimento paulatino dos negros pela via da mestiçagem, pode-se passar, assim, a um outro caminho: o da sua pura e simples eliminação. A maioria dos negros, não "apurada" pelo processo de branqueamento, seria dizimada pela "miséria moral ou física". Portanto, o generoso aparelho digestivo nacional, misturador de raças e culturas, poderia funcionar alternativamente como verdadeira máquina de moer carne.

É muito provável que adeptos do mito da democracia racial acusem de anacrônica e estapafúrdia a sugestão de que a profecia de Oliveira Vianna leva às últimas conseqüências uma possibilidade implícita na de Freyre. Ou de que o nosso modelo de relações raciais admitiria, no limite, o extermínio. Basta, porém, examinarmos alguns indicadores de segurança pública para percebermos que esse caso-limite não parece tão distante da nossa realidade atual. Segundo informações do Ministério da Saúde, entre 1980 e 2001, a média anual de homicídios no Brasil foi superior a 30 mil e essa causa de morte se concentrou fortemente nas faixas etárias jovens. Em 2001, a taxa geral de homicídio do país era de 27,8 por 100 mil habitantes, uma das mais altas taxas nacionais do mundo, sendo a taxa específica dos pretos (63 por 100 mil) maior que a dos pardos (43,9) e muito superior à dos brancos (24,8).[70] Em 2000, 38% das mortes de jovens brancos do sexo masculino entre 15 e 25 anos de idade foram causadas por homicídio, contra 52,2% das mortes de jovens negros (pretos e pardos) na mesma faixa etária.[71] Ambas as proporções são altíssimas, mas claramente a chance de morrer assassinada no Brasil é muito maior para uma pessoa negra que para uma branca.

Diante de evidências como essas, não é necessário aderir a nenhuma teoria conspiratória, que suponha em marcha uma deliberada "solução

[70]Taxas calculadas por Ignacio Cano, em trabalho para o Relatório de Desenvolvimento Humano Brasileiro de 2004.

[71]Cf. Paixão, M. *Contando vencidos: diferenciais de esperança de vida e de anos de vida perdidos segundo os grupos de raça/cor e sexo no Brasil e Grandes Regiões*. OMS/ Banco Mundial / DIFD (texto inédito).

final" para o "problema negro" por intermédio da violência homicida. Mas tampouco se pode negar que a máquina moedora de seres humanos vem servindo para poupar o Estado brasileiro daquilo que deveria ser sua responsabilidade no plano da geração de empregos, escolas, hospitais, aparatos assistenciais, reforma agrária e, especialmente, na distribuição da renda e do patrimônio dos ricos (majoritariamente brancos) em favor dos mais pobres (majoritariamente negros). Assim, em tempos de excesso não-funcional de carne negra — afinal, a mais barata —, o abate não parece ser um grande problema. O extermínio, não planejado, mas tolerado e sancionado pela falta de políticas de qualquer espécie que tenham como foco as vítimas preferenciais da violência, apresenta-se, desse modo, como uma "solução" coerente. Dispensando rituais, lendas, alegorias e adereços simbólicos, a antropofagia, no limite, dá lugar ao genocídio.

Conclusão: Zumbi or not Zumbi? that is the question

Na geração dos modernistas, Oswald de Andrade foi o que mais se encantou com a antropofagia. Esse filho rebelde da elite euro-descendente brasileira mostrou pleno conhecimento do fato de que a nossa cultura era formada pela permanente devoração de elementos alienígenas à nossa realidade e sua posterior apropriação transfigurada nos termos locais. Também notou o quanto era necessário conhecer a criatividade do povo, visando igualmente a devorá-la. *Lei do antropófago — só me interessa o que não é meu.* Grandes antropófagos foram os modernistas brasileiros! Mas, sócios periféricos da classe e do grupo racial dominante, eles foram antropófagos menores. Aqui talvez resida a ingenuidade de Oswald e dos modernistas. Em sendo um patrimônio pátrio, a arte de devorar jamais foi compartilhada por todos. Devora quem pode. E, como cantou o modernista conservador Gilberto Freyre, quem mais pôde foram os sócios maiores. A classe e a raça econômica e politicamente dominante.

O modelo assimilacionista não vingou no Brasil por puro acaso. Correspondendo às necessidades históricas de seu projeto de dominação, tal modelo foi uma forma que as elites pátrias produziram para olhar o país que, afinal de contas, elas possuem e controlam. Por outro lado — e dificilmente poderia ser de outra forma —, o próprio povo em grande medida incorporou esse ideário, tornando-o um referencial de construção de sua própria identidade.

Assim, o brasileiro médio se autodefine como membro de um povo alegre, espontâneo e aberto à incorporação das diferentes gentes, provenientes dos mais distantes povos e etnias. Sempre pronto a uma saudável devoração do estrangeiro. Sempre repelindo práticas abertamente discriminatórias ou segregadoras contra grupos étnicos e raciais específicos, mesmo sabendo que tais práticas ocorrem freqüentemente no cotidiano, à vista de quem tiver olhos e estômago para enxergar. E é graças à difusão e internalização desse modelo que ele pode ser mobilizado, hoje, para atacar as políticas de ação afirmativa voltadas para a promoção do padrão de vida dos afro-descendentes, sob o argumento de que tais medidas comprometeriam a qualidade dos nossos relacionamentos raciais, ao introduzirem aspectos conflitivos supostamente estranhos à nossa realidade. Para concluir, deixaremos então aqui algumas provocações.

Entre as tentativas de explicar o conflito racial nos EUA, uma vertente clássica o atribui ao fato de os negros daquele país, durante os séculos XIX e XX, terem buscado incessantemente ampliar o raio de seu prestígio social e com isso insuflado reações contrárias por parte dos brancos, especialmente dos brancos mais pobres, receosos de perder seu *status* para os integrantes de um grupo tido como inferior (cf. Park, *op. cit.*; Pierson, 1965 [1945]). O curioso é que alguns intelectuais e editorialistas brasileiros hoje invoquem justamente esse argumento para fundamentar sua oposição às ações afirmativas para negros e negras em nosso país, reproduzindo implicitamente, assim, a crença — típica de uma cultura racista — de que a luta pela melhoria da qualidade de vida dos afro-descendentes constitui um jogo de soma zero.

Passados quase 120 anos da Abolição, nenhuma política de integração social dos milhões de negros e negras neste país foi ainda efetivada. Os descendentes dos antigos escravos são os que hoje engrossam nossas tristes estatísticas de desemprego, violência e pobreza. Será mera coincidência? A reiteração atual da "fábula das três raças" parece destinada a nos fazer esquecer que a má fortuna dos negros ao longo do século XX esteve no cerne de grande parte dos problemas sociais brasileiros, entre os quais o da agenda democrática e de reformas sociais progressistas. Em sentido inverso, numerosos indicadores quantitativos e análises qualitativas levam a concluir que, sem a realização de maciços investimentos na melhoria das condições de vida dos descendentes dos antigos escravos, tal plataforma se torna irrealizável. Estariam nossos neo-assimilacionistas afirmando que a luta contra a desigualdade e a agenda do movimento negro contradizem as aspirações mais nobres e generosas desta nação?

Durante boa parte do século XX, como vimos, acreditou-se que nosso padrão de relações raciais seria melhor do que em outras plagas por não deixar margem para o racismo e para a segregação. Nem mesmo o reconhecimento de que isso é um mito, sem correspondência estrita com a realidade, abala os defensores do modelo assimilacionista. Para muitos deles, o mito em si é que importa, e se, em meio a um mundo cada vez mais xenófobo, nossa mitologia prega uma cartilha de tolerância, isso já basta para torná-la intrinsecamente válida (cf. Fry, 2000). Daí a repulsa a qualquer proposta de ação pública especificamente dirigida aos afro-descendentes e a defesa de políticas *color blind*, que seriam mais eficazes para a superação das desigualdades sociais, posto que englobariam a todos, sem trazer consigo os malefícios de um possível conflito racial.

O que nossos antropófagos contemporâneos esquecem é que o país teve mais de um século para testar a eficácia de políticas *color blind*. Decerto a maioria das políticas sociais conduzidas pelo Estado brasileiro foi até hoje insuficiente, mas só a má-fé poderia negar que essa insuficiência impactou mais fortemente os negros. Um balanço detido do século passado nos levaria, antes, à conclusão de que as políticas sociais brasileiras sempre foram efetivamente focalizadas no contingente racialmente hegemônico da população (o que é diferente de dizer que elas tenham sido universais ou mesmo *color blind*). Não se tornaram universais porque isto contradiria o modelo que apontava como ordem natural das coisas a preservação dos negros e negras — à espera de serem devorados — na base de nossa estrutura social.

As evidências sugerem que, no paraíso racial, os contatos mais amistosos entre diferentes, o bom funcionamento do cadinho de povos e culturas, somente logra sua viabilidade em um cenário estrutural de relações racialmente assimétricas. No qual, em obediência às mútuas expectativas dos sujeitos, cada um — desde seu grupo racial de pertencimento — já sabe de antemão o seu lugar, tornando quase subversivos atos individuais ou coletivos que demandem um papel social para os negros distinto daquele que lhes cabe "naturalmente" na hierarquia. Se essa análise é correta, o padrão assimilacionista infelizmente carrega uma intrínseca incompatibilidade com o projeto de democratização econômica, social e racial, com a equalização de oportunidades, com a expansão de direitos — enfim, com a universalização da cidadania.

A defesa cega do nosso modelo tradicional cria, desse modo, um desnecessário *trade-off* entre combate ao racismo e combate à desigualdade. Como se a luta contra as desigualdades raciais tivesse necessariamente de resultar em um crescimento dos conflitos raciais. Como se o próprio modelo não tivesse nenhuma relação com as gigantescas distâncias socioeconômicas existentes em nosso país. Como se essas distâncias não fossem, elas mesmas, geradoras de ressentimentos e, portanto, de conflitos.

A despeito das suas limitações de ordem prática, a agenda do movimento negro ainda parece o melhor contraponto ao neo-assimilacionismo paralisador. Não porque pregue alguma espécie de segregação, mas, justamente ao contrário, porque ousa sonhar com a verdadeira e plena integração dos negros em todos os quadrantes da sociedade, para além do fugidio brilho no futebol, no samba, nas festas populares, e para além do tradicional caminho de "branqueamento" físico e social. Porque sonha com integração no mercado de trabalho, no acesso à escola, à segurança pública, à Justiça, aos bens de uso coletivo — ou seja, em todas as *áreas duras* das relações raciais.

E aqui vão mais algumas provocações. Terá o modelo assimilacionista capacidade de sobreviver num contexto de desnaturalização dos papéis sociais tradicionalmente ocupados pelos distintos grupos de raça/cor em nosso país? Em meio à rejeição da estratégia de branqueamento e à relativização do parâmetro europeu como base simbólica de estruturação de padrões estéticos e culturais? Poderá subsistir abrindo mão, quer da concepção hierárquica e não-democrática de sociedade, quer do desiderato implícito de uniformização racial? Poderá trocar suas raízes antropofágicas pela perspectiva verdadeiramente multirracial e multicultural de convívio das diferenças?

Com freqüência, os que questionam as premissas e os resultados do modelo assimilacionista são acusados de querer *racializar* os problemas sociais brasileiros e copiar soluções de outros países que, ao contrário do Brasil, viveram a discriminação e o *apartheid*. Esperamos ter deixado claro no presente artigo que o nosso modelo sempre foi racializado, tanto nas relações cotidianas e no imaginário popular quanto no projeto das elites e no pensamento social acadêmico. É certo que de uma forma peculiar, distinta da via abertamente segregadora, mas nem por isso menos *racializado*. Em tempos de globalização, ademais, soa quase a xenofobia a recusa a levar em conta experiências que vêm sendo testadas em outras partes do mundo (EUA, África do Sul, Índia etc.) na tentativa de superar desigualdades étnicas e raciais. Não vemos por que tais ações, fundamentadas no valor universal da igualdade na diferença, não possam ser inspiradoras de medidas com o mesmo objetivo para o Brasil, adaptadas, evidentemente, ao nosso contexto específico.

Finalmente, antes que se diga que a nossa realidade é muito mais complexa e ambígua, convém lembrar que em parte alguma relações multirraciais ou multiétnicas são simples e triviais. O que varia é apenas a natureza da sua complexidade. Assim, o padrão brasileiro de preconceito, baseado nas marcas, pode ser considerado tão bizarro quanto o padrão norte-americano, baseado na origem. No Brasil, por exemplo, um mestiço de pele escura e com traços faciais caucasianos pode vir a discriminar uma pessoa "mais negra" somente por causa da "quantidade" maior de marcas que ela carrega. Já nos EUA, um *whasp* (branco protestante) pode vir a discriminar alguém com evidente aparência caucasiana só pelo fato de essa pessoa ter origem não-européia. Por que um caso seria melhor, mais ambíguo, mais difícil de entender (ou mais fácil de justificar) do que o outro?

Bibliografia

ANDRADE, Oswald (1972 [?]). *Do pau-brasil à antropofagia e outras utopias.* Rio de Janeiro: Civilização Brasileira (Obras Completas VI).

AZEVEDO, Thales (1975). *Democracia racial: ideologia e realidade.* Petrópolis: Vozes.

——. (1996 [1954]). *As elites de cor numa cidade brasileira: um estudo de ascensão social.* Salvador: Edufba / EGBA.

BASTIDE, Roger (1971 [1955]). *"Manifestações do preconceito de cor".* In BASTIDE, Roger e FERNANDES, Florestan. *Brancos e negros em São Paulo.* São Paulo: Editora Nacional (Brasiliana; vol. 305), 3ª ed.

BASTIDE, Roger e FERNANDES, Florestan (1971 [1955]). *Brancos e negros em São Paulo.* São Paulo: Editora Nacional (Brasiliana; vol. 305), 3ª ed.

BERZAQUEN DE ARAÚJO (1994). *Guerra e paz: Casa grande & senzala e a obra de Gilberto Freyre nos anos 30.* Rio de Janeiro: Ed. 34.

BUENO, Eduardo (org.) (s/d). *História do Brasil.* [s.l.]: Zero Hora / RBS Jornal.

COSTA LIMA, Luiz (1989). *A aguarrás do tempo.* Rio de Janeiro: Rocco.

DAMATTA, Roberto (1981). *Relativizando: uma introdução à antropologia social* Petrópolis: Vozes.

——. (1984). *O que faz do brasil: Brasil?* Rio de Janeiro: Rocco.

——. (1997 [1978]). *Carnaval, malandros e heróis.* Rio de Janeiro: Rocco, 6ª ed.

DEGLER, Carl (1976 [1971]). *Nem preto nem branco: escravidão e relações raciais no Brasil e nos Estados Unidos.* Rio de Janeiro: Editorial Labor do Brasil (trad. Fanny Wrobel).

FERNANDES, Florestan (1978 [1965]). *A integração do negro na sociedade de classes.* São Paulo: Ática. 2 v.

FRAZIER, Franklin (1942). "The Negro family in Bahia, Brazil". *American Sociological Review*, vol. 7, nº 4, agosto (pp.465-78).

——. (1943). "Rejoinder". *American Sociological Review*, vol. VIII (pp.402-04).

——. (1969). *On race relations.* Chicago: University of Chicago Press (escritos selecionados organizados por G Franklin Edwards).

FREYRE, Gilberto (1937). *Nordeste.* Rio de Janeiro: José Olympio Ed.

——. (1973). *Além do apenas moderno: sugestões em torno de possíveis futuros do homem, em geral, e do homem brasileiro em particular*. Rio de Janeiro: José Olympio Ed.

——. (1992 [1933]). *Casa-grande & senzala*. Rio de Janeiro/São Paulo: Record. 34ª ed.

——. (2000 [1936]). "Sobrados & mucambos". In SANTIAGO, Silviano (org). *Intérpretes do Brasil*, vol. 2 Rio de Janeiro: Nova Aguilar (pp. 729-1.464).

FRY, Peter (1982). *Para inglês ver: identidade e política na cultura brasileira*. Rio de Janeiro: Zahar Editores.

——. (2000). "Politics, nationality, and the meanings of "race" in Brazil". Daedalus, vol. 129, nº 2, primavera (pp.83-118).

GRIN, Monica (2001). "O desafio multiculturalista no Brasil: o desafio das percepções raciais". Rio de Janeiro: Iuperj (tese de doutorado em ciência política). 281 p.

GUERREIRO RAMOS, Alberto (1995 [?]). *Introdução crítica à sociologia brasileira*. Rio de Janeiro: Ed. UFRJ.

GUIMARÃES, Antônio S. (2002). *Classes sociais, raças e democracia*. São Paulo: Ed 34.

——. (2002). *Racismo e anti-racismo no Brasil*. São Paulo: Ed 34.

HANCHARD, Michael G. (2001). *Orfeu e o poder: o movimento negro no Rio e em São Paulo*. Rio de Janeiro: Eduerj (trad. Vera Ribeiro).

HARRIS, Marvin (1952). "Race relations in Minas Velhas, a community in the mountain region of central Brazil". In WAGLEY, Charles (org.). *Race and class in rural Brazil*. Paris: Unesco.

HASENBALG, Carlos (1979). *Discriminação e desigualdades raciais no Brasil*. Rio de Janeiro: Graal (trad. Patrick Burglin).

HASENBALG, Carlos e VALLE E SILVA, Nelson (1988). "Estrutura social, mobilidade e raça". São Paulo: Vértice, Editora Revista dos Tribunais; Rio de Janeiro: Iuperj.

HENRIQUES, Ricardo (2001). "Desigualdade racial no Brasil: evolução das condições de vida na década de 90". Rio de Janeiro: IPEA (texto para discussão nº 807), 49 pp.

HERKOVIST, Melville (1941). *The myth of the Negro past*. Nova York/Londres: Harpers & Brothers Publishers.

——. (1943). "The Negro in Bahia, Brazil: a problem in method". *American Sociological Review*, vol. VIII (pp.394-402).

LANDES, Ruth (2002 [1947]). *A cidade das mulheres*. Rio de Janeiro. Ed. UFRJ (trad. Maria L. Silva).

MARINHO DE AZEVEDO, Célia (1987). *Onda negra, medo branco*. Rio de Janeiro: Paz e Terra.

MENEGAT, Marildo (2003). *Depois do fim do mundo: a crise da modernidade e a barbárie*. Rio de Janeiro: Relume Dumará.

MONTEIRO, John M. (1998 [1996]). "As 'raças' indígenas no pensamento brasileiro do Império". In CHOR MAIO, Marcos & SANTOS (org.). *Raça, ciência e sociedade*. Rio de Janeiro: Fiocruz/CCBB (pp. 15-22).

MORAIS, Fernando (1994). *Chatô, o rei do Brasil*. São Paulo: Companhia das Letras.

NOGUEIRA, Oracy (1998 [1955]). *Preconceito de marca: as relações raciais em Itapetininga*. São Paulo: Edusp.

——. (1998 [1955]). *Tanto branco quanto preto: estudos de relações raciais*. São Paulo: T. A. Queiroz Ed.

OLIVEIRA, Lucia; PORCARO, Rosa Maria & COSTA, Tereza (s/d). *O lugar do negro na força de trabalho*. Rio de Janeiro: Centro de Estudos Afro-Asiáticos/Conjunto Universitário Cândido Mendes, 116 pp.

ORTIZ, Renato (1994 [1985]). *Cultura e identidade nacional*. São Paulo: Brasiliense.

PAIXÃO, Marcelo (2003a). *Desenvolvimento humano e relações raciais*. Rio de Janeiro: DP&A.

——. (2003b). "A hipótese do desespero: a questão racial em tempos de frente popular". In *Observatório da Cidadania nº* 7, Relatório 2003, (pp.57-70).

——. (2004). "Nas encruzilhadas da democracia: um olhar sobre as desigualdades raciais no Brasil". In GONÇALVES, Eliane (org.). *Desigualdades de gênero no Brasil*. Goiânia: Grupo Transas do Corpo (pp. 45-104).

PARK, Robert (1950 [?]). *Race and culture. essays in the sociology of contemporary man*. Nova York: The Free Press; Londres: Macmillan Limited.

PENA, Sérgio Danilo; CARVALHO, Denise; SILVA, Juliana & PRADO, Vânia (2000). "Retrato molecular do Brasil". *Ciência Hoje*, vol. 27, nº 159, abril (pp. 17-25).

PETRUCCELLI, José L. (1999). *Casamento e cor no Brasil: a reprodução das diferenças*. I e II Concurso Nacional de Monografias Sobre População e Desenvolvimento (pp. 29-45).

——. (2002). "A declaração de cor / raça no Censo 2000: um estudo comparativo". Rio de Janeiro: IBGE (texto para discussão nº 6).

PIERSON, Donald (1965 [1945]). *Teoria e pesquisa em sociologia*. São Paulo: Melhoramentos (biblioteca de educação).

——. (1971 [1942]). *Brancos e pretos na Bahia*. São Paulo: Editora Nacional (Brasiliana; vol. 241).

RUGAI BASTOS, Elide (1986). "Gilberto Freyre e a formação da sociedade brasileira". São Paulo: PUC/SP (tese de doutorado em ciências sociais), 348 pp.

ROMERO, Sílvio (1977 [1888]). *Estudos sobre a poesia popular no Brasil*. Petrópolis: Vozes.

SANSONE, Lívio (1998 [1996]). "As relações raciais em Casa-grande & senzala revisitadas à luz do processo de internacionalização e globalização". In CHOR MAIO, Marcos

& SANTOS, Ricardo (org.). *Raça, ciência e sociedade*. Rio de Janeiro: Fiocruz/CCBB (pp. 207-18).

SCHWARCZ, Lilia (1993). *O espetáculo das raças: cientistas, instituições e questão racial no Brasil (1870-1930)*. São Paulo: Companhia das Letras.

——. (1999). "Questão racial e etnicidade". In MICELI, Sérgio (org.). *O que ler na ciência social brasileira (1970-1995)*. São Paulo: Editora Sumaré; Brasília: Capes (pp. 267-315 e anexos).

SKIDMORE, Thomas (1976 [1974]). *Preto no branco: raça e nacionalidade do pensamento brasileiro*. Rio de Janeiro: Paz e Terra (trad. Raul S. Barbosa).

SOUZA, Jessé (2000). *A modernização seletiva: uma reinterpretação do dilema brasileiro*. Brasília: Ed. UnB.

TELLES, Edward (2003). *Racismo à brasileira: uma nova perspectiva sociológica*. Rio de Janeiro: Relume Dumará (trad. Ana A. Calado, Nedjera Marques & Camila Olsen).

VALLE E SILVA, Nelson (1980). "O preço da cor: diferenciais raciais na distribuição da renda no Brasil". Rio de Janeiro: Pesquisa e Planejamento Econômico 10 (1), abril (pp. 21-44).

VALLE E SILVA, Nelson e HASENBALG, Carlos (1992). *Relações raciais no Brasil contemporâneo*. Rio de Janeiro: Rio Fundo Ed; Iuperj.

VIANA, Oliveira (2000 [1920]). "Populações meridionais do Brasil". In SANTIAGO, Silviano (org.). *Intérpretes do Brasil*, vol. 1 Rio de Janeiro: Nova Aguilar (pp. 897-1175).

ZWEIG, Stefan (1941). *Brasil: país do futuro*. Rio de Janeiro: Ed. Guanabara (trad. Odilon Gallotti).